Rudi *und ich*

Das Buch

Rudi Dutschke hat die 68er-Bewegung maßgeblich geprägt. Sein Sohn Hosea hatte eine ungewöhnliche Kindheit. Nach dem Attentat auf seinen Vater findet die Familie eine neue Heimat im dänischen Aarhus. Weihnachten 1979, kurz vor Hoseas zwölftem Geburtstag, starb Dutschke an den Folgen der Schussverletzung. Der frühe Tod des Vaters hat Hosea tief geprägt. Aber auch das große Vertrauen, das dieser in ihn setzte, und die große Zuneigung zu ihm wirken in ihm nach.

Hosea Dutschke erinnert sich in diesem Buch an seinen Vater und zeichnet die gemeinsame Zeit nach. Er schreibt darüber, was es bedeutet, den Vater so früh zu verlieren, und wie es gelingen kann, seinen eigenen Weg zu gehen.

Der Autor

Hosea Dutschke wurde 1968 in Berlin geboren. Nach dem Attentat auf seinen Vater zog die Familie erst nach Großbritannien und 1970 nach Dänemark. Er studierte u. a. Politologie an der FU Berlin und lebt heute mit seiner Familie als Verwaltungsdirektor für Pflege und Gesundheit in Aarhus, Dänemark.

Hosea Dutschke
Rudi *und ich*

Aus dem Dänischen
von Nina Hoyer

List Taschenbuch

Besuchen Sie uns im Internet:
www.list-taschenbuch.de

Ungekürzte Ausgabe im List Taschenbuch
List ist ein Verlag der Ullstein Buchverlage GmbH, Berlin.
1. Auflage Februar 2015
© Ullstein Buchverlage GmbH, Berlin 2013 / Ullstein Verlag
© der Fotos: privat
Lektorat: Uta Rüenauver
Umschlaggestaltung: bürosüd ° GmbH, München,
unter Verwendung einer Vorlage von Rudolf Linn
Titelabbildung: © ullstein bild - amw
Satz: LVD GmbH, Berlin
Gesetzt aus der Stempel Garamond
Papier: Pamo Super von Arctic Paper Mochenwangen GmbH
Druck und Bindearbeiten: CPI books GmbH, Leck
Printed in Germany
ISBN 978-3-548-61238-6

Inhalt

Ich stehe am Grab meines Vaters. Es ist Winter, und die Erde ist kalt. Der St.-Annen-Friedhof liegt in Berlin-Dahlem. Die kleine Feldstein-Kirche, die sich auf ihm erhebt, wurde um 1200 erbaut. Ich stecke meine rote Rose in die Erde. Sie ist allein. Ich bin allein – allein in der Kälte. Auf dem Grabstein steht Dr. phil. Rudi Dutschke. 1940–1979.

Ein paar Steine liegen auf dem Grabstein. Ich mustere sie, berühre sie. Sie sind klein und rund. Manche sind auch kantig, andere eher spitz. Ein paar sind heruntergefallen und liegen auf dem Boden. Ich möchte ihre Geschichte kennenlernen und wissen, warum sie hier sind. Langsam nehme ich Stein um Stein in die Hand und wärme sie. Sie nehmen meine Wärme an, nehmen mir die Wärme. Meine Hand wird kalt. Ich lege die Steine wieder zurück. Wärme mir die Hände. Lese auch die Steine auf, die auf den Boden gefallen sind, und finde auf dem Grabstein wieder einen Platz für sie.

Vor dem Tod sind alle gleich, besagt ein jüdisches Sprichwort. Ich bin auf der Suche nach mir selbst. In meiner Lebensmitte, mit 45 Jahren. Ich bin jetzt fünf Jahre älter, als mein Vater war, als er starb. Er war alt. Ich bin alt. In der Mitte des Lebens. Mit fast erwachsenen Kindern. Ich weiß, dass das Leben zerbrechlich ist. Ich bin vergänglich, habe Freunde sterben sehen. Ich kenne meine Stärken und Schwächen – nicht alle, bei weitem nicht alle.

Fröhlich, glücklich, einsam. Die Fröhlichen leben am längsten. Ich befinde mich in der Talsohle der Glückskurve. Von nun an geht es wieder aufwärts. Das Leben in seiner unendlichen Wiederholung ist trivial. Das Triviale ist gut.

Ich schaue zum Himmel. Der Große Bär blickt auf mich herab. Der Polarstern weist nach Norden. In der heraufziehenden Dunkelheit halte ich am winterklaren Sternenhimmel nach Sternschnuppen Ausschau. Suche nach kleinen Anzeichen, dass es mehr gibt am Himmel. Ein Satellit gleitet erhaben zwischen den Sternen der Kassiopeia vorbei. Dahinter ist der Himmel unendlich. Ich blicke weit hinaus ins Dunkel, bis ich nichts mehr sehe und mich der Raum verschluckt. Ich spüre die Unendlichkeit. Die Dunkelheit übt einen starken Sog auf mich aus. Ich lasse meinen Blick zu anderen Sonnen, zu den Galaxien schweifen. Zur Andromedagalaxie, die vage flimmert und Milliarden von Sternen enthält, die sich mit unfassbarer Schnelligkeit auf uns zubewegen. Halte nach Leben Ausschau. Halte danach Ausschau, ob sich noch etwas anderes am Himmel rührt. Stehe still und schaue – schaue lange. Sehe etwas. Sehe nichts. Suche nach mehr, das mir am Himmel den Weg weist.

Und ich halte nach meinem Vater Ausschau. Jahr um Jahr halte ich nach meinem Vater Ausschau. Heute sind die Wolken weiß, reflektieren das Mondlicht. Mein Vater fliegt am Himmel, gemeinsam mit den Wolken. Wenn die Wolken da sind, ist auch er da. Eine einzelne Wolke zieht am Mond vorbei.

Wenn die Sonne scheint, vergesse ich ihn. Ja, dann vergesse ich ihn. Die Sonne zerstreut die Wolken, bei denen er ist. Ich schließe die Augen und wende mein Gesicht der Sonne zu. Vor meinem inneren Auge bilden sich Wolken, sie gleiten langsam über die feuchte, sanfte Wölbung der Hornhaut. Es ist ein Zustand von Zwischenzeit. Eine Zeit außerhalb der Zeit. Ich kneife die Augen fester zusammen, und die Wolken werden kleiner. Die Zeit setzt wieder ein. Ich bin auf der Suche nach mir selbst, nach meinen Gespenstern. In meinen Träumen bin ich immer auf der Suche, eine Suche ersetzt die andere – ich bin auf der Suche nach der Trauer, dem Leben und der Hoffnung. Ich bin auf der Suche, um meinen Vater wiederzufinden, mich selbst wiederzufinden.

Ich schließe die Augen – um den Schmerz zu verdrängen. Schließe sie ganz fest. Um ihn zu verdrängen. Kneife sie noch fester zusammen. Es spannt, tut weh – Schmerzen. Physische Schmerzen, die den seelischen Schmerz verdrängen. Mein Kopf kann nicht anders. Der Schmerz lässt nach. Die Dunkelheit ist absolut. Ich kneife meine Augen so fest zusammen, bis ich nur noch das sehen und mich an das erinnern kann, was im Leben von Bedeutung ist.

Tod, Liebe und Geburt. Tod, Liebe und Geburt.

Das Fleisch öffnet sich. Zieht sich rhythmisch zusammen. Es ist rot – hellrot, wenn es sich zusammenzieht. Das Fleisch öffnet sich abermals. Der Muttermund ist geschlossen. Der Venushügel wölbt sich hoch, und die Schamlippen spreizen sich bis zum Damm. Er ist jetzt keine erogene Zone mehr. Ist von unzähligen Wehen zermürbt und zum Zerreißen gespannt. Aber er hält stand. Das Fleisch öffnet sich, öffnet sich brutal. Die Wehen sind heftig in ihrer Ausdauer.

Die kleinen Schamlippen reagieren empfindlich auf Druck und Berührungen. Beim Sex füllen sie sich mit Blut und färben sich dunkler. In den letzten Wochen vor dem errechneten Geburtstermin hatten wir keinen Sex mehr. Jetzt sind wir drei Wochen über den Termin hinaus, und die Gebärmutterwand fängt an, sich nach oben zurückzuziehen.

Neun Monate und drei Wochen lang haben die inneren Geschlechtsorgane eine große Umorganisation durchlaufen, sind wie Legosteine an eine andere Stelle gerückt. Haben dem Leben, das entstand, Platz gemacht. Ich bin eingedrungen. Du hast empfangen. Ich wachse da drinnen, eine Hälfte von mir, wie auch eine Hälfte von dir. Deine Scheide hat sich bis zur Gebärmutter ausgedehnt, die ein 3,5 Kilogramm schweres und 37 Grad warmes Kind beherbergt. Die Klitoris ist nicht mehr zu sehen. Sie sitzt dort, wo die kleinen Schamlippen aufeinandertreffen – eine kleine, glatte rosa Knospe. Die sich drinnen versteckt.

Das Kind drückt mit dem Kopf gegen den Muttermund.

Drückt fest, will heraus. Der Gebärmutterhals besteht aus zähem Gewebe, gibt aber allmählich nach. Unser Erstgeborener hat schon den Weg gebahnt. Die Wehen, der stete Druck des Kopfes und der geschmeidig gewordene Gebärmutterhals erledigen den Rest. Der Weg des Kindes durch das Becken beginnt.

Der Muttermund öffnet sich weiter. Dein Schrei ist kurz, hektisch, wie der eines Tieres. Ich werde wach. Ich befinde mich mehr liegend als sitzend auf einem Stuhl im Entbindungszimmer. Sehe mich orientierungslos um. Ich war für einen Moment eingeschlafen. Ein weiterer Schrei, der tief aus deinem Bauch kommt. Ich verspüre einen leichten Anfall von Panik. Mein Rücken tut weh.

Deine Schamlippen teilen sich erneut. Du dehnst dich aus. Dein Körper ist autonom, gehorcht nur noch Instinkten. Ich sehe, wie sich dein Gesicht verzerrt. Ein Schrei – Wut. Meine Ohren sind taub. Ich registriere nur. Lächle. Versuche zu lächeln. Ich schweige. Ich habe hier nichts zu sagen.

Der Muttermund ist jetzt um acht Zentimeter erweitert. Ein Schrei. Die Wehen nehmen an Stärke und Dauer zu, sind überwältigend. Die Gebärmutter ist ein Muskel, der Überstunden macht. Sie zieht sich zusammen und schickt Schmerzen durch deinen Körper. Die Schmerzen sind im Schambein. Dein Bauch bewegt sich, seine Oberfläche wird ganz hart. Meine Hand fährt darüber. Ein Knie drückt sich gegen die Bauchdecke. Ich berühre es. Es bewegt sich. Dein ganzer Körper bewegt sich, der Bauch ändert seine Gestalt, und dein Körper wechselt wie ein Chamäleon seine Farbe, je nachdem, wo sich am meisten Blut befindet. Du spannst dich an. Schreist. Entspannst dich wieder. Du brauchst Luft, ich öffne ein Fenster. Tief und fest atmest du ein. Schweiß rinnt deine Brüste hinab, die prall von Milch sind – rund und weich. Ich streiche über sie. Du beißt dir leicht auf die Lippe. Erneut. Fest. Sie blutet. Die Zeit schwebt davon.

Die nächste Wehe bricht über deinen Körper herein, und dein klares Gesicht verfinstert sich. Kräfte – Naturkräfte. Du schwebst beinah im Bett. Ich sehe nur dich. Verfolge den äußeren Kampf, den du mit deinem Körper ausfichst. Den inneren Kampf, den du ausfichst. Das neue Leben.

Eine weitere Wehe lässt die Fruchtblase platzen. Das Fruchtwasser, das das Kind umgeben und beschützt hat, fließt heraus und benässt das Bett. Du bist außer dir. Froh. Resigniert. Wütend. Bist es leid. Leidest. Nur kurz registrierst du mich, unsere Liebe. Schlummerst, lächelst, schwitzt. Sprichst mit dir selbst, während du auf die nächste Wehe wartest. Schreist.

Diese Wehe war stark. Du ziehst dich in dich selbst zurück. Findest Ruhe. Atmest. Deine Augen schließen sich. Das Wechselspiel auf deinem Gesicht fasziniert mich. In deine blauen Augen kommt wieder Leben, sie starren mich an, während die Wehe in deinem Schoß, deiner Lende, deinem Körper, deinem Kopf wütet. Die Wehe ist überall. Anhaltend und unendlich.

Der Muttermund ist mittlerweile ganz geöffnet und weist einen Durchmesser von zehn Zentimetern auf. Ist geweitet.

»Pressen!«, sage ich.

»Halt den Mund!«, rufst du mir zu. »Ich kann das allein.«

Das Kind drückt sich das letzte Stück ins Becken hinunter. Drückt gegen den Beckenboden und die Scheide und den Darm. Drückt. Ich stoße einen seltsamen Schrei aus, beinah träumerisch. Ich lächle leicht benommen. Bin fasziniert und erschrocken. Die Naturkräfte sind wild. Brutal. Das Pressen geht weiter. Die Wehe lässt nach. Du atmest.

Ein dunkler Haarschopf kommt zwischen den Schamlippen zum Vorschein. Der Muttermund ist nun vollständig geöffnet. Der Kopf des Kindes presst sich heraus. Unser Kind wird geboren. Blut, Sekrete, Flüssigkeiten, der Wochenfluss gleiten mit ihm zusammen heraus. Die nächste Wehe kommt. Der Körper folgt hinterher. Unser Kind schreit. Wir lächeln. Entbindung. Erlösung. Die Nabelschnur wird durchtrennt.

Unsere Tochter ist geboren.

Der Mutterkuchen unserer Tochter wird etwas später ausgestoßen. Blut tropft von ihm. Das war ihr Zuhause.

Wir sind noch immer im Entbindungszimmer des Universitätskrankenhauses Aarhus; ich nicke auf einer Pritsche ein. Sehe, wie eine Samenzelle mit einer Eizelle verschmilzt und sich teilt. Immer wieder, unendlich, bis ein kleiner Embryo daraus entsteht, den wir im Ultraschall sehen. Die Finger, den Kopf, den Körper, das Herz. Das Herz – es klopft dort drinnen. Ich sehe das Herz meiner Frau von außen. Es schlägt schnell. Zwei Herzen, so nahe und fast eins – bis jetzt. Neun Monate liegen hinter uns, ein neunmonatiges Auf und Ab der Gefühle. Vergangenheit, Gegenwart und Zukunft.

Ein Leben ist geboren. Die unendliche Fortsetzung von Leben, Leben um Leben. Geboren und wiedergeboren, immer wieder.

Leben heißt, Stoffe aufzunehmen und auszuscheiden, sich zu reproduzieren und zu sterben. Der Schritt von Nicht-Leben zu Leben kommt einem kleinen Urknall gleich.

Bevor aus Leben Leben wird, ist es ein Leben im Potentialis. Ein Leben, das zwischen Leben und Nicht-Leben schwebt. Ein Zwischenleben. Es ist das Leben, das auf den Weg gebracht wird, wenn zwei Keimzellen miteinander verschmelzen – zwei genetische Codes, die sich vermischen und an alle Zellnachkommen weitergegeben werden.

Wir bestehen aus Zellen. Sind Zellen. Eine unendliche Anzahl von Zellen – 100 Billionen. Und mit jedem Tag kommen neue hinzu. Zellen, die sich teilen. Zellen, die leben und sterben. Das Leben beginnt mit dem Verschmelzen zweier Keimzellen. Der Mensch hat dem Leben Gefühle und Liebe beigebracht.

Du und ich. Ich bin der, der ich bin. Und ich bin der, der ich bin, weil mein Vater der war, der er war. Ich bin der, der ich bin, weil meine Mutter die ist, die sie ist. Ich bin der, der ich bin, weil ich bin, wie ich bin. Du bist du. Und durch unsere Kinder werden wir wiedergeboren. Die ewige Geburt – vom Schoß zum Grab und wiedergeboren.

Ich sehe unsere Tochter an. Sehe mich selbst in ihr. Sie liegt mit offenen Augen da. Sie sieht uns an.

Ist klein. Zart. Hübsch. Lieblich.

Unsere Tochter ist geboren.

Geboren, um zu sterben

Ich komme mit einem Schrei zur Welt. Im selben Moment wird mein Vater mit einem Stock niedergeschlagen, einem kräftigen Stock, aus einem alten, schweren Stück Eiche gedrechselt. Ein Baum, der geboren wurde, als der Pariser Aufstand im Blut der Kommunarden ertrank, während der Schlachtruf »Es lebe die Kommune!« noch in ihren erstarrten Gesichtern zu lesen war. Am Kopf meines Vaters bildet sich eine leichte Platzwunde, Blut sickert heraus. Er sagt nichts, guckt nur ungläubig, während die Tropfen seine dichten schwarzen Haare allmählich dunkelrot färben.

Es ist ein alter Mann, der brutal auf den Kopf meines Vaters einschlägt, ein Mann, der sein Leben lang an Gott geglaubt hat. Der Gottesfürchtige schert sich nicht um den Verletzten, sondern versteckt sich schweigend hinter dem Vorhang des Beichtstuhls.

Langsam tropft das Blut auf den Boden des Gotteshauses. Eine kleine rote Lache bildet sich, das Blut rinnt weiter, breitet sich aus. Langsam kühlt sich die warme Pfütze ab und wird matt, bis sie schließlich still auf den alten, abgetretenen Steinen trocknet.

Der alte Mann zittert heftig, sein Brustkorb hebt und senkt sich in schnellem Rhythmus. Er setzt an, ein weiteres Mal auszuholen. Zum ersten Mal flieht mein Vater, der ein ehemaliger Athlet ist, aus seiner Reichweite. Er wendet sich ruhig an ihn: »Ich mag in Ihren Augen ein Atheist sein, aber nur ein Atheist kann ein guter Christ sein, und nur ein Christ kann ein guter

Atheist sein. Und nur indem wir den wahren Glauben herausfordern, können wir den Boden für etwas Neues, etwas Ketzerisches bereiten.«

Rudi spricht weiter: »Der Pater in Kolumbien, der an der Spitze der Guerilleros steht und mit der Waffe in der Hand kämpft, ist ein Christ. Ich bin ein Christ. Du bist ein Christ. Wir sind beide Christen.«

Der alte Mann schüttelt den Kopf und stampft mit den Füßen wie ein gereizter Stier, der sich unschlüssig ist, ob er erneut angreifen soll. Provozierend schwenkt der Torero den roten Kommunistenschal. Aufgepeitscht von den seit Monaten durch die Boulevardpresse verbreiteten Schlachtrufen, tritt der Alte rasch vor und holt erneut kraftvoll mit dem Stock aus. Mein Vater schlägt hart zu Boden. Stille legt sich über alles, selbst der Grundton des Kirchenschiffs, jenes dumpfe Brausen, ist verstummt.

Ein Jesus aus weißem Marmor, kalt am Kreuz hängend, sieht mit seinen milden Augen auf sie hinab und predigt Frieden und Vergebung. Die Pfarrer in der Kirche wissen nicht, was sie tun sollen. Sie sind von einem göttlichen Blitz getroffen worden, der sie am Handeln hindert. Sie betrachten das Leid der anderen nur, sind außerstande, es zu verhindern.

Ein Krankenwagen rast mit meinem Vater davon. Und ich bin geboren. Geboren, um dem Tod ins Auge zu sehen.

AARHUS, 21. DEZEMBER 1979

Ich habe einen seltsamen Traum. Einen Traum, wie ich ihn noch nie hatte, einen Traum von der Unendlichkeit. Ich träume, dass ich ewig leben und niemals sterben werde.

Heute ist der kürzeste Tag des Jahres, und ich freue mich auf die hereinbrechende Dunkelheit, denn nur in ihrem Schatten sieht man das Licht des Lebens brennen. Meiner Mutter fällt ein, was für ein besonderer Tag heute ist, und sie fängt urplötzlich an, einen ihrer heidnischen Tänze zu Ehren der Fruchtbarkeit und all dessen aufzuführen, was vor dem Christentum lag.

Meine Schwester Polly und ich wechseln erstaunte Blicke und wissen nicht recht, ob wir lachen oder weinen sollen. Wenigstens haben wir gerade keinen Besuch von unseren Freunden.

Meine Mutter geht in die Küche, um an ihrem selbstgemischten Müsli aus biodynamischen Früchten und Nüssen weiterzuschnippeln. Der Mond hat ebenfalls die richtige Konstellation. Es ist ein perfekter Morgen.

Ich spiele mit meiner Märklin-Eisenbahn und träume von roten Würstchen mit Remoulade und gerösteten Zwiebeln. Würstchen kriege ich nur, wenn ich mir in der Mittagspause eins von meinem besten Freund Michael stibitze. Einmal hätte das beinah böse geendet, weil ich es einfach nicht geschafft habe, vor dem Verschlingen die Pelle abzuziehen. So ist sie in meiner Speiseröhre stecken geblieben, und mein Kopf hat allmählich eine blaue Farbe angenommen. Hektisch habe ich mit den Fingern in meiner Kehle herumgestochert, bis ich endlich einen Zipfel zu fassen kriegte, die Pelle herausziehen und den Rest der Wurst hinunterschlucken konnte. Michael hat sich vor Lachen gebogen, während ich meine Biomutter dahin wünschte, wo der Pfeffer wächst, und langsam wieder Luft bekam.

Die Eisenbahn ist mein Ein und Alles. Sie nimmt fast das ganze Zimmer ein und gibt in unserem kleinen Zuhause nicht nur Anlass zur Freude. Mir ist das egal, denn ich bin in meiner eigenen kleinen Welt Zugführer, Rangierer und Schaffner zugleich, und das schenkt mir in unserer Dreizimmerwohnung, in der ich sonst nur selten ich selbst sein kann, ein bisschen Freiheit.

Meine Schwester flucht regelmäßig über die Eisenbahn, was nicht selten zu Geschrei und Geheul führt und in einen leidenschaftlichen Nahkampf ausartet, wenn sie mitten in einen Gangsterkrieg in der 7th Street hineintrampelt und ich wie Al Capone die Sache selbst in die Hand nehme. Doch auch wenn Polly nicht so viel Kraft wie ich hat, bin ich schon mehrmals schreiend aus dem Zimmer gerannt. Vor allem das eine Mal, als sie mir eine Gabel zwischen die Augen gerammt hat, war sie eine ganze Woche lang die strahlende Siegerin.

Meistens bin allerdings ich es, der triumphiert und ihr eine klebt, so dass sie die Engel im Himmel singen hört, was natürlich sofort eine Sintflut von Tränen hervorruft.

Ein solcher Vorfall hat bewirkt, dass mein Vater mich – das erste und einzige Mal überhaupt – übers Knie gelegt und mir den Hintern versohlt hat. Es hat weh getan. Anschließend hat er mir tief in die Augen gesehen und mich in die Arme genommen. Dann hat er sich umgedreht, seine Hosen heruntergezogen, und nun war ich an der Reihe, ihm den Hintern zu versohlen. Meine Schmerzen waren schnell vergessen, als ich mit geballten Fäusten auf ihn eindrosch, bis mir der Schweiß ausbrach.

BERLIN, 13. JANUAR 1968

Ich bin jetzt einen Tag alt. Mein Vater kommt lächelnd mit notdürftig bandagiertem Kopf auf mich zu. Er gleicht einer Mumie. Seine Haare stechen zwischen dem Verband hervor und lassen ihn noch furchterregender aussehen.

Ich bekomme es mit der Angst zu tun, als ich diesen mumifizierten Wilden sehe, und stimme ein ohrenbetäubendes Geschrei an. Die Krankenschwester kommt herbeigerannt und guckt, als ob sie ihren Augen nicht traute. Sie will gerade um Hilfe rufen, als sie erkennt, dass es mein Vater ist, dem Tränen in den Augen stehen. Sie lächelt und geht zurück in den Flur. Meine Mutter drückt mich fester an sich, und ich beruhige mich langsam wieder.

Mein Vater wendet sich an mich: »Ich hab keine Zeit, im Krankenhaus zu liegen«, versucht er mich leise zu überzeugen.

Er erzählt mir alles über Gott und die Welt. Wie wichtig es sei, an seinem Glauben festzuhalten, dem Glauben an sich und an die anderen. Seine Stimme klingt sanft und voll.

»Nur indem man die andere Wange hinhält und vergibt, kann man ihre kalten Herzen erobern und ihnen den Weg weisen.« Ein Lächeln liegt auf seinem Gesicht, als er mich auf den Arm nimmt. Ich fange erneut an zu wimmern.

Zu meiner Mutter sagt er: »In seinem tiefsten Inneren weiß der alte Mann bestimmt, was Liebe ist, doch wurde sie von einer Lügenflut verdrängt. Er kann nichts dafür. Ebendiese Blindheit ist es, die wir beseitigen müssen.«

»Aber sie wollen doch gar nicht sehen! Und was ist mit uns, unserem kleinen Sohn, diesem neuen Leben?«

»Ich weiß. Aber nur indem wir uns nicht beirren lassen, können wir auf dem Wasser jene kleinen Ringe entstehen lassen, und nur indem wir ihnen selbst den Weg weisen, können wir etwas bewegen. Wir müssen ihnen zeigen, dass wir die Geschichte tatsächlich beeinflussen können. Wir wollen schließlich nicht, dass wir zu hoffnungslosen Idioten der Geschichte werden. Aber du hast recht, es gibt keine Garantie dafür, dass es uns gelingt, die Gesellschaft zu ändern. Es ist ein Versuch, eine Chance. Und wir werden sie gemeinsam ergreifen.«

Ich blinzle mit meinen braunen Augen.

AARHUS, 24. DEZEMBER 1979

Es ist noch sehr früh, und ich bin ganz aufgeregt. Der Tag, auf den ich seit Monaten warte, ist endlich da. Es ist Heiligabend.

Dieses Weihnachten ist ein ganz besonderes Weihnachten. Ich freue mich so sehr darauf, Zeit mit meinem Vater zu verbringen, weil er sonst oft nicht da und auf Reisen im Ausland ist. Vor allem in Deutschland, in Berlin, seiner zweiten Heimatstadt. Und jetzt werden wir mehrere Wochen zusammen sein – wir alle.

Wir werden gemeinsam Weihnachten feiern, wir werden spielen und singen – rund um die Uhr. Die Politik, die Atomwaffen, der Umweltschutz, die Grünen und die Wahlen in Deutschland stehen für einen Moment hintenan. Ich bin elf Jahre alt, bald zwölf, und meistens ein fröhliches Kind. Ich bin mir sicher, dass dieses Weihnachtsfest viel schöner wird als alle anderen zuvor. Meine Schwester Polly ist zehn, und wir sind typische Geschwister. Wir spielen zusammen, prügeln uns, lachen und weinen miteinander. Sie möchte später Friseurin werden, und ich lasse mir gern von ihr die Haare kämmen. Ich habe ziemlich lange Haare, fast so lange wie meine Schwester, einen richtigen Topfschnitt.

Ich erfinde immer neue Frisuren. Eine meiner Lieblingsfrisuren ist die Orang-Utan-Mähne. Es dauert ewig, sie zu machen, aber Polly ist eine geduldige Friseurin, und ich genieße jede Sekunde. Ich liebe auch die Krokodil-Frisier-Methode, bei der meine Schwester so tut, als wäre sie ein Krokodil, das mit allen zehn Krallen meine Kopfhaut bearbeitet. Das kratzt so schön!

Ich schaue vom oberen Stock des Etagenbetts zu Polly hinunter, aber sie schläft immer noch tief und fest. Ich sehe sofort, dass es noch dauern wird, bis sie ihre Frisierkünste wieder an mir ausprobiert.

Ich bleibe noch liegen und dribbel ein bisschen mit meinem Lederball, der am Fußende des Bettes liegt. Ich spiele Fußball in einem Verein. Meine Mannschaft ist eine der besten in Aarhus. Ich bin zwar nicht der beste Spieler, aber doch besser als der Durchschnitt. Ich habe wohl etwas vom sportlichen Talent meines Vaters geerbt. Er war Ende der 50er Jahre einer der besten Zehnkämpfer der DDR.

Manchmal spielt Rudi mit mir und meiner Schwester Fußball. Dann schließt sich meist ein Haufen anderer Jungen und Mädchen an. Die finden es natürlich toll, wenn ein Erwachsener mitspielt.

Ich nicke noch einmal ein.

BERLIN, 20. JANUAR 1968
Inzwischen ist eine Woche vergangen, und ich bin jetzt 7 x 24 x 60 x 60 Sekunden alt. Die Entwicklung meiner Sinne ist in vollem Gange, und ich sauge alles Neue in tiefen, lernenden Zügen in mich auf – inhaliere es. Meine Ohren hören Geräusche, die mir fremd sind: Telefone, die klingeln, Uhren, die eilig ticken, Stimmen und Geräusche von Menschen.

Meine Augen sehen Dinge zum ersten Mal, mein Mund schmeckt Dinge zum ersten Mal. Meine Finger berühren Gegenstände, von denen ich noch nicht einmal wusste, dass man sie berühren kann. Und ich mache einfach so weiter, bin ganz und gar offen für alles Neue. Ich sauge das Neue, das Fremde in mich ein, um es kennenzulernen. Es ist herrlich. Ich entdecke die Welt, mit jeder Berührung erweitert sich mein Horizont. Wir verschmelzen mehr und mehr miteinander, ich und das, was sich um mich herum befindet – das Fremde.

Dieses Fremde sieht jeden Tag zu mir hinunter, und ich sehe zu ihm hoch. Rothaarige Frauen, bärtige Männer schmusen mit mir. Schwule und Lesben kommen zu Besuch, um mich anzuschauen. Argentinier, Chilenen, Afghanen, Pakistaner, Israelis, Türken, Deutsche, Christen, Juden, Moslems. Menschen. Sie alle sehen zu mir herunter. Ja, um mein Kinderbett herrscht ein buntes Treiben, was ich größtenteils genieße. Einer von den Besuchern sagt mit sanfter Stimme:

»Ich bin erstaunt, dass man mich manchmal darauf hinweist, dass ich hier fremd bin. Welcher Mensch glaubt, behaupten zu können, dass er oder sie hier mehr zu Hause ist als ich?«

Ich aber weiß, dass mein Zuhause da ist, wo mein Vater und

meine Mutter sind. Und dass ich mich in ihrer Gegenwart geborgen fühle.

Und dann sind da noch die vielen alten Menschen – mein Vater genießt die Gesellschaft von alten Leuten. Für ihn sind sie lebendige Geschichte; er unterhält sich gerne mit ihnen, und alles, was sie sagen, nimmt er mit Feuereifer auf. Die Alten haben noch Dinge erlebt und mit eigenen Augen gesehen, von denen er nur gelesen hat und die er sich nur in seiner Phantasie ausmalen kann. Sie haben an der Ostfront gekämpft und die Hatz der Nazis am eigenen Leib erfahren. Sie haben in der Weimarer Republik das Tanzbein geschwungen und sind nackt auf dem Potsdamer Platz umhergelaufen. Und nicht zuletzt haben sie zur selben Zeit gelebt wie sein größtes Vorbild – Rosa Luxemburg. Ja, es vergeht kein Tag, an dem nicht ein alter Mann oder eine alte Frau bei uns vorbeischauen oder anrufen. Vor allem drei Männer sind oft bei uns zu Besuch – Helmut Gollwitzer, Herbert Marcuse und Ernst Bloch. Sie sind fast wie Großväter für mich.

Mein siebter Abend endet damit, dass mein Vater laut sein Lieblingszitat deklamiert: »Freiheit ist immer die Freiheit des Andersdenkenden.«

Ich schlafe. Ohne dass ich mir dessen bewusst bin, ist aus mir ein anderer geworden als der, der ich gestern noch war. Und solange das so ist, lebe ich.

Ich bin ein Geist, der mit jedem Atemzug im Werden ist.

AARHUS, 24. DEZEMBER 1979

Ich will meinen Eltern das Frühstück ans Bett bringen. Auf dem Tablett drängen sich die Köstlichkeiten, Saft, durchwachsener Speck, Eier, frisches Brot vom Bäcker, Obst. Bananen, Äpfel und Apfelsinen. Rudi und Gretchen liegen noch unter der Decke und geben lustige Grunzgeräusche von sich. Ich lächle und klopfe besonders laut an die Tür.

Sie richten sich zerzaust und ein wenig verlegen im Bett auf, als ich eintrete, geben sich aber den Anschein, als wäre alles ganz normal.

Und lächeln mich an.

Im Zimmer hängt ein leichter Geruch von Hefe. Rudis Tabletten gegen Epilepsie stehen griffbereit neben dem Bett. Überall liegen Münzen herum, vor allem deutsches Geld, aber auch italienische Lira und holländische Gulden. Briefe und Bücher stapeln sich wild durcheinander. Ich sehe mich um und halte nach Geschenken Ausschau. Ich stelle das Tablett ab und gehe wieder in mein Zimmer.

Meine Schwester schläft immer noch, sie ist eine richtige Schlafmütze. Sie ist immer gut ausgeschlafen und ruht in sich selbst.

Ich bringe den Müll runter. Gehe die schmale Treppe hinab. Wir wohnen im zweiten Stock in der Heibergsgade, zur Straße hin, aber wenn ich in den Hof will, muss ich insgesamt sechs Stockwerke bewältigen, weil das Haus an einem Hang liegt. Ich nehme sie im gestreckten Galopp, kann innerhalb von 24 Sekunden unten sein – das sind vier Sekunden pro Stockwerk. Es macht Lärm, wenn ich auf den Treppenabsätzen lande, zehn Stufen auf einmal nehme.

Ich werfe die Mülltüten in den Container. Bleibe kurz im Freien stehen und schaue mich um. Es ist mucksmäuschenstill, erwartungsvolle Ruhe. Alle schweigen, alle sind in gespannter Erwartung. Warten – warten auf Weihnachten und die Geschenke.

Ich stiefle langsam wieder nach oben. Gehe wieder ins Bett. Strecke mich noch einmal aus.

BERLIN, 21. JANUAR 1968

Niemand hat mich über die Gefahren aufgeklärt, die in dem Begehren nach dem Fremden lauern. Vieles ist gefährlich und versucht tagtäglich, die uns angeborene Offenheit zunichtezumachen. Nur als Neugeborene und damit in vollkommener Naivität können wir ungehindert Neues in uns aufnehmen und lernen. Und ich bin ein Weltmeister im Lernen.

Meine vollkommene Naivität öffnet mir die Augen für alles Fremde, das kein Teil von mir ist. Und das mit einer Geschwindigkeit, die nur dem Naiven vergönnt ist. Ich werde eins mit dem Jetzt, dem Licht.

Je älter wir werden, desto dunkler wird es um uns herum; wir sehen nicht bis auf den Grund der Dinge. Leben im Dunkel. Im Dunkel des gelebten Augenblicks. Bis wir zuletzt mit dieser Dunkelheit eins werden.

Mein Vater schreibt Tagebuch.

»Briefe von Wolf Biermann. Sehr solidarisch und mich in einem gewissen Sinne warnend vor eventuellen Anschlägen der Rechten gegen mich. Scheint mir übertrieben zu sein, bisher konnte ich mich auf meine Beine und Fäuste, vom Maul ganz zu schweigen, verlassen.«[1]

Mein Vater drückt mich an sich. Sieht mir in die Augen. Hält mich im Arm, wiegt mich hin und her. Schreibt weiter. Liest sich die Worte ein paarmal laut vor:

»Die Denunziationen in der Presse nehmen schwer zu, sie schießen von allen möglichen Seiten. Laufend mit Gegendarstellungen zu reagieren ist hoffnungslos, wir haben etwas anderes zu tun. Wir werden den Vietnamkongress zu einer internationalen Bekundigung der Solidarität mit einem bebombten und kämpfenden Volk machen.«[2]

VIETNAM, 1968

Der Tod kommt aus der Luft, und zur »peak killing hour« um 16 Uhr Ortszeit ist er besonders perfide. Die Nachmittagshitze und der Tod gehen Hand in Hand. Mütter tragen ihre kleinen Kinder in Tüchern auf dem Rücken, während um sie her-

um die Bomben in willkürlichen Formationen auf den Reisfeldern einschlagen.

Bomben, die Mütter kinderlos und die Kinder mutterlos
machen.

Mutterlos.

Der Tod fällt auch in Form spezieller Päckchen vom Himmel, die hinterhältig auf den Reisfeldern locken. Sie sehen
aus wie kleine Geschenke, und als die vietnamesischen Kinder
sie neugierig aufheben, fliegen jene unter der Begleitmusik der
amerikanischen Nationalhymne, die die Schlachtfelder be-
schallt, in die Luft – Nationalismus, Christentum und Tod
sind eine ewig wiederkehrende, ungute Mischung.

Am 31. Januar sitzt Ho Chi Minh drei Generälen von der Nationalen Front für die Befreiung Südvietnams FNL gegenüber.
Sie reden über die Tet-Offensive, planen die Überraschungs-
angriffe auf Dutzende Städte und sämtliche Militärbasen in
Südvietnam. Das gesamte nordvietnamesische Heer ist in Bewegung, einer unsichtbaren Bewegung, die aus der Luft nicht
zu sehen ist, auch nicht von der stärksten Militärmacht der
Welt. Sie geht so reibungslos und gründlich getarnt vonstatten,
dass sie gar nicht zu existieren scheint. Unter der schützenden
Decke aus dichtem Grün und durch schmale, unterirdische
Gänge rückt der Vietcong langsam nach Süden vor.

BERLIN, 1. FEBRUAR 1968

Ein Freudengebrüll hallt vom Himmel über Berlin wider. Es
ist Morgen. Ich werde wach und sehe meinen Vater einen
Kriegstanz aufführen, und wenn er nicht gerade umherspringt,
klebt er am Radio, das mit seinem Knistern beinah die Stimme
des Kommentators übertönt. Während des Tet-Festes, des vietnamesischen Neujahrsfestes, haben sich frühmorgens, als es
noch dunkel war, ein paar Tausend Vietcong-Kämpfer in die

Hauptstadt Südvietnams, Saigon, eingeschlichen. In kürzester Zeit haben sie die amerikanische Botschaft und Radio Saigon eingenommen. Bei den heftigen Gefechten zwischen Amerikanern und Nordvietnamesen kam es zu unzähligen Toten. Erst als sich eine gut ausgerüstete US-Einheit und das halbe südvietnamesische Heer endlich gesammelt hatten, gelang es der USA, den Vietcong zurückzuschlagen. Doch der Angriff auf Saigon war das erste deutliche Anzeichen dafür, dass Besatzer ein Land niemals auf Dauer besetzt halten können. Und dass die Verhältnisse veränderbar sind.

Mein Vater dreht sich jubelnd mit mir im Kreis herum. Dass ein mit Vorderladern und russischen Kalaschnikows ausgerüstetes Bauernheer mit Gewitztheit und Phantasie eine Supermacht überrumpeln konnte, zeigt, dass Liebe, Leidenschaft und Kreativität immer über die Macht, die Rationalität, die Tradition triumphieren wird. So sieht er es, glaubt daran. Er freut sich.

Mein Vater küsst meine Mutter zum Abschied und ist aus der Tür, noch bevor ich gestillt wurde. Die Studenten planen eine Demonstration gegen die USA und den Vietnamkrieg.

BERLIN, FEBRUAR 1968

Ich liege in einem Kinderwagen. Auf Dynamit – Plastiksprengstoff C-104. Es tut weh, darauf zu liegen, und ich fühle mich überhaupt nicht wohl. Meine Eltern lächeln ein wenig nervös zu mir hinunter, ich erwidere ihr Lächeln. Der Sprengstoff ist kalt, und das Licht der Überwachungskameras blendet mich durch meine inzwischen geschlossenen Lider. Neben meinen Eltern geht ein Mann. Er hat einen großen Rauschebart und eine sehr tiefe, volle Stimme. Die drei sprechen vom Terror, von der Dritten Welt und davon, die unterdrückten Länder zu befreien.

Mein Vater sagt, dass aus Befreiern oft Besatzer werden. Der andere Mann, ein exzentrischer Italiener, versucht ihn von der Idee zu überzeugen, ein großes Schiff in die Luft zu sprengen.

Der Kinderwagen mit seinem tödlichen Inhalt holpert über die Pflastersteine. Meine Mutter hat Angst, dass ich, wir, ja alles zusammen in die Luft fliegen könnte. Aber sie ist die Deckung, und ich bin die perfekte Tarnung – zwei Kilo Plastiksprengstoff, versteckt unter einem vier Kilo schweren, 37,2 Grad warmen kleinen Jungen auf einer Kindermatratze.

Die *Freedom* ist ein amerikanisches Schiff und hat 1000 Tonnen Waffen geladen. Sie haben nur einen Zweck – zu töten, und zwar am besten so viele Menschen wie möglich. Die Fracht der *Freedom* kann locker 75 000 Vietnamesen töten. Und wenn die Waffen von Profis mit Geschick und Präzision bedient werden, können es doppelt so viele werden.

Ja, die protestantische Arbeitsethik erreicht neue Dimensionen, wenn eine B-52 mit einer zehnköpfigen Besatzung hintereinanderweg 14 Dörfer vernichtet, von denen noch Tage danach Napalmflammen aufsteigen. Bomben jedweder Größe und Art fallen vom Himmel. Die Detonationen sprengen jedes Trommelfell. Druckwellen rasen zu Boden und reißen alles entzwei. Das Grauen ist vollkommen. Ich liege auf Kaltem. Der Tod ist kalt. Knochenkalt.

AARHUS, 24. DEZEMBER 1979

Ich werde erneut wach. Meine Schwester schläft immer noch. Sie liegt reglos im Bett und atmet tief und gleichmäßig. Ich klettere leise aus dem Etagenbett und berühre ihre langen braunen Haare. Sie sind weich. Polly dreht sich um. Sie steht immer spät auf, wenn wir nicht zur Schule gehen müssen. Ein kräftiger Mandelduft dringt ins Zimmer. Meine Eltern sind aufgestanden. Ich höre es rascheln – das Rascheln von Papier. Glanzpapier, Silberpapier, Goldpapier. Sie packen Geschenke ein. Meine Weihnachtsgeschenke.

Sonst spart meine Mutter immer, wo sie nur kann, weil das Geld bei uns knapp ist. Oft leben wir von Zuwendungen und Geschenken von freundlichen Mitmenschen. Einmal haben wir sogar Geld vom Bundespräsidenten Gustav Heinemann bekommen.

Ich spähe durch den Türspalt, kann aber nicht erkennen, was meine Mutter gerade einpackt. Rudi hat mich entdeckt und lächelt mir zu. Ich sehe, dass er für uns beide schon das Schachspiel aufgebaut hat und mit Weiß spielen möchte.

Ich hole mein Schachbuch aus dem Regal und plane meine Strategie. Ich will die Figuren meines Vaters eine nach der anderen aus dem Gefecht ziehen und ihn mit einem taktischen Damenopfer in 17 Zügen schlagen. Ich werde in der Eröffnung keine Zeit mit einem einfallslosen Vor und Zurück vergeuden. Ich werde gleich alle Figuren ins Spiel bringen. Und ich rochiere, um sofort meinen König in Sicherheit zu bringen.

VIETNAM, 1968

Der Krieg kommt aus der Luft. Aber er wird nicht in der Luft gewonnen und auch nicht auf dem Schlachtfeld – er wird in den Dörfern gewonnen. Präsident Diem, Vietnams demokratische Einmannregierung, das US-Militär und die CIA wollen die Herzen der Vietnamesen erobern.

Die PR-Maschinerie läuft auf Hochtouren. Mehrere Programme sollen für den Aufbau des neuen Vietnam sorgen: New Life Hamlets, Rural Construction, Nationbuilding, Revolutionary Development und nicht zuletzt das Hearts-and-Minds-Programm. Dörfer werden wiederaufgebaut und neue Schulen mit Ziegeldächern errichtet. Ja, es entstehen Dörfer mit neuem Leben. Die Bürokraten sprechen von großen Fortschritten. Jungen und Mädchen können endlich wieder lernen, wie die Erde in sieben Tagen erschaffen wurde. Nur gibt es keine Lehrer. Ein zackiger Oberst mit Bürstenschnitt brüllt:

»Wenn wir erst mal Frieden haben, werden hier Waren und Lehrer im Überfluss ans Ufer geschwemmt!«

Der Kampf um den American way of life führt durch den Magen. Lebensmittelkonserven werden aus großen Pritschenwagen verteilt. »Schinken!«, schreien die jungen GIs. Sie werfen den Kindern Kaugummis und andere Süßigkeiten zu. Die Erwachsenen erhalten Unterweisungen in Hygiene, Schweinezucht und Wechselwirtschaft: Weg mit der Tausch- und geradewegs hinein in die kapitalistische Marktwirtschaft, so zieht das Wachstum an!

Die großen Esso-Treibstofftanks liefern das Bühnenbild für das ganze Theater. Sie stehen da und harren der Leerung. Ein Bomber nach dem anderen landet und stillt seinen Durst – kein Krieg ohne Öl. Skyraiders, Super Sabres, Phantoms und Überwachungsflugzeuge stillen wie summende Bienen auf einem Lavendelfeld ihren Durst. An Washington's Birthday melden die Luftwaffe und die Marines allein über Südvietnam 460 Einsätze.

Während sich der Kampf um Frieden und Gerechtigkeit ausweitet, geht die Mutter eines getöteten jungen Marineinfanteristen mit einem Brief ihres Sohnes an die Öffentlichkeit. Er hat darin beschrieben, wie er gezwungen wurde, die verwundeten Vietcongs in den Kopf zu schießen. Die USA streiten alles ab.

Ein Journalist berichtet, was er erlebte, als er in einem amerikanischen Bombergeschwader mitflog: Ein Vietcong-Soldat hat mit seinem Fahrrad auf der Straße angehalten und mit seinem Gewehr auf die Bomber am Himmel gezielt. Was diese mit einer ganzen Ladung Napalm beantworteten, genug, um eine ganze Kompanie auszulöschen. Der Tod hat seinen Preis. One down, a million to go. Hero for one day.

Meine Eltern wollen sich mit dem Kinderwagen aus dem Staub machen. Sie wollen weg. Der exzentrische Italiener ist enttäuscht. Er lamentiert laut auf Italienisch und geht dann dazu über, auf Deutsch zu schreien: »Wir retten 75 000 Menschen das Leben, und wenn wir Pech haben, sterben ein paar Soldaten. Das lohnt sich doch wohl!«

Meine Eltern sind im Zweifel – ein Kind für 1000 Kinder.

Der Italiener fährt fort: »Wenn für die westlichen Werte die Welt in die Steinzeit zurückgebombt wird, müssen wir dann etwa nicht rebellieren?«

Er hat sich warm geredet. »Wenn es ihnen nur darum geht, möglichst effektive, d. h. möglichst zerstörerische Militäroperationen mit möglichst vielen Bomben durchzuführen, müssen wir dann nicht dagegen vorgehen? Was sie tun, sind keine humanitären Aktionen, sondern es geht um Bomben, denen sie auch noch Namen geben – Weihnachtsbomben über Hanoi, mit einer kleinen Extraportion Funkenregen. Und dagegen sollen wir also nichts unternehmen? Nichts tun, wenn Hunderttausende vietnamesische Zivilisten getötet werden? Wenn Militär- und Sicherheitsberater sagen, dass man den ›breaking point‹ der Vietnamesen erreichen müsse! Während die Zivilbevölkerung stirbt und der Vietcong sich vor dem Bombenregen tief unten in ihren Gängen verschanzt!«

Ich liege immer noch auf dem kalten Sprengstoff, friere und weine. Meine Mutter nimmt mich hoch und sieht hinab in den Kinderwagen. Ihr treten Tränen in die Augen.

»Das geht nicht. Uns ist ein neues Leben geschenkt worden, und nun wollen wir anderen das Leben nehmen. Das geht einfach nicht«, sagt sie.

Ich lächle und gebe ein Glucksen von mir.

Der Italiener hebt von neuem an. »Ist es etwa hinnehmbar, dass die Amerikaner und damit auch die Deutschen, ihre Alliierten, Tausende Kinder mit diesen Waffen töten? Wir müssen den Kampf aufnehmen! Auch wenn die Gefahr besteht, dass wir dabei unsere eigenen Kinder verlieren. Eine bessere Welt zu erschaffen erfordert Opfer. Revolutionäre werden nicht im Kinderzimmer geboren«, sagt er.

Mein Vater schwankt. Meine Mutter setzt sich durch.

Der Italiener flucht leise, hat aber begriffen, dass meine großen braunen Augen meine Eltern dazu gebracht haben, sich zu besinnen – sich auf die Liebe zu besinnen. Er berührt mich mit seiner rauhen Wange und gibt mir einen Kuss. Ich lächle.

Meine Eltern betten mich wieder auf die kalte, harte Unterlage im Kinderwagen und kehren mit mir nach Hause zurück. Entsorgen unterwegs den Sprengstoff.

Unterdessen regnet es auf Berlin und Hanoi hinab. Hier Tropfen, da Bomben.

AARHUS, 24. DEZEMBER 1979

Weiß hat es vom ersten Moment an sehr eilig. Zwei Bauern stürmen im Sauseschritt über das Spielfeld. Das Heer des weißen Königs ist nahezu unbesiegbar. Flankiert von den Springern, wagt es einen beeindruckenden, tollkühnen Angriff auf den schwarzen König.

Der sieht keinen anderen Ausweg, als seine Dame zu opfern. Ein erbärmlicher Schritt, ein falscher Zug. Er stellt sein Leben, seine Freiheit über die anderer. Mein Vater lächelt mich an. Er wird siegen, und ich fliehe über Stock und Stein.

Die Bauern liegen wie gefallene Märtyrer aus einer anderen Zeit auf den von der Sonne gereiften Feldern. Kein Bauer ist mehr übrig, alle sind geschlagen. Vernichtet. Nur die Könige und ihre wackligen Türme stehen noch da. Es sind noch fünf Züge bis zum Schachmatt oder zum ewigen Remis.

Ich greife hektisch von rechts an. Das tue ich normalerweise nicht, ohne es meinem Vater vorher zu sagen. Denn er ist auf der rechten Seite blind. Mein Turm rast zurück zur Grundlinie. Ich gewinne mit Hilfe von Schweigen und Arglist. Mein Vater lacht: »Du alter Gauner!«

BERLIN, FEBRUAR 1968

Eine Bekannte kommt zu Besuch, eine sehr renommierte Journalistin, auch eine von den Berühmteren. Später sollte sie die Berühmteste und Berüchtigtste von allen werden. Ulrike Meinhof heißt sie. Eindringlich mustert sie mich.

Sie und mein Vater reden über Frantz Fanon, der vor sieben Jahren gestorben ist. Im richtigen Alter für einen Revolutionär, er wurde 36 Jahre alt. Das Gespräch dreht sich darum, wie die Verdammten dieser Erde sich erheben und die Welt verändern können. Es gibt eine historische Chance, da sind sie sich einig, doch diskutieren sie eifrig, welche Mittel zum Ziel führen.

Rudi liest vor, was Ulrike geschrieben hat: »Bewaffnung ist notwendig. Nur mit Pistolen und Macheten kann das unmenschliche, ausbeuterische Kolonialsystem beseitigt werden.«

»Ja, es kann nötig sein, auch mit Waffen Widerstand zu leisten, wenn man selbst von der Vernichtung bedroht ist«, sagt mein Vater.

»Das reicht aber nicht, wir müssen offensiv agieren! Wir müssen zuerst zuschlagen. Nur indem wir die Diktatoren, Kapitalisten und wer sonst noch das Volk unterdrückt töten, können wir gewinnen. Wir müssen noch ein, zwei, ja viele Vietnams schaffen, das ist unsere Pflicht!«

Beider Augen funkeln und verraten ihre Faszination füreinander. Meine Mutter hat mir einmal erzählt, dass Ulrike meinen Vater mit in den Untergrund nehmen wollte. Weg von allem. Liebe vor Terror. Rudi entschied sich von Anfang an für Gretchen. Sie entschied sich für den Terror. Und hinterließ einen Mann und zwei Kinder.

Die beiden lesen sich aus Mary McCarthys Vietnam-Buch vor. Sie sehen auch Berichte von desertierten Soldaten durch, die ihnen zugeschickt wurden. Mein Vater bereitet gerade den Vietnamkongress vor, der am 17. und 18. Februar an der Technischen Universität von Berlin stattfinden soll. Zuletzt haben er und Ulrike sich in Hannover auf dem großen Kongress über »Bedingung und Organisation des Widerstands« gesehen. Nachdem Benno Ohnesorg erschossen worden war. Sie diskutieren über den dort von Jürgen Habermas erhobenen Vorwurf, die Studenten und Rudi würden sich dem Terror zuwenden – dem linken Faschismus. Ich liege neben ihnen, während Rudi eine Passage aus seiner Erwiderung an Habermas vorliest:

»Bei Professor Habermas kann es mit Marx noch so heißen: Es genügt nicht, dass der Gedanke zur Wirklichkeit drängt, die Wirklichkeit muss zum Gedanken drängen. Davon kann längst keine Rede mehr sein. Die materiellen Voraussetzungen für die Machbarkeit unserer Geschichte sind gegeben. Die Entwicklungen der Produktivkräfte haben einen Prozesspunkt erreicht, wo die Abschaffung von Hunger, Krieg und Herrschaft materiell möglich geworden ist. Alles hängt vom bewussten Willen der Menschen ab, ihre schon immer von ihnen gemachte Geschichte endlich bewusst zu machen, sie zu kontrollieren, sie sich zu unterwerfen.«[3]

Sie lächeln sich an. Wir sind die Menschen, die ihre Geschichte selbst in die Hand nehmen. Auch ich bin auf dem Weg, ein Mensch zu werden.

Am 7. Februar 1968 erscheint auf der Titelseite der *Bild*-Zeitung ein Artikel mit der Überschrift »Stoppt den Terror der Jung-Roten jetzt!«. Darin heißt es: »und man darf auch nicht die ganze Drecksarbeit der Polizei und ihren Wasserwerfern überlassen«. Neben dem Text ist ein Foto von Rudi abgedruckt. Am Tag danach verkündet Innensenator Kurt Neubauer: »Wer die Konfrontation will, muss wissen, dass der Punkt erreicht ist, wo er sie auch bekommt.«

Meine Mutter hat Angst. Will weg aus Berlin.

VIETNAM, 1968

Das Gelee der Brandbombe klebt an der Kinderhaut fest. Jede Falte, jede Pore, jede Ader ist verschwunden – verbrannt. Durch Napalm und Jello. An einem ganzen Dorf in der Tay-Ninh-Provinz klebt Zucker und Gelee. Bei 35 Grad feuchter Hitze karamellisiert. Der Krieg duftet süß. Und er klebt. Eine Boeing B-52 tritt dröhnend die Rückreise an, während die Schule mit dem Strohdach in Flammen steht und all die Schreibhefte verbrennen, in die die Kinder mit kalligraphischer Präzision das ABC und das kleine und große Einmaleins gemalt haben.

Die Operation Blockhouse sei gelungen, verkündet der Presseoffizier beim täglichen Briefing, es habe nur geringe zivile Verluste gegeben.

Unweit des Ortes, an dem er spricht, ist im Zuge des Hearts-and-Minds-Programms ein Kinderkrankenhaus gebaut worden, das sich um die unzähligen verletzten Kinder mit den karamellisierten Rücken kümmern soll.

Der Presseoffizier spricht auch über die »Freie Initiative«. Die Vietnamesen sollen nicht länger Reis anbauen, sondern Obst- und Gemüsebauern werden. Vormittags Wechselwirtschaft, nachmittags Staatsbürgerkunde. So kriegen wir ein freies und modernes Vietnam!

Das Obst und Gemüse auf den Feldern der Bauern ist mit schwarzbraunen Flecken übersät. Es sind die Folgen des Entlaubungsprogramms mit Agent Orange. Die Wechselwirtschaft schafft da keine Abhilfe. Noch nicht einmal die importierten Schweine aus Kansas wollen die braunlila verfärbte Ernte des Vorjahres anrühren.

Die vielen Rural-Development-Programme können nicht wiedergutmachen, was die Angriffe der USA in den Dörfern angerichtet haben. 1,5 Millionen Menschen sind auf der Flucht. In Saigon und Südvietnam wimmelt es nur so von Flüchtlingen. Und von Tag zu Tag werden es mehr, mit jedem Einsatz, mit jeder Bombe.

Im Rahmen des Rural-Construction-Programms werden 28 000 Männer ausgeschickt, um die befreiten Dörfer zu befrieden und neue, regierungsfreundliche zu errichten. Es sind geschulte paramilitärische Einheiten, die die Infrastruktur der Vietcongs zerstören, Widerstand zerschlagen und die nötigen Säuberungen vornehmen sollen.

Völkermord geschieht vorsätzlich. Wenn die USA ein Dorf bombardieren, ist das kein Völkermord, sondern Befriedung. Wenn Zivilisten dabei sterben, ist das ein Kollateralschaden. Sie stehen der Feindbekämpfung im Weg. Die Vietcongs benutzen Zivilisten als lebendige Schutzschilde. Wenn die USA Tausende Dörfer bombardieren, ist das kein Völkermord, es ist Befreiung. Terror, Konterterror, Terror.

Unterdessen arbeitet das US-Militär an der Optimierung der Kampfmittel. Das neue Napalm haftet noch besser auf der Haut als das alte und hat hervorragende Brenneigenschaften. Auch das Napalm, das mit Hilfe von Flammenwerfern eingesetzt werden kann, hat hervorragende Brenneigenschaften. Effizientere Pflanzenvernichtungsmittel entlauben die Bäume so zuverlässig, dass kein einziges Blatt mehr an den Ästen zurückbleibt. Höllisch brennt das Tränengas in den Augen. Brände, so weit das Auge reicht. Die niedergebrannten Dörfer brennen immer weiter.

Doch Ho Chi Minh gibt sich nicht geschlagen: »Der Krieg

kann fünf, zehn, zwanzig Jahre oder länger dauern. Hanoi, Haiphong und andere Städte können zerstört werden. Aber das vietnamesische Volk lässt sich keine Angst einjagen. Nichts ist wertvoller als Unabhängigkeit und Freiheit.«

Ho Chi Minh ist mit dem Kriegseinsatz zufrieden. Die Sache geht den richtigen Weg. Und trotzdem schmerzt es ihn. Hunderttausende sind tot. Er weiß, dass er selbst bald sterben wird – weiß, dass er den Sieg nicht selbst erleben wird. Und er weiß auch, dass er für den Tod vieler mitverantwortlich war, die nicht hätten getötet werden dürfen.

Der Tod ist nicht gerecht, er geschieht einfach.

BERLIN, 16. FEBRUAR 1968

Wir bekommen Besuch von Ernst Bloch, er soll auf einer Veranstaltung mit Rudi diskutieren. Ich sehe dem alten Mann an, dass er dem Tod schon viele Male ins Auge gesehen hat. Er strahlt eine angenehme Ausgeglichenheit aus. Ich starre ihn lange an. Er hat silbergraue Haare und eine kräftige Adlernase. Sie erinnert mich an die Nase meines Vaters. Der alte Mann ist freundlich und lächelt mir hintersinnig zu. Ich starre ihn nur noch mehr an. Mein Vater und er reden über die Hoffnung. Dass man eine bessere Welt erschaffen kann, wenn man nur daran glaubt.

Der Kaffee riecht gut. Meine Nasenflügel beben und nehmen die Wärme wahr.

Ich höre den alten Mann sagen, dass Hoffnung erst dann entsteht, wenn der Mensch lernt, die Wirklichkeit als einen offenen Prozess zu begreifen und nicht als etwas, das abgeschlossen ist. Und dass es darum geht, tätig zu werden, nicht nur davon zu wissen. Weil nur der tätige Mensch die bestehende Gesellschaft, das vorhandene Wissen verändern kann. Vollkommen einig sind sich mein Vater und er darüber, dass die Zukunft sich selbst erschafft, mit derselben Geschwindigkeit wie das Ticken der Uhr. Es ist der Fortschritt, auf den man hinarbeiten muss. Und er führt über den Menschen.

Den ostdeutschen Weg halten sie für eine Verirrung. Die sozialistische Utopie ist in der DDR zu einer erschreckenden, menschenverachtenden Dystopie geworden.

»Keinen Terror gegen Menschen«, sagt mein Vater zu Ernst Bloch und liest laut aus dem *Spiegel* vor:

»Wir sollten nicht verdrängen, dass die Formen sublimer Gewalt, wie sie tagtäglich im Spätkapitalismus ausgeübt werden, dann durch manifeste Gewalt ersetzt werden, wenn, wie am 2. Juni, die Beherrschten anfangen, antiautoritär zu kämpfen … So sehe ich in der Tat, dass der Staat des Spätkapitalismus die Funktion hat, die passiven, leidenden Massen durch funktionale Manipulation in Abhängigkeit und Unmündigkeit zu halten, um dann allerdings, wenn die Manipulation an einem Punkt durchbrochen wird, wie zum Beispiel in der antiautoritären Revolte, die sublime Gewalt der Manipulation durch manifeste Gewalt zu ersetzen. Dass wir der manifesten Gewalt nicht mit Gewaltlosigkeit begegnen könnten …, ist ganz selbstverständlich. Wir können und werden nicht militärisch im Sinne der Vietcongs die Polizeimethoden bekämpfen können und werden sie nicht bekämpfen. Es geht aber darum zu begreifen, dass das gegenwärtige Maß der Repression halt ein gegenwärtiges Maß ist, was nicht ausschließt, dass zukünftig die Auseinandersetzung sich verschärft, und manches weist darauf hin, dass sie sich verschärft …

Ich denke, im Spätkapitalismus ist unter unseren heutigen Bedingungen Gewalt gegen Menschen nicht mehr als revolutionäre Gewalt zu legitimieren. In der jetzigen Phase, soweit ich es sehen kann, kann ich mir unter heutigen Bedingungen nur Terror gegen die verselbständigte, unmenschliche Maschinerie vorstellen, aber nicht mehr gegen Menschen … Ich würde sagen, ein Attentat, auch ein Tyrannenmord, ist immer noch legitimiert. Aber gegen Kiesinger, Brandt und andere Charaktermasken solche Praktiken anzuwenden, halte ich in der Tat für falsch, unmenschlich und konterrevolutionär. Sie sind jederzeit austauschbar, und für uns ist diese Form der direkten Gewalt gegen Charaktermasken in der Tat völlig inadäquat und falsch.«[4]

Rasch senkt sich an diesem Winternachmittag die Dunkelheit über das Zimmer, und die Augenlider des alten Mannes werden mit jedem Ticken der großen Uhr, die mein Vater bei seiner Flucht aus Ostdeutschland mitgenommen hat, schwerer.

Er schläft ein. Leises Schnarchen erfüllt den Raum. Mein Vater breitet eine warme Wolldecke über ihn. Der alte Mann rührt sich leicht.

Bevor Ernst Bloch später aufbricht, verständigen sich mein Vater und er noch kurz über die Schlusserklärung des Vietnamkongresses.

Dann sagt mein Vater: »Ich vermisse meinen Vater. Vermisse seinen Geruch und seine weißen Haare«, und umarmt den alten Mann so fest, dass dessen zerbrechlicher Körper beinah zerdrückt wird.

Als die Stimmen verstummt sind und sich Stille auf die Dunkelheit gelegt hat, gleite ich auf meinen weichen Kissen sanft in den Schlaf.

AARHUS, 24. DEZEMBER 1979

Der weiße alte König fällt. Mein Vater lächelt, doch ich bemerke, dass etwas anders ist. Es ist nicht wie sonst. Der König fällt anders, als er umstürzt.

Es hat einen tieferen, schwereren, hohleren Klang, als er mit seiner stolzen, aufrechten Haltung auf das Brett trifft. Der Kopf fällt ab und rollt an die Tischkante. Wir sind beide wie gelähmt. Mein Vater greift sich an den Kopf. Ich schließe meine Augen.

Das Schachspiel wird weggestellt. Bevor wir das Zimmer

schmücken können, muss noch ein Weihnachtsbaum her. Während wir auf Gretchen und Polly warten, die sich noch fertigmachen, raufe ich mit Rudi.

Wir werfen uns aufeinander, aber gegen einen alten Ringer mit Blumenkohlohren kann ich nichts ausrichten. Ich lande rasch auf der Matte und schlage zum Zeichen meiner Kapitulation mit der Hand auf den Boden.

Meine Schwester und meine Mutter haben jetzt ihre Wintersachen an und schauen nachsichtig auf uns runter. Sie möchten los.

BERLIN, 17. FEBRUAR 1968

Im Audimax herrscht heilloses Chaos. Aus dem Kinderwagen sehe ich auf dichte Menschentrauben. Weit über 6000 Studenten aus aller Welt haben sich in der Technischen Universität versammelt. Das Audimax ist am Platzen. Überall diskutieren kleine Grüppchen darüber, welche Rolle die Studenten in Vietnam, in Deutschland und der Welt spielen sollen. Der Kongress ist in drei Teile gegliedert: Forum I: Die vietnamesische Revolution; Forum II: Die vietnamesische Revolution und die Revolution in der Dritten Welt; Forum III: Der antiimperialistische und antikapitalistische Kampf in den kapitalistischen Ländern.

Blau, Rot, Gelb – die Farben des Vietcongs sind allgegenwärtig. Hinter dem Rednerpult hängt eine blau-rote Fahne mit einem gelben Stern. Darauf steht in gelber Schrift: »Für den Sieg der vietnamesischen Revolution. Die Pflicht jedes Revolutionärs ist es, die Revolution zu machen.«

Mein Vater läuft hoch zum Rednerpult und hält seine Rede: »Genossen. Wir haben nicht mehr viel Zeit. In Vietnam werden auch wir täglich zerschlagen. Wenn in Vietnam der US-Imperialismus überzeugend nachweisen kann, dass er befähigt ist, den revolutionären Volkskrieg erfolgreich zu zerschlagen, so beginnt erneut eine lange Periode autoritärer Weltherrschaft von Washington bis Wladiwostok. Und Frantz Fanon sagt: ›Los, meine Kampfgefährten, es ist besser, wenn wir uns sofort entschließen, den Kurs zu ändern. Die große Nacht, in der wir versunken waren, müssen wir abschütteln und hinter uns lassen. Der neue Tag, der sich schon am Horizont zeigt, muss uns standhaft, aufgeweckt und entschlossen antreffen.‹ Lasst uns auch endlich unseren richtigen Kurs beschleunigen. Die Revolutionierung der Revolutionäre ist so die entscheidende Voraussetzung für die Revolutionierung der Massen. Es lebe die Weltrevolution und die daraus entstehende freie Gesellschaft freier Individuen!«[5]

Mein Vater strahlt. Dies ist der Befreiungsschlag! Dies ist der Höhepunkt! Die Revolution hat begonnen. Berlin soll befreit werden. Deutschland soll befreit werden. Und Vietnam. Die ganze Welt soll befreit werden.

VIETNAM, 1968

In der Provinz Quang Ngai in Zentralvietnam lodern die Flammen jeden Tag lichterloh, auch an diesem. Aus der Luft werfen B-52 ihre schweren Napalm-Bomben über »Pinkville« ab, wie die Amerikaner das Gebiet nennen. Die Reisfelder sind nun völlig unfruchtbar, und nahezu alle Häuser wurden in den letzten Jahren dem Erdboden gleichgemacht. Der Vietcong soll ausgerottet werden, body-count-missions heißen die Einsätze. Das Ziel ist eindeutig – so viele Tote wie möglich, und gehen Zivilisten dabei drauf, so what.

Wenn die Ernte des Tages eingefahren ist, findet die Zählung statt. »Alles, was tot und nicht weiß ist, ist ein Vietcong«, lautet unter den GIs ein beliebter Witz. Sie prahlen mit ihren Heldentaten, und wenn neue Rekorde aufgestellt worden sind, wird das mit Bier und Zigaretten gefeiert, bei besonderen Anlässen auch mit Frauen. Die Menge an Gewehren und sonstiger militärischer Ausrüstung, die bei den Toten gefunden wird, ist äußerst gering – das wird nicht gefeiert.

Die ersten Wochen der Charlie-Kompanie in Vietnam hatten sich ruhig gestaltet. Die Gewehre waren blank poliert, und wenn gefeuert wurde, dann nur mit Platzpatronen. Die letzten beiden Monate hingegen stehen unter dem Zeichen mehrerer body-count-missions. Noch ist die Sonne nicht aufgegangen. Die Charlie-Kompanie ist unterwegs nach My Lai. Dort soll sich das 48. Vietcong-Bataillon aufhalten. Der Befehl lautet, es aufzuspüren und auszulöschen. Unterwegs tritt Sergeant Happy auf eine Mine. Er stirbt auf der Stelle.

Kurz vor dem Dorf erreicht die Kompanie ihr eigentlicher Befehl. Die Stimme des Oberkommandeurs knistert metallisch durch den Dschungel. »Morgens um sieben gehen alle Zivilisten immer zum Markt. Damit sind diejenigen, die im Dorf zurückbleiben, Vietcongs oder deren Sympathisanten.« Sie alle sollen erschossen werden, ordnet Captain Medina an, auch wenn es sich um Frauen handelt, denn sie seien dann ebenfalls feindliche Soldaten.

Leutnant Calley und seine Männer durchqueren My Lai. Es scheint zunächst verlassen zu sein, doch dann stoßen sie auf Häuser mit Frauen, Kindern und alten Männern. Calley entdeckt zwölf Dorfbewohner, die in einem Bewässerungsgraben Zuflucht gesucht haben, und ballert seine Maschinenpistole leer. Dann stürmen er und seine Soldaten die Häuser und knallen alles ab, was lebendig ist. Zuerst die alten Männer, dann die alten Frauen und schließlich die Kinder. Hunderte. Die jungen Frauen werden zuvor noch vergewaltigt, aber als der Todesrausch vorbei ist, sind auch sie von Kugeln durchlöchert oder stranguliert.

Mein Vater ist gerade in Frankfurt eingetroffen. Ein Polizei-
auto hält neben ihm, ein paar Beamte steigen aus und fragen:
»Sind Sie Rudi Dutschke?«

Mein Vater, in dunklem Wintermantel, antwortet: »Warum
interessiert Sie das?«

»Kommen Sie bitte mit. Es dauert nicht lange«, sagen sie.
Mein Vater und die Freunde, die bei ihm sind, versuchen weg-
zulaufen. Die Polizisten holen sie ein und nehmen sie fest. Ein
Beamter bittet um Verständnis. »Ich habe eine kranke Frau
und ein kleines Kind zu Hause, es geht schließlich um meine
Existenz.«[6]

Rudi lächelt ihn an: »Wir können und werden nicht militärisch die Polizeimethoden bekämpfen können. Wäre ich in
Lateinamerika oder Vietnam, würde ich mit der Waffe in der
Hand kämpfen. Ich bin nicht dort. Ich bin in der Bundesrepublik. Wir kämpfen dafür, dass es nie dazu kommt, dass Waffen
in die Hand genommen werden müssen. Aber das liegt nicht
bei uns. Wir sind nicht an der Macht.«[7]

Der Polizist erwidert ängstlich Rudis Lächeln.

Wenig später sind 2000 Kriegsgegner auf der Straße, um meinen Vater aus den Armen der Polizei zu befreien. Erst vor dem
Eingang des Polizeipräsidiums werden sie von einer Polizei-
einheit aufgehalten.

Währenddessen hält Frankfurts sozialdemokratischer Ober-
bürgermeister Willi Brundert im Rathaus eine Rede. Er ist
nicht über Rudis Festnahme informiert. Als er davon erfährt,
ordnet er seine sofortige Freilassung an.

Zwei Stunden nach seiner Festnahme wird Rudi wieder aus
dem Polizeigewahrsam entlassen. Auf dem Bahnhofsvorplatz
hat sich eine aufgebrachte Menschenmenge versammelt. Rudi
klettert auf einen Blumenkübel und versucht die Demons-

tranten zu beruhigen. »Und nun geht nach Hause und beginnt als Revolutionäre zu arbeiten.«

Das Sprechen fällt ihm schwer. Gerade eben hat ihn ein Amerikaner in Zivil mit den Worten »I am just coming from Vietnam« mit der Faust gegen den Kehlkopf geschlagen.[8]

VIETNAM, 16. MÄRZ 1968

My Lai, Paul, C Company, Task Force Baker: »Ich hatte meine Waffe von Halb- auf Vollautomatik gestellt. Auf Vollautomatik. Feuere in einem begrenzten Gebiet nur Runden ab. Runden. Deshalb – und weil das alles mit solcher Massivität geschah – kann ich nicht sagen, wie viele ich erschossen habe. 10 oder 15 vielleicht – Männer, Frauen und Kinder. Und Babys. Babys. Ich weiß nicht, was mich dazu gebracht hat, Babys zu erschießen. Ich habe selbst ein Kind. Ich weiß es nicht. Es geschah einfach. Tote Babys.«

Der Tag ist zu Ende, und als 504 Tote gezählt sind, wird eine weitere body-count-mission für erledigt erklärt. Das jüngste Opfer ist nicht mal ein Jahr alt, das älteste 82. Der Einsatz wird als hervorragende Schlacht, als totaler Sieg über den Vietcong in der Region gefeiert.

FRÜHLING 1968

Bald werde ich drei Monate alt sein. Meistens habe ich nur zwei Paar braune Augen gesehen und ein Paar runde, weiche Brüste, die mich liebevoll und fürsorglich nähren und satt machen.

Ich bin ein kleiner Junge, der 19 Tage nach Heiligabend zur Welt gekommen ist. Und der in den ersten Lebensmonaten eine Nähe erfahren hat, die nicht vielen Kindern vergönnt ist, aber auch eine gewisse Unruhe, durch so manchen Wohnungs- und Schlafstättenwechsel.

Meine Eltern sind Revolutionäre, und ihre Revolution besteht darin, dass sie sich gemeinsam um mich kümmern und für eine bessere Welt kämpfen. Ich bin ein gesundes kleines Kerlchen, das gewiss stark werden und sich neugierig mit der Welt auseinandersetzen wird, wenn es so weit ist.

Im Frühling reisen wir viel umher. In Prag lernen wir glückliche Menschen kennen, die an eine neue Zeit glauben, an eine Zeit, da der Kommunismus ein menschlicheres Antlitz erhält. Ich sitze bei Rudi auf den Schultern und sehe, wie die jubelnde Menschenmenge auf dem Wenzelsplatz Dubček begrüßt. Wir fahren nach Paris und jubeln mit den Massen, als in den Straßen die Schlachtrufe der Studenten »Vietnam!« und »Charles de Gaulle auf den Müll« erschallen. In Italien erleben wir in den Straßenrestaurants eine ursprüngliche Gastfreundschaft und eine herzliche, unschuldige Atmosphäre.

Und allerorten werde ich berührt, von Hoffnung berührt. Ich bin das Kind einer neuen Zeit.

Der Frühling ist in diesem Jahr besonders schön. Noch ehe der Frost sich ganz gelegt hat, fangen die Vögel an zu singen. Die Bäume schlagen zu früh aus, überleben aber den Nachtfrost. Es ist eine Zeit, da Hoffnung in die Menschen und die Natur einkehrt. Sie zeigt sich in vielerlei Formen und Schattierungen überall. Die jungen Leute gehen auf die Straße, und die alten Machthaber hinter ihren Fassaden wissen nicht, was sie gegen diese Krankheit ausrichten sollen.

Krankheiten haben mir in den ersten Monaten dieses Frühlings nichts anhaben können. In kräftigen, stärkenden Zügen trinke ich die Milch meiner Mutter und schlafe geborgen an ihrer Brust.

Oft spüre ich den Blick meiner Mutter durch das Halbdunkel, wenn sie und mein Vater sich lieben. Er dringt überallhin, umschließt unser kleines Zuhause, die Gegenstände, uns und die Menschen, die uns besuchen. Es ist der Blick einer liebenden Frau, mit dem ich angeschaut werde, während ich langsam das Erkennbare erkenne.

Mein Vater sieht mich an, holt sein Tagebuch hervor. Er hat es immer bei sich, und oft liegt es neben mir. In der Wiege. Im Kinderwagen. Im Tragekorb. Ich und das Tagebuch.

BERLIN, 4. APRIL 1968

Meine Eltern weinen beim Frühstück, und ich verspüre zum ersten Mal ein Gefühl von Verunsicherung, das mir bislang fremd war. Weit weg von Berlin, weit weg von meinem Zuhause ist etwas passiert, das meine Eltern schmerzt. Ich liege in meiner roten Wiege und merke, dass sie mich vergessen – sehe, dass sie in banger Erwartung still und ängstlich den Blick des anderen festhalten. Ringsum verstummt alles. Ich huste und weine aus tiefer Brust. Mein Vater nimmt mich behutsam auf den Arm, und mein Weinen verebbt – ich bin wieder froh. In dieser Nacht liegen wir alle dicht aneinandergekuschelt. Dichter als jemals zuvor.

Doch spüre ich draußen eine Kälte, die sich allmählich aus dem Süden heranschleicht. Die Kaltluft der Alpen dringt in die deutschen Täler und nähert sich Berlin, nähert sich meinem Zuhause. Ich liege auf dem Fußboden und merke, wie sie durch die Fußbodenritzen aufsteigt. Ich zittere und träume: Wir gehen die Straße entlang und sehen eine zerlumpte Frau in einem alten, verlassenen Gebäude im Dunklen hinter ein paar Schuttbrocken sitzen. Als wir dicht an ihr vorbeigehen, sagt sie: »Es ist trotz allem leichter, hier im Dunkeln zu sitzen, als an Essen zu sparen. Es ist nicht genug für alle da, deshalb nehmen die Armen die Gelegenheit wahr.«

Ich wache in Licht gebadet auf. Das Radio dröhnt unheilverkündend.

Martin Luther King ist tot, erschossen und kalt. Die roten und schwarzen Flammen verzehren die USA von innen heraus. Zehntausende Schwarze gehen auf die Straße. Randalieren. Soldaten gegen die Demonstranten. Zwei Wochen später sind

46 Menschen tot. 2600 verletzt. 21 000 verhaftet. Der Traum schweigt.

Meine Mutter schreibt in das Tagebuch, das sie für mich führt: »The news that Martin Luther King was shot, brought again by the big German minister. Now we are nervous and depressed.«

AARHUS, 24. DEZEMBER 1979

Wir fahren zuerst am Wasser entlang. Mit dem alten Mercedes, der über und über mit roten, grünen, gelben und orangefarbenen Blumen bemalt ist. Die Blumen sind das Werk meiner Mutter. Wir waren alle ziemlich überrascht, als eines Tages eine Blumenwiese in voller Blüte im Sonnenschein vor der Tür stand. Das Auto war vorher langweilig grau gewesen.

»Ist er nicht schön?«, hat Gretchen begeistert gefragt. Meine Schwester und ich scharrten verlegen mit den Füßen auf dem Boden. Wir wussten, dass wir zukünftig mit Hänseleien zu rechnen hatten. Andererseits waren wir mit der Zeit an so manches gewohnt. So ganz normale Eltern hatten wir eben nicht.

Das Auto war auch sonst außergewöhnlich. Es trug ein deutsches Kennzeichen. Ein solches Auto gab es in unserer Straße nicht noch einmal. Oft nahmen Rudi und Gretchen uns und die Kinder aus dem Viertel zu einem Ausflug mit dem Auto mit.

Auf der alten Lederrückbank ohne Sicherheitsgurte Rennfahrer zu spielen war ein besonderes Vergnügen. Die Menschen lächelten uns an, wenn wir mit dem graugrundierten Blumenmeer vorbeigefahren kamen.

Wir verlassen Aarhus auf der Landstraße nach Süden. Nach einer Weile biegt meine Mutter plötzlich auf einen Acker ab, den wir so lange entlangrumpeln, bis wir an einen Waldrand geraten. »Alle Mann aussteigen – schnell. Wir brauchen ei-

48

nen richtig schönen Weihnachtsbaum«, sagt mein Vater und schwingt die Säge.

In null Komma nichts haben wir eine stattliche Fichte von fast drei Metern ausgesucht und gefällt. Wir verstauen sie, so gut es geht, im Kofferraum, doch der Baum hängt zur Hälfte heraus. Wir rasen nach Hause. Alle sind erleichtert, als wir in die Heibergsgade einbiegen.

Unter lautem Ächzen und Lärmen schleppen wir den Baum das Treppenhaus hinauf und wuchten ihn in die Wohnung. Der Geruch von frischen Nadeln verbreitet sich überall.

BERLIN, 7. APRIL 1968

Wir ziehen schon wieder um. Ich liege in meiner verschlissenen Wiege und sehe erstaunt zu meinen Eltern hoch. Wir sind auf der Flucht. Auf der Flucht in unserer Heimat. In unserem eigenen Land.

Ganz normale Menschen umgeben uns, die uns Böses wollen – es ist nicht ihre Schuld. Es sind normale, einfache Menschen, die in einer Zeit leben, die ihnen fremd ist. Sie sind nicht mit der Zeit gegangen und können nicht mehr mit ihr Schritt halten. Sie sind verunsichert. Menschen, die Angst vor dem Neuen haben, Veränderungen fürchten – die Hoffnung fürchten.

Diese Menschen kennen nur ihre Zeit und können nicht darüber hinaussehen. Sie sind in ihr gefangen, und ihre Gesichter erhellen sich nur selten in einem flüchtigen Aufblitzen, in einem Moment von spontaner Naivität, wenn ihre Zurichtungen durch ihr Leben und ihre Verhältnisse kurz verdrängt werden.

Ich beginne zu husten und werde schwächer. Meine Haut ist welk, ein grauer Schimmer überzieht sie, der die Farben des Lebens verblassen lässt. Ich liege oft mit glänzenden Augen still da, Augen, die zwar geöffnet sind, aber nicht mehr sehen und nichts mehr in sich aufnehmen.

Meine Eltern machen sich Sorgen um mich. Sie sind uner-
fahren. Sie erkennen nicht die Signale, die ich aussende – dass
ich von hier wegwill. Ich sehne mich danach, dass wir reisen,
wegreisen, in die Wärme – ich friere.

In den nächsten Tagen setzt sich die Kälte immer mehr in
mir fest. Ich huste stark, und meine Nase läuft. Ich will weg.
Weg von dieser Kälte.

AARHUS, 24. DEZEMBER 1979

Polly und Gretchen beschäftigen sich mit der Festtagsgarde-
robe. Meine Mutter hat meiner Schwester extra ein hübsches
Kleid für Weihnachten genäht. Zuerst die Frisur, dann das
Kleid. Polly lächelt und küsst meine Mutter. Ich habe mich vor
die Flimmerkiste gesetzt und sehe mir einen Zeichentrickfilm
an.

Dann schmückt Rudi mit mir und Polly den Weihnachtsbaum, so dass der Baum voller Wichtelmännchen und Süßigkeiten hängt. Vorsichtig zünden wir die Kerzen an. Unter dem
Baum liegen viele Geschenke. So viele haben wir noch nie bekommen. Ausgelassen laufe ich um den Baum. Ich lache und
bin glücklich. Meiner Schwester verrate ich, dass ich bestimmt
den neuen Märklin-Zug bekomme. Sie sieht mich fragend an.
Ich erkläre, dass es eine genaue Kopie der neuen Intercity-
Züge ist, die jetzt in Deutschland fahren.

Polly nickt und sagt aufgeregt: »Und ich will das neue Abba-T-Shirt haben. Ich habe Rudi gesagt, dass das das Einzige
ist, was ich mir wünsche.«

Ich sage: »Weißt du was, Rudi hat mir erzählt, dass der Intercity 200 Kilometer pro Stunde fahren kann und dass er
selbst schon damit gefahren ist und wir das nächstes Jahr mal
alle zusammen machen werden.«

Ich mache eine schnelle Handbewegung und gebe ein Flug-
zeug-Geräusch von mir. Meine Schwester lacht. »Weißt du

was, Rudi und Gretchen haben bestimmt keine Ahnung, wer Abba ist. Ich hoffe nur, dass sie das richtige T-Shirt gekauft haben.«

In den Zeitungen sind jede Menge Fotos von meinem Vater. Sie stellen ihn mit Teufelsaugen dar. Meinen Eltern sind die Windeln ausgegangen, und Rudi wischt mir mit einer Zeitung des Springer-Verlags den Po ab. Die Fotos zeigen ihn im Profil, von links, von rechts, immer mit seiner charakteristischen Nase. Fotos, wie die Nazis sie von den Juden und Roma gemacht haben. Mein Po juckt. Zur selben Zeit wird ein Mann, der meinem Vater ähnlich sieht, beinah totgeschlagen.

Sie jagen ihn, jagen meinen Vater. Ein großer hassender Organismus von Zehntausenden Berlinern. Eine Massenpsychose. Sterben – sterben soll er, wie ein Hund. Abscheu. Entrüstung. Wut. Wut ist uns vertraut, setzt Moral und soziales Empfinden voraus. Wut ist etwas Konkretes. Hass ist abstrakt, so Aristoteles.

Sie hassen meinen Vater, ohne ihm jemals persönlich begegnet zu sein. Sie sind ihm fremd – er ist ihnen fremd. Sie hassen ihn. Hassen ihn, wie sie Juden, Schwule oder Muslime hassen. Ein ewiger Hass. Ein Völkermordshass. Sie greifen jeden an, der ihm ähnlich sieht. Wollen töten, aufschlitzen, wer so ist wie er. Er, mein Vater. Ein Hassobjekt. Die Studenten, die Revolutionäre – ein Hassobjekt. Und deshalb Mord. Immer wieder.

Flugblätter flattern über das Schlachtfeld:

»Vietcong be aware. You are now located in the area of operations of Cong Killer. Each member is a trained killer, dedicated to the annihilation of every VC/NVA. We don't rest. We will hunt you with our helicoptors, track you, search above and below bombard you with artillery and airstrikes. There are no havens here. You are not safe, nor are you welcome her. Rally, get out of here now, or face the fact you will soon join your ancestors. You will die.«

Indianerland, Kampfzone Nord. Die erste Kavallerie-Division führt eine Reihe von Einsätzen durch. Comanche Falls, Navajo Warhorse, Apache Snow und Rolling Thunder. Ziel: Bodycount. Rapecountry. This is my rifle and this is my gun. Zweifacher Veteran. Mission erledigt – Frau vergewaltigt. Die Frauen werden auf den Platz vor dem Hof gezerrt. Vergewaltigt. Vor den Augen des Vaters, Bruders, der ganzen Familie. Vergewaltigt und mit C gebrandmarkt – C für Charlie. Der Schwanz hängt einem Soldaten aus der Hose und will nicht steif werden. Ein anderer übernimmt das Opfer. Wenn Frauen für Sympathisantinnen des Vietcongs gehalten werden – und das geschieht häufig –, werden sie erschlagen und ihre Geschlechtsorgane auf jede erdenkliche Art und Weise verstümmelt – durch Tritte, Leuchtspurmunition und Gewehrkolben. Oder man näht ihnen die Vagina zu.

Sex ist der Beweis, dass du noch lebst. Stell dir vor, du kehrst von einem Einsatz zurück und erfährst, dass ein paar von deinen Freunden tot sind. Du hast eine Scheißangst gehabt, jetzt willst du einfach nur noch ficken. Den Feind ficken, der dir eine Scheißangst macht. Unterwerfen. Bumsen. Erleichterung. Leichtigkeit. Leben. Ficken. Bumsen. Töten.

Oberbefehlshaber William Westmoreland rühmt »my firebrigade«, 120 Fallschirmjäger der 101. Airborne Division. Colonel Morse verleiht seinen Kompanien neue Namen. A für Assassins. B für Barbarians. C für Cutthroats. Sich selbst nennt er Ghost Rider. Tiger Force ist ihr Kampfname. Ihr Motto: to outguerilla the guerillas. Sie teilen Pik-Asse für jeden toten Vietcong aus – egal, ob Mann oder Frau. Morse ruft eine Belohnung für den höchsten Bodycount aus. »Huldigt eurem Regiment mit 327 Toten!«

»Vor oder nach dem Frühstück«, schallt es im Chor zurück. Innerhalb von sieben Monaten zieht die Tiger Force eine Blutspur durch Vietnam – erschießt, erschlägt und vergewaltigt.

The way to live is to kill. Schießen. Skalpieren. Strangulieren. An diesem Morgen lassen sie vier Tote – darunter ein Baby mit von einem Gewehrkolben zertrümmerten Schädel –, mehrere Vergewaltigte und ein zerstörtes Dorf zurück. Im Indianerland gibt es für alles einen Freibrief.

BERLIN, 11. APRIL 1968

Mein Vater nimmt sein verrostetes Fahrrad und will zur Apotheke fahren, um Medizin für mich zu holen. Ich liege in meiner Wiege und warte fröstelnd darauf, dass er wiederkommt. Meine Mutter geht rastlos umher und ist offensichtlich beunruhigt. Später telefoniert sie mit einem Mann, einem Freund meiner Eltern. Es geht um die Jugendrevolte. Unvermittelt schreit sie auf. Schreit erneut, sodass ich zu weinen anfange. Sie entschuldigt sich bei ihrem Freund und legt den Hörer auf. Läuft zu mir und wiegt mich langsam hin und her. Ich schlafe ein.

AARHUS, 24. DEZEMBER 1979

Meine Mutter kommt zu uns herein. Wir haben den obersten Teil des Weihnachtsbaums fertig geschmückt. Der Stern prangt auf der Spitze.

Polly fragt ungeduldig: »Kriege ich das Abba-T-Shirt?«

Meine Mutter ist etwas kurz angebunden. »Ist Rudi nicht hier bei euch? Wir können bald essen.«

Ich spiele weiter mit meinem imaginären Intercity und sage, dass er immer noch im Badezimmer ist.

»Komisch. Er ist schon ziemlich lange im Badezimmer«, überlegt meine Mutter. Sie geht raus und sagt noch, dass wir demnächst zum Essen kommen sollen.

Polly ruft ihr hinterher: »Guck doch mal nach, was er macht.«

Es ist Nachmittag, und ich erinnere mich, wie ich in die Küche gehe. Auf dem Weg vorbei am Badezimmer sehe ich, wie Rudi seine Schuhe putzt.

Ich gehe zu ihm hinein. Es riecht nach Schuhcreme.

»Hier stinkt's«, sage ich.

Wir sprechen mit ihm nur Deutsch, nicht Dänisch, weil er keine Fremdsprachen mehr lernen kann. Er antwortet nicht auf meine Bemerkung, bittet mich aber, die Tür anzulehnen. Die Badewanne ist voll mit heißem Wasser.

Ich gehe in die Küche, wo Gretchen und Polly das Essen vorbereiten. Nach einem kurzen Wortwechsel und einem raschen Blick auf die Gans gehe ich wieder ins Wohnzimmer, um den Zeichentrickfilm weiterzuschauen. Meine Schwester gesellt sich wenig später zu mir, und wir gucken zusammen *Ahörnchen und Behörnchen* und knabbern ein bisschen Weihnachtsgebäck.

BERLIN, 11. APRIL 1968

Ein junger Mann fährt aus München kommend im Bahnhof Zoologischer Garten ein.[9] Josef Baumann heißt er. Es ist 9:10 Uhr. Er sieht sich um. Trägt eine hellbraune Lederjacke, darunter einen Waffenhalfter, in dem eine Pistole steckt. Eine zweite Pistole, eine Röhm RG 5, Kaliber 6 Millimeter, liegt mit 100 Schuss Munition in Schmutzwäsche eingewickelt in seiner Einkaufstasche. Niemandem fallen die Waffen auf, auch nicht der Polizei am Bahnhof Zoo. Auch nicht den Passbeamten vorher bei der Einreise nach West-Berlin, die ihn routinemäßig fragen, ob er Waffen bei sich trägt. Er verneint. Sein Pass wird abgestempelt, und man wünscht ihm einen guten Tag.

Der Mann hat den *Spiegel*, die *Bild*-Zeitung und die *Deutsche Nationalzeitung* bei sich. In der *Nationalzeitung* steht die Schlagzeile »Stoppt Dutschke jetzt! Sonst gibt es Bürgerkrieg«. Das Blatt zeigt fünf Aufnahmen von meinem Vater. Im Profil von links. Von vorne. Ein weiteres von links, mit offenstehendem Mund bei einer Rede. Und noch eines von vorne, aber leicht von rechts fotografiert, und schließlich eines im Profil von rechts. Wie bei polizeilichen Steckbriefen.

Bachmann liest: »Stoppt die linksradikale Revolution jetzt! Deutschland wird sonst das Mekka der Unzufriedenen aus aller Welt. Was einst Petersburg und Paris waren, die Wiege von Weltrevolutionen, kann heute schon Berlin werden. Mit Verharmlosen ist niemandem mehr geholfen, seitdem die Dutschkisten sich nicht scheuen, offen die Revolution zu predigen. Noch sind ihre Terrormethoden verhältnismäßig harmlos, aber alle großen Revolutionen haben harmlos begonnen.«[10]

Er mustert erneut die Aufnahmen. Studiert sorgfältig jedes einzelne Bild, wirft die Einkaufstasche über die Schulter und verlässt den Zug. Schlägt den Weg Richtung Kantstraße ein. Verpfändet ein Radio und erhält 32 Mark dafür. Kauft sich Frühstück. Wendet sich anschließend an ein paar Taxifahrer und fragt sie, wo er Rudi Dutschke finden kann. Einer sagt: »Er wohnt in einer Kommune.«

Er geht zu der angegebenen Adresse, klingelt, und ein Kerl mit langen Haaren öffnet ihm die Tür. Er kennt ihn auch von Fotos in der Zeitung. Aber nein, es ist nicht Rudi.

»Versuch's beim SDS, Kurfürstendamm 140«, sagt der Langhaarige.

Der junge Mann nimmt wieder den Bus zum Bahnhof Zoo. Isst Linsensuppe und zwei Frikadellen. Und geht anschließend zum Kurfürstendamm. Sieht Rudi mit seinem Fahrrad. Überquert die Straße. Bis er unmittelbar vor ihm steht.

Der Wein ist rot, und die Gans brutzelt duftend im Ofen. Mein Vater trinkt nie, und meine Mutter nur äußerst selten. Doch an diesem Heiligabend wollen sie sich ein Gläschen Wein teilen. Sie haben ein Geheimnis, das Geheimnis von einem neuen Leben.

Weihnachten ist friedlich. Das Telefon hat in den letzten Tagen so gut wie gar nicht geklingelt, mein Vater hat kein deutsches Radio gehört. Wir sind nur unter uns gewesen, und Ruhe ist eingekehrt. Ich fühle mich geborgen, meine Schwester fühlt sich geborgen. Alles ist gut.

Doch dann beginnt ununterbrochen das Telefon zu klingeln. Anrufe, vor allem aus Deutschland. Mit jeder Menge Weihnachtsgrüßen von vielen Bekannten, die sich über die bevorstehenden aufregenden Wochen in Deutschland und die Gründung der Grünen unterhalten wollen. Die Wahlen. Aufgewühlt geht Rudi zurück ins Badezimmer.

Ich träume. Weißes Licht gleitet wie Wellen über Berlin. Ich folge meinem Vater durch die Stadt. Ich bin bei ihm und versuche ihn zu leiten. Nicht hierhin – dorthin. Ich spüre, dass sich ihm eine große Gefahr, etwas Böses nähert. Sieh dich um! Sie ist nah, viel zu nah. Das Fahrrad kommt klappernd zum Stehen. Es ist alt und rostig. Mein Vater hat es 1961, ein paar Tage nach dem Mauerbau, gekauft; ein neues wäre also fällig. Leichtfüßig wie ein Athlet springt er ab und stellt das Rad an die von Einschusslöchern übersäte Mauer der Apotheke. Ein paar von ihnen sind faustgroß und stammen von den Maschinengewehren, die den Vormarsch der Roten Armee auf Hitlers Bunker verhindern sollten. Auf dem Gehsteig hüpfen ein paar Vögel umher, vermutlich Tauben, und picken nach der spärlichen Nahrung. Ungehört hallen die lauten Schüsse im Stadtzentrum wider, verschluckt vom Lärm des tosenden Verkehrs. Die Tauben sind weg. Und ich wache auf.

Die Kerze auf dem Tisch flackert. Es zieht in der Wohnung. Polly und ich schauen uns an. Wir schmücken den Weihnachtsbaum weiter, bis er über und über behängt ist. Wir sehen unserer Mutter hinterher, als sie zum Badezimmer geht. Wir schauen einander fragend an. Gretchen schreit hysterisch: »Rudi, Rudi, Rudi.« Grünes Licht dringt aus dem Badezimmer.

Ich wache auf und schreie vor Hunger. Meine Mutter kommt und will mir die Brust geben. Ich drehe das Gesicht weg. Sie versucht es erneut. Ich drehe weiter das Gesicht weg. Resigniert versucht sie wieder und wieder mir die Brust zu geben. Ich schreie jetzt aus vollem Halse, strampele heftig. Sie holt den Schnuller, steckt ihn mir in den Mund. Ruhe.

Der Hunger wütet in meinem geschwächten Körper. Ich sauge verzweifelt an dem Nuckel. Mein Wille ist stark, stärker als der Hunger. Meine Augen sind weit aufgerissen. Meine Mutter wendet sich weinend ab. Sie bekommt Angst.

Das Telefon klingelt wieder. Ein fremder Mann, ein namenloser Mann, ist am Apparat. Er fragt nach meinem Vater. Ich liege still und lausche zwischen den kurzen Worten und Sätzen, die meine Mutter spricht, ihren Atemzügen. Sie sagt, dass sie nicht wisse, wo er sei. Stille.

Mein Hunger ist unbändig, trotzig spucke ich den Schnuller wieder aus. Meine Mutter legt mich an die Brust, und diesmal fange ich an zu trinken. Wieder klingelt das Telefon. Meine Mutter stillt mich weiter, während sie den Hörer ans Ohr hält. Ein anderer fremder Mann, ein namenloser Mann, fragt ebenfalls, ob mein Vater zu sprechen sei. Meine Mutter verneint. Der Mann zögert, bevor er sagt, dass vor dem SDS-Gebäude Schüsse gefallen seien und womöglich auf meinen Vater geschossen worden sei. »Mein Gott, ist es schlimm, ist er tot?«, schreit meine Mutter. Der Mann entschuldigt sich, er habe nicht gewusst, dass sie noch nicht Bescheid wisse. Vielleicht sei er es ja auch gar nicht.

AARHUS, 24. DEZEMBER 1979

Ich renne, so schnell ich kann, durch das Zimmer. Komme ins Badezimmer und sehe, wie mein Vater nackt auf dem Boden liegt.

Das enge, schlauchförmige Badezimmer erscheint mir ganz kalt, und ich sehe schiefe, verzerrte Bilder. Ich erkenne jede Furche und jede Pore von Rudis leblosem Gesicht.

Meine Mutter rennt los und ruft Hilfe. Ich werfe mich auf ihn. Ich schreie: »Rudi, Rudi, Rudi, Rudi«, glaube ich. Aber vielleicht schreit es nur in meinem Kopf.

Laufe in die Küche, schnappe mir einen Topf, fülle ihn mit kaltem Wasser, sehr schnell. Möchte ihn wecken. Schütte es über seinen Kopf, während mir die Tränen das Gesicht hinunterlaufen.

Ich spreche jetzt ruhiger zu meinem Vater: »Wach auf, wach doch auf, lieber Rudi, wach endlich auf, Papa, du sollst aufwachen.«

Fülle den Topf wieder mit Wasser und schütte es über seinen Kopf. Setze mich zu ihm und schüttele ihn. Schlinge meine Arme um ihn. Versuche, ihn von Mund zu Mund zu beatmen. Aus seinem Mund kommt grüner Schleim.

Ich wische den Schleim mit Wasser aus der Badewanne weg. Es kommt mehr. Ich wische ihn wieder weg. Gebe ihm wieder eine Mund-zu-Mund-Beatmung. Berühre seine Lippen.

Ich schreie wieder: »Rudi, sag doch was, willst du nicht

etwas sagen, sagen, wo du bist ... Rudi, sag mir, wo du bist, damit ich zu dir kann ... Lieber Rudi, sag mir, wo du bist, damit ich dich zurückholen kann.«

BERLIN, 11. APRIL 1968

Das Telefon fällt zu Boden, ich falle mit. Meine Mutter sitzt apathisch auf dem Stuhl. Ich fliege durch die Luft. Der freie Fall.

Peng! Es tut weh, und ich weine. Meine Mutter bewegt sich nicht. Ich liege auf dem Fußboden. Aggressiv klingelt das Telefon. Wieder und wieder. Ich höre auf zu weinen und blicke zur Decke, in den Himmel über Berlin. Ich steige auf und schwebe. Wo ich bin, ist es still. Die Wolken rühren sich nicht von der Stelle. Stehen vollkommen still. Es ist so still wie in den Sekunden vor einer Schlacht. Blut sickert in kleinen ovalen Tropfen aus meiner Stirn. Sie treffen auf meinen Mund und schmecken nach Eisen. Da oben am Himmel begegne ich meinem Vater. Wir schweben einfach so zwischen den Wolken umher, die jetzt eine Angriffsformation gebildet haben. Sie stehen mit gezogenen Schwertern da, von denen rot Blut tropft. Zwischen ihnen wandert schwarz mit langsamen Schritten der Sensenmann. Der Tod war schon früh an unserer Seite.

Mein Vater und ich versuchen gemeinsam, ihn wegzuschieben, aber er krallt sich hartnäckig an die Bandagen, die uns ein zufällig vorbeikommender Passant lose umgewickelt hat. Das Rot färbt sich schwarz. Die Wolken rühren sich wieder, und ich falle wieder zu Boden.

AARHUS, 24. DEZEMBER 1979

Er liegt leblos und nackt vor mir. Ich schaue ihn an. Sein langes, glattes, ergrautes Haar, das früher ganz schwarz war, klebt ihm nass im Gesicht. Eine Strähne hängt in seinen Augen. Ich streiche sie vorsichtig zur Seite und lege seine Haare so zurecht, wie ich es von meiner Schwester gelernt habe.

Die Augen lächeln mich an. Seine Arme, die mich eben noch durch das Zimmer gewirbelt haben und voller Leben waren, liegen schief auf dem hellen Terrazzoboden. Ich nehme den linken Arm und lege die Hand auf seine Brust. Der Brustkorb bewegt sich nicht.

Ich lege trotzdem mein Ohr auf sein Herz und lausche mit schwacher Hoffnung. Nehme seinen rechten Arm und lege ihn auf sein Herz. Der Körper ist tot. Die dichten Härchen auf seinen Armen, die früher kreuz und quer nach oben standen, liegen ganz flach über der Haut.

Sie ist schweißnass, wie mit Schleim überzogen, und kalt. Ich lecke sie sauber und trocken.

Ich lecke und lecke, und er wird ganz warm. Das Licht verschwindet für einen kurzen Augenblick. Ich sehe ihn lächeln, und er sieht mich sanft an. Ich höre ihn sagen: »Du musst loslassen. Wir sehen uns wieder, wenn es so weit ist. Lebe dein Leben. Schuld belastet. Schuld erzeugt Trauer. Ich vergebe dir.«

Wir küssen uns. Kalt gegen warm. Weich gegen hart. Jung gegen alt. Nass gegen trocken. Vater gegen Sohn. Sohn gegen Vater. Er gibt mir den Kuss der Liebe. Ich gebe ihm den Todeskuss, der ihn für ewig wegschickt.

Die Tür geht auf, und ich werde seinen Körper nie wiedersehen.

Es ist still in der Wohnung.

BERLIN, 11. APRIL 1968

Mein Weinen setzt erneut ein. Diesmal nur noch inbrünstiger und lauter. Ich liege reglos auf dem Fußboden und betrachte mit klaren, offenen Augen leicht erstaunt die Tränen meiner Mutter, die auf meine Stirn tropfen. Tränen und Blut vermischen sich zu einer leicht fließenden hellroten Flüssigkeit, die durch die Fußbodenritzen sickert.

Unmerklich wird die Kälte aus dem Zimmer vertrieben. Die Sonne guckt am Himmel hervor, die Wolken lösen sich auf, und ein Lächeln breitet sich auf meinen Zügen aus, im Zimmer – ich lache. Meine Mutter hört auf zu weinen. Sie erhebt sich vom Stuhl, nimmt mich auf den Arm und hält mich lange fest. Mein Herz ist ihres, und ihres meins. Der Rhythmus, unser gemeinsamer Rhythmus, schenkt uns einen Augenblick Frieden.

Das Telefon klingelt wieder. Klingelt. Wieder. Meine Mutter nimmt den Hörer ab. Diesmal kündet es nicht von Gewalt und Tod. Ein guter Freund ist dran. Sie sprechen lange miteinander.

Er beruhigt sie, der Angeschossene sei bestimmt ein anderer. Ich schließe die Augen.

Stille. Stumm. Stumm. Stille. Er liegt auf der Straße. Blut. Gehirnmasse. Ein abgerissener Schuh. Gerinnt.

AARHUS, 24. DEZEMBER 1979

Wir sehen das blaue Blinken von der Straße und hören die durchdringenden Geräusche der Sirenen. Der Weihnachtsbaum steht am Fenster, und das Blaulicht trifft auf die heruntergebrannten Kerzen am Baum.

Wir stehen in einem dunklen Zimmer, vielleicht ist es unser Zimmer, vielleicht liegen wir unter dem Bett. Ein grünes Licht breitet sich unangenehm aus dem Badezimmer aus, unsere Gesichter leuchten in der Dunkelheit schwach grün. Ich höre unterdrückte Männerrufe aus dem Badezimmer. Die Notärzte kämpfen im Badezimmer. Die Wiederbelebungsgeräte sind im Einsatz. Das Geräusch von Luft, die ein- und ausgeatmet wird, ein und aus, ein und aus, immer wieder.

Meine Mutter schreit verzweifelt: »Macht weiter, versucht es weiter. Ihr sollt weitermachen.«

Sie weint und ruft mit immer schwächer werdender Stimme: »Weiter, weiter.«

Die Notärzte sagen, dass es keinen Sinn mehr hat, er kommt nicht wieder zurück.

BERLIN, 11. APRIL 1968

Mein Vater liegt auf der Straße, leblos und blutbeschmiert. Der Tod ist an seiner Seite. Menschen strömen herbei und schauen ihn verwirrt, aber auch fasziniert an. Wissen nicht, was sie tun sollen. Nichts. Nichts. Nur still dastehen. Das Blut fließt. Die Leute haben blaue, graue, braune und schwarze Augen. Manche sind schwärzer, und einer hat gelbe hypnotische Augen, die meinem Vater das Leben entziehen.

Ihre Blicke bohren sich tief, ganz tief in mein Herz. Mein Herz kämpft sich zurück. Plötzlich steht mein Vater auf und läuft orientierungslos und verstört durch die Menge, die entsetzt zurückweicht, als ob sie den Teufel höchstpersönlich gesehen hätte. In ihren Gesichtern steht die Angst vorm Tod. Mein Vater bricht wieder zusammen, kippt um, sein Herz hört auf zu schlagen. Ich bin bei ihm. Auch mein Herz schlägt nicht mehr.

Ich werde davon wach, dass meine Mutter schreit, sie schreit noch lauter als ich. Wir schreien. Und schreien und schreien.

Sie wirft mich in einen Tragekorb und rennt aus der Wohnung. Auf der Treppe trifft sie auf den guten Freund, der zuvor angerufen hatte. Er hält sie auf und begleitet uns wieder nach oben. Ihre Schritte sind verhalten.

Meine Mutter hockt in der Wohnung und starrt ins Leere. Der Freund kocht Kaffee und bringt ihn ihr. Sie sitzen sich gegenüber. Der Freund sagt, dass es sich bei dem Anrufer bestimmt nur um einen närrischen alten Mann gehandelt habe. Wieder klingelt das Telefon. Der Freund geht dran. Es ist derselbe fremde Mann. Er spricht lange mit dem Freund, dessen Stimme immer brüchiger wird. Der Freund legt auf und ruft

einen Bekannten an, der ihm bestätigt, dass mein Vater lebensgefährlich verletzt ist.

Ich habe Tränen in den Augen, meine Mutter wischt sie
weg. Ich fange an zu weinen, meine Mutter fängt wieder an zu
schreien. Sie schreit ihre Lungen leer, ihre Eingeweide werden
durchgeschüttelt, bis sie beinah aus ihrem Mund treten. Sie
fällt in Ohnmacht.

Es sind der monatelange Hass und die unzähligen Drohungen, die sie, mein Vater und ich erhalten haben, die sich jetzt
Bahn brechen. Sie schreit und schreit. Ich liege auf dem Boden. Gretchen und der Freund fahren ins Krankenhaus.

AARHUS, 24. DEZEMBER 1979

Die Sauerstoffgeräte sind abgestellt. Die Herzmassage ist vorbei. Die Mund-zu-Mund-Beatmung abgeschlossen. Die Notärzte räumen ihre Sachen zusammen. Das Licht blinkt von der
Straße in Rot und Blau, wie ein Leuchtturm über dem dunklen
Meer.

Das grüne Licht verschwindet. Die Sirenen und Blaulichter
verschwinden, und ich werde von völliger Dunkelheit verschluckt. Wir sitzen schweigend beisammen. Meine Schwester und ich. Die Geräusche sind verschwunden, und wir sitzen
einfach nur da. Mein Vater ist weg.

Ich blicke an die Decke, während wir uns an den Händen
halten und einander umarmen. Zum ersten Mal in meinem Leben bete ich.

Ich glaube an dich. Hilf uns. Polly weint lange und schluchzt
leise. Bist du da? Vergiss uns nicht. Ich halte ihre Hand ganz
fest. Und bete weiter.

Lieber Gott im Himmel hinter den Wolken. Rette unseren
Vater. Blase deinen lebendigen Atem in sein müdes Gesicht.
Dann werden wir bis in alle Ewigkeit an dich glauben und dir
zutiefst dankbar sein. Amen.

Ich bin allein. Ich friere. Kalt. Ich habe Hunger. Die Windel ist nass. Ich weine nicht länger. Bin still. Warte darauf, dass jemand kommt. Bin das Tierkind, das sich im hohen Gras versteckt hält. Ich verstecke mich. Bin nahezu apathisch. Meine Mutter ist weg. Die Tür steht offen. Ich warte.

Meine Mutter kommt. Als ich ihre Stimme höre, fange ich an zu weinen. Sie hört mich nicht, sieht sich nur im Zimmer um. Eine Freundin ist vorbeigekommen. Sie sagt zu meiner Mutter, dass sie in die Klinik müssten. Ich liege auf dem Boden und möchte mit. Sie gehen ohne mich. Ich weine weiter. Sie fahren mit dem Auto zum Krankenhaus.

Meine Mutter liegt heulend auf dem Schoß der Freundin. Ein Freund sitzt daneben und sagt immerzu, dass er so voller Leben sei, dass er nicht sterben könne. Sie erreichen die Klinik und erfahren, dass er ins Westend verlegt wurde. Man könne ihnen nicht sagen, ob er noch am Leben sei. Ich bin bei ihm und sehe sein Blut; es ist nicht mehr schwarz, sondern rot und fließt durch seine Adern. Meine Mutter und ihre Freunde fahren ins Westend. Meine Mutter betet unaufhörlich, aber es scheint, als hätte sie alle Hoffnung verloren.

Ein Fremder passt auf mich auf.

Es ist still in der Wohnung. Wir, meine Mutter, meine Schwester und ich, gehen durch den Park in der Nähe unserer Wohnung. Dort, wo mein Vater immer mit seinen Holzschuhen ging. Der Klang war so dumpf und rund. Wir halten uns an den Händen.

Unsere Hände sind kalt. Wir halten uns fest. So fest, dass das Blut nicht zirkulieren kann. Es stockt. Gerinnt. Wir halten uns fest. Können einander nicht loslassen. Unsere Hände sind kalt. Die Wärme hat uns verlassen. Wir frieren. Es ist kalt.

Meine Mutter und ihre Begleitung erreichen endlich das Krankenhaus. Hunderte Journalisten fallen wie Raubtiere über sie her. Blitze, Geschrei, Chaos.

Polizisten wollen meiner Mutter den Zutritt verwehren. Sie muss lange mit ihnen diskutieren, bis sie begreifen, dass sie seine Frau ist. Ein Arzt kommt und sagt, dass mein Vater jetzt operiert werden solle. Er wisse nicht, ob er überleben werde, doch dass er immer noch am Leben sei, bedeute, dass es trotz allem noch ein wenig Hoffnung gebe. Er geht.

Zu Hause passt ein Fremder auf mich auf. Der Tod hat vier Augen, deine und die, die sich im Wasser des Lebens spiegeln, wenn du gehst.

Ein Telegramm trifft tickend im Krankenhaus ein. Es stammt vom deutschen Bundeskanzler. Er bedauert, was geschehen ist. Meine Mutter zerreißt das Papier.

Meine Mutter will schnell zu mir nach Hause. Mein Name hallt im Flur wider, sie wirft sich geradezu über mich. Ich spüre ihren warmen Körper und höre sie sagen, dass sie zumindest noch mich hätte, falls sie meinen Vater verlöre. Ich spüre, dass meine Nähe ihr eine Art Frieden, in allem Kummer ein bisschen Trost schenkt. Sie stillt mich, und ich schlafe ein. Merke, dass mir der Schlaf Linderung verschafft.

Ein paar Stunden später ist sie wieder aus der Tür. Ich harre aus. Meine Gedanken entwickeln sich weiter. Ich bin geboren und weiß, dass wir mit jedem Tag ein kleines bisschen sterben. Und an manchen Tagen ein bisschen mehr.

Die Journalisten sind fort, als meine Mutter spätabends wieder im Krankenhaus eintrifft. Ein paar Freunde meiner Eltern sind da. Sie sagen nichts, sitzen nur ruhig beisammen und warten.

Ich liege daheim und spüre, wie meinem Vater die vollen Haare abrasiert werden – ordentlich und konsequent. Er ist an eine Unzahl von Geräten angeschlossen. Sie ticken und blinken, wie ihre Funktion es ihnen vorgibt – unaufhörlich. Der Arzt ergreift ein funkelndes Skalpell und setzt den ersten Schnitt. Die Schädeldecke teilt sich, und nach einiger Zeit sickert Blut hervor. Eine Krankenschwester saugt mit einem Schlauch die roten Tropfen weg. Sein Leben liegt in ihren Händen, und niemand sonst kann ihn wieder ins Leben zurückbringen. Der zweite Schnitt legt sein Gehirn frei.

Der Arzt kommt aus dem OP und sagt meiner Mutter, dass sie die Kugeln aus seinem Gehirn entfernt hätten. Seine Chancen seien beträchtlich gestiegen, nachdem er die Operation überstanden habe. Die nächsten zwölf Tage würden zeigen, ob er überleben werde.

Das Gesicht meines Vaters ist bis zur Unkenntlichkeit entstellt. Durchlöchert. Zerschossen.

Ich erkenne ihn nicht.

Der Arzt hat die Kopfnaht geschlossen, und mein Vater gleicht einer schweigenden Mumie. Nur schwach lässt sich ein Gesicht hinter den Bandagen erahnen.

Am nächsten Morgen höre ich meine Mutter telefonieren. Sie ruft im Krankenhaus an, ist sehr ungeduldig. Man antwortet, er sei bewusstlos. Sie weint und gibt mir die Brust. Als sie das nächste Mal anruft, erfährt sie, dass sie ihn in der Nacht abermals operiert und zwei weitere Kugeln aus ihm herausgeholt hätten. Eine aus dem Kopf, die andere aus dem Körper. Dort, wo die Kugeln sich mit rasender Geschwindigkeit durch seine weiche Gehirnmasse gebohrt haben, haben sie tiefe weiße Spuren hinterlassen. Das Blut ist nicht geronnen.

AARHUS, NACH HEILIGABEND 1979

In den nächsten Tagen bin ich viel weg. Ich verstecke mich, damit mein Vater nicht beerdigt werden kann. Ich verstecke mich im Bett, auf dem Kopf ein Kissen. Als meine Mutter mich findet und das Kissen wegzieht, habe ich Watte in Ohren und Nase.

Tausende Menschen protestieren vor dem Springer-Hochhaus in der Kochstraße. Der Berliner Verfassungsschutz ist mit von der Partie, ein Agent provocateur verteilt Molotowcocktails. Sie fliegen gegen das Verlagshaus der Springer-Presse, Zeitungswagen gehen in Flammen auf. Die größten Unruhen in der Geschichte der Bundesrepublik beginnen. Osterunruhen. Zwei Tote in München. Axel Springer, der am Tag des Attentats aus den USA zurückgekehrt ist, flüchtet sich in die Schweiz. Er kommt erst nach Berlin zurück, als es wieder ruhig in der Stadt geworden ist.

Auf dem Friedhof drängen sich Tausende von Menschen.

Ich stehe am Grab meines Vaters. Es ist Winter, und die Erde ist kalt. Das Grab ist tief. Dunkel. Offen. Reicht bis zur Hölle, so tief und schwarz ist es, bodenlos. Ich hoffe, dass das Grab nicht zugeschüttet wird.

Ich stehe ganz still. Bringe die Zeit zum Stillstand. Sehe mich um. Sehe viele Menschen, in dunklen Kleidern. Familien stehen dicht beisammen – Vater, Mutter, Kind. Umarmen sich. Mutter, Vater, Kind halten sich an der Hand. Die Kernfamilie. Sie leben.

Ich möchte an ihrer Stelle sein, mit ihnen tauschen. Ich bin neidisch. Das Kind hat eine Mutter. Ich will seine Mutter töten. Es hat einen Vater. Ich will seinen Vater töten. Wenn es doch nur sein Vater wäre, der beerdigt wird, nicht meiner. Ich begehre ihn, sein Haus, sein Weib, sein Kind und alles, was ich nicht habe, nicht mehr habe. Mein Begehren frisst mich auf. Ich will umarmt werden. Will Vater, Mutter, Kind sein. Will haben, was sie haben. Will sie haben.

Ich stehe allein am Rand des Grabes. Auf dem Rand. Will mich fallen lassen. Mich in die Tiefe stürzen, hinunter. Ich bin allein. Habe niemanden, mit dem ich meinen Schmerz teilen kann. Ich sehe zu meiner Mutter hinüber. Sie sieht mich nicht. Ist in Tränen aufgelöst – in ihre Tränen.

Angst. Meine Augen flackern. Panik. Ich sehe in die bodenlose Tiefe hinab. Mir schwindelt. Ich schwanke. Bin ich das, sind das meine Augen, die mich vom Grund, der Tiefe des Grabes ansehen? Mein Vater im Sarg. Demnach gerät der Mensch angesichts der Möglichkeit seiner Freiheit ins Taumeln. Ich schaue hinab, hinab auf die Wahl, die ich habe.

Ich habe die Freiheit, zu ihm ins Grab zu springen. Die Freiheit, wieder hinauszusteigen. Die Freiheit, das Verbotene zu tun. Ich bin versucht. Versucht, für immer zu verschwinden. Angst. Ich strebe danach. Es macht mich schwach. Ich werde von dem angezogen, das mich ängstigt. Verlange danach. Bin im Widerstreit. Anziehung und Abscheu. Etwas Fremdes ergreift Besitz von mir. Aus dem Loch, der Tiefe kommt Zugluft. Ich kann mich nicht losreißen. Es hält mich fest – das Fremde, der Tod, mein Vater, der Sarg. Und ich will festgehalten werden, will nicht frei sein. Ich fürchte mich. Ich will mich verlieren.

Ich wünschte mir, ich wäre er. Will seine Eigenschaften übernehmen, seinen Status, seine Fähigkeiten, seinen Platz. Ich spüre, dass ich eine Bestie bin. Wie ein zweiter Kain will ich Abels Tod. Ich übersehe mich selbst und eifere ihm nach. Opfere dem Herrn am Grab, aber der Herr sieht mich nicht, sieht nur Abel. Ich senke meinen Kopf und erschlage ihn mit meiner Axt. Mein Opferrauch steigt nicht auf zu Gott. Gott ist weg. Mein Blut ist entfacht und warm, und ich lächle flüchtig, als ich die Trauer der anderen wahrnehme. Ihre Trauer freut mich. Hier am Grab, in der beißenden Kälte des Winters, ist mein Gesicht gelb und fahl. Vielleicht sind die Menschen böse, weil sie ihr ganzes Leben darauf warten zu sterben und so Tag für Tag tausendmal sterben. Mein Vater, mein Vater, warum hast du mich verlassen?

Ich stehe am Grab meines Vaters. Mein Vater ist tot. Alles kommt wieder hoch. Wer bin ich, wo bin ich? Bin ich?

Ich stehe dort und höre zu, ohne zuzuhören. Alle schweigen, als Pfarrer Helmut Gollwitzer die Trauerrede hält:

»Wir sind zum Abschied von Rudi Dutschke versammelt in der St.-Annen-Kirche und auf dem St.-Annen-Friedhof. In dieser Kirche, der Kirche Martin Niemöllers, haben wir nach Niemöllers Verhaftung 1937 uns bis 1945 acht Jahre lang täglich vormittags und abends versammelt zur Fürbitte für Martin Niemöller und für alle Verfolgten des Nazi-Regimes. Darum ist es für uns, die in jenen Jahren dabei waren, tief bedeutsam, dass Rudi jetzt an der Seite mancher Menschen, die sich damals im Widerstand bewährt haben, sein Grab haben wird, und wir danken der Dahlemer Gemeinde, dass sie, ihrer bekennenden Tradition gemäß, ihn auf ihrem Friedhof aufgenommen hat.

Wir verstummen im Tode, und wir verstummen beim Tode. Der Anblick des Toten, die Größe des Verlustes verschlägt uns die Sprache. Der Tote ist allein, und wir sind allein, und dass alles Leben zum Tode verurteilt zu sein scheint, das droht uns nichtig zu machen, was uns doch wichtig ist: dieses irdische Leben mit seinen Freuden und seinen Verantwortungen, auch diesen Kampf für das Leben, gegen seine Erniedrigung, Verkümmerung und Massentötung, diesen Kampf, in dem wir uns mit Rudi gefunden haben, in dem er uns mitgerissen hat durch seine Leidenschaft und in dem er uns nun bitter fehlen wird.«[11]

Sein Mund bewegt sich. Langsam. Seine Lippen sind gespannt, hart. Er steht am Grab. Ich stehe am Grab. Seine Gesichtszüge werden milder, je länger er spricht. Seine Lippen weich. Sie sind weich und geschwungen. Rot. Mein Blick ruht auf dem Pastorenkragen. Er ist weiß. Von Schwarz eingerahmt. Weiß – Schnee. Kälte liegt in der Luft. Ich höre nur das Geräusch von

Luft, die zu Atem wird, zu Kristallen gefriert und zu Boden fällt.

»Angesichts des Todes werden wir stumm. Es kommt darauf an, dass wir nicht auch taub werden, taub und gefühllos für die Stimmen des Klagens und die Tränen der Verlassenen, aber auch nicht taub und hoffnungslos, wenn Worte des Lebens laut werden, Worte von einer Position des Lebens aus, die dem Tode das letzte Wort bestreiten, die gegen das Nichtigwerden ankämpfen, die Auferstehung proklamieren an den Gräbern, die das Licht Gottes gegen die Nacht des Todes setzen. Solche Worte, die Worte des Evangeliums, machen uns das irdische Leben wieder wichtig und geben so auch unserem politischen Kampf für das Leben gegen die Todesmächte einen Sinn, der bis in die Ewigkeit reicht.

In der Stunde, in der Rudi vom Tod überfallen wurde, wiederholten über den ganzen Erdball hinweg unzählige Stimmen den Ruf der Gottesboten über dem Arme-Leute-Feld von Betlehem: ›Ehre sei Gott in der Höhe und Frieden auf Erden den Menschen; denn Gott meint es gut mit ihnen.‹ Wie wir auch dieses Fest der Erscheinung des Lichtes in der Finsternis, des Lebens mitten in der Todeswelt haben verkommen lassen, wie wir es auch entleert, verkitscht, kommerzialisiert haben, immer noch durch Gottes Gnade dringt dieser Ruf zu uns, auch jetzt zu uns, die wir stumm werden am Grabe, hinein in unsere taubgewordenen Ohren und Herzen, und will uns öffnen fürs Leben, damit wir weiterleben, auch unverzagt weiterkämpfen können fürs Leben. Gott meint es gut mit uns, sagt dieser Ruf uns, die wir es so oft schlecht meinen mit unseren Mitmenschen und auch mit uns selbst und die wir so oft meinen, in Zeit und Ewigkeit meine es niemand gut mit uns.

Es ist einer da, der es gut mit uns meint. Er, der es gut mit uns meint, hat das letzte Wort über uns und für uns, und nicht der Tod und das Nichts. Gott – das heißt auf Deutsch: Der es gut mit uns meint. Gott meint es gut mit dir, liebe Gretchen, Gott meint es gut mit euch, Hosea und Polly. Mitten im Schmerz umgibt er euch mit seiner Liebe und bittet euch, ihm zu vertrauen. Er wird euch führen und weiterhelfen, immer wieder werden Menschen Werkzeuge seiner Hilfe für euch sein, und dass er euer Leben mit Rudi verbunden hat, auch das kam aus seiner Liebe.

Gott hat es gut gemeint mit Rudi. Durch den Tod hat er ihn, wie es uns allen verheißen ist, dorthin geführt, wo er mit uns allen von Angesicht zu Angesicht ihm dankt: Du hast es gut gemeint und gut gemacht, Ehre sei dir in der Höhe! Rudi hat das in seiner Jugend, in der Jungen Gemeinde, durch das Evangelium gehört, vor allem auch durch seine Mutter, und das hat ihn nie ganz verlassen, wie problematisch ihm als einem Intellektuellen unseres Jahrhunderts auch vieles von der christlichen Glaubenstradition geworden ist. Weil das Evangelium von dem Gott spricht, der es gut mit allen Menschen meint, deshalb war es ihm wichtig, dass Christentum und Sozialismus zusammengehören, ursprüngliches Christentum und ein Sozialismus, der es gut meint mit den Menschen. Am Gründonnerstag, an dem die Christenheit Jesus auf seinem Todesweg begleitet, trafen Rudi 1968 die Schüsse, die sich nun als tödlich erwiesen haben, und am vergangenen Heiligen Abend hat er kurz vor seinem Tod mit Heinz Brandt ein Telefongespräch geführt, bei dem Heinz Brandt ihm richtig sagte: ›Rudi, du hast nie verlassen, wovon du ausgegangen bist, deine Anfänge bei der Jungen Gemeinde in der DDR und bei der Kriegsdienstverweigerung.‹ Rudi bejahte das, und sie grüßten sich gegenseitig mit dem Weihnachtsgruß: ›Friede auf Erden!‹ Jawohl, diesem Grundimpuls ist er treu geblieben, er ist in ihm zur Leidenschaft geworden. Deshalb war es bei ihm immer eine Leidenschaft für Menschen, radikal, aber nie fanatisch. Immer blieb er sich bewusst, dass Sozialismus eine Sache für die Menschen ist, dass nicht die Menschen für den Sozialismus da sind, sondern der Sozialismus für die Menschen. Dafür brannte er, eine an beiden Enden brennende und sich verzehrende Kerze. In diesen Dienst stellte er seinen wachen, offenen, lernbegierigen Intellekt. Nie verschwand ihm der Mensch hinter der Sache, der Einzelne hinter der Masse. Darum schrieb er an den armen Josef Bachmann tröstend ins Gefängnis. Darum überwältigte uns immer wieder der Eindruck seiner Güte, seiner Freundlichkeit, seiner Teilnahme am Schicksal anderer Menschen. Darum war er euch Kindern ein fürsorglicher Vater und uns ein so fürsorglicher Freund.

Als ob eine Fackel plötzlich entzündet und an der Kolonne vorbeigetragen wird und dann ebenso plötzlich wieder, in die Dunkelheit hineingeworfen, verlischt, so war sein Leben unter uns in diesen 15 Jahren. Rudi hat seine Legende überlebt, den Mythos Dutschke, Gott sei Dank – er wurde wieder einer unter vielen, umstritten und kritisiert, wie es sich unter uns gehört. Der Ruhm machte ihm Spaß, aber Führer zu sein, Chefideologe, Autorität, danach stand ihm nicht der Sinn. Für ihn galt, was Che Guevara in dem Abschiedsbrief an seine Eltern von sich sagt: Er war ›einer von denen, die ihre Haut hinhalten, um ihre Wahrheiten zu beweisen‹. Sein Mut kam aus seiner Selbstlosigkeit und seine Selbstlosigkeit daraus, dass er es gut meinte mit den Menschen – in der Tat ein Nachfolger dessen, der es gut meint mit uns Menschen.«

Ich rufe, so laut ich kann. Mein Vater, mein Vater, warum hast du mich verlassen? Niemand hört mich. Ich höre nur meine innere Stimme.

Ich sehe die Gesichter der anderen. Verfolge ihre Mundbewegungen. Welche Worte ihre Lippen formen.

Ich sehe meinen Vater. Ich sehe ihn nicht.

Er spricht. Die Laute treffen mich. Treffen mich brutal. Die Laute. Die Worte. Die Buchstaben.

Ich sehe eine rotgekleidete rothaarige Frau. Inmitten der

Menschenmenge in Schwarz. Ich sehe nur sie. In Rot. Rot. Gollwitzer predigt weiter.

»Nach dem Attentat durfte er noch einmal in Fahrt kommen, dafür sind wir dankbar, und mitten aus der Fahrt wurde er uns plötzlich jetzt entrissen. So steht er in der Reihe jener Revolutionäre, die auf dieser Erde nicht alt geworden sind. Karl Liebknecht, Rosa Luxemburg, Gustav Landauer ließ man nur zehn Jahre älter werden als ihn; Georg Forster starb, wie Rudi 39-jährig, im Exil, Camillo Torres und Che Guevara fielen in seinem Alter, und wie viele, viele mit ihnen in diesen Jahrzehnten der blutigen, menschenfeindlichen Konterrevolution! Die Tränen, die um sie alle geweint wurden, sind nun auch unsere Tränen. Rudi, dass wir dich nicht mehr umarmen, nicht mehr deinen kratzigen Kuss an unserer Backe spüren, nicht mehr deine stürmischen Fragen, die persönlichen und die politischen, hören können, das will uns jetzt das Herz abdrücken. Unentbehrlich und unersetzlich – das sind Worte, die in den Briefen, die ich in diesen Tagen zu Rudis Tode bekomme, immer wieder zu lesen stehen. Das ist wahr, und dafür war mir hilfreich, Worte zu lesen, die Dietrich Bonhoeffer am Heiligen Abend 1943 in seiner Gefängniszelle draußen in Tegel niedergeschrieben hat: ›Es gibt nichts, was uns die Abwesenheit eines uns lieben Menschen ersetzen kann, man soll das auch gar nicht versuchen; man muss es einfach aushalten und durchhalten; das klingt zunächst sehr hart, aber es ist doch zugleich ein großer Trost; denn indem die Lücke wirklich unausgefüllt bleibt, bleibt man durch sie miteinander verbunden. Es ist verkehrt, wenn man sagt, Gott füllt die Lücke aus; er füllt sie gar nicht aus, sondern er hält sie vielmehr unausgefüllt und hilft uns dadurch, unsere alte Gemeinschaft – wenn auch unter Schmerzen – zu bewahren. Ferner: je schöner und voller die Erinnerung, desto schwerer die Trennung. Aber die Dankbarkeit verwandelt die Qual der Erinnerung in eine stille Freude.‹«

Zu Tausenden sind sie gekommen. Sie erinnern sich. Jeder hat seine eigenen Erinnerungen. Jeder hat seine eigene Geschichte. Sie nehmen die Erinnerung mit nach Hause. Ich habe niemanden, mit dem ich meine Erinnerungen teilen kann. Die Erinnerungen. Ich will dir folgen, will dir heute ins Paradies folgen. Heute sollst du mir ins Paradies folgen.

Ich sehe zu meiner Mutter hinüber. Sie steht allein da. Ist dem beißend kalten Frost ausgesetzt. Ich bin dem beißend kalten Frost ausgesetzt. Frierend stehen wir da, jeder allein für sich. Gib auf sie acht. Ich kann nicht. Ich friere. Sohn. Sie ist deine Mutter. Gib auf sie acht.

»Das gilt es jetzt zu lernen, und weil das ein Lernprozess ist, fällt es uns zunächst schwer einzustimmen: ›Ehre sei Gott in der Höhe!‹ Wir spüren bitter den Widerspruch zwischen dem Versprechen, dass Gott es gut mit uns meint, und dem Schmerz, der uns zugefügt ist, den Widerspruch zwischen der Verheißung des Sieges des Lebens und der Wirklichkeit des Todes. ›Der Tod ist notwendig eine Konterrevolution‹, schrieben Pariser Studenten im Mai 1968 an die Mauer der Sorbonne. Damit wir vor keiner Konterrevolution kapitulieren, damit wir weiter tätig uns zum Leben bekennen und alle Verhältnisse revolutionieren, die dem Tode dienen statt dem Leben, und damit wir uns nicht verlassen wähnen, wenn ein so guter Freund uns verlässt, bittet uns Jesus Christus, an dessen Geburtsfest Rudi in die Ewigkeit hinübergerufen worden ist, im Namen des lebendigen Gottes: ›Glaubt mir, glaubt meinem Rufe des Lebens! Vertraut dem, der es in Zeit und Ewigkeit gut mit uns meint! Haltet euch an seine Nähe und Liebe! Seid nicht taub für seine Worte! Empfangt seinen Frieden auf Erden und tut von daher und ausgerüstet von ihm, was ihr könnt, für den Frieden auf Erden!‹ Amen.«

Ich habe Durst. Mein Mund ist rauh, die Zunge klebt mir am Gaumen. Ist trocken. Gollwitzers Worte trocknen meine Augen. Erde. Kein Wasser. Nur Schnee. Ich nehme etwas Erde in die Hand. Die trockene Erde tröpfelt hinunter ins Loch. In die Dunkelheit. Die Tropfen sind fort. Ich habe Durst. Mein Mund ist trocken. Sondert keinen Speichel ab. Ich kann nicht schlucken. Ich habe Durst.

Demütig verfolgen die Trauernden, wie der Sarg ins Grab hinuntergelassen wird. Ich sehe zu. Ich weine nicht. Abschied. Erde rieselt auf den Sarg hinab. Ich stehe daneben und sehe zu, wie das Grab zugeschaufelt wird. Schweigend.

Der Abschied schmerzt. Tränen kleben an meinen Lidern. Tränen, die sich nicht lösen wollen. Die festsitzen. Brennen. Tränen, die schmerzen.

Tränen rinnen die Wangen meines Vaters hinab. Er weint und weint.

»Lebe wohl, mein lieber Sohn. Versuche dein Leben nicht darauf zu verwenden, zu hassen und Angst zu haben. Das Leben hat einen Sinn – einen einzigen Sinn. Es geht vorwärts. Es können nicht wie beim Schachspiel Züge wiederholt werden. Und in der Regel können sie nicht korrigiert werden. Deshalb bedenke, was du willst, und tue das, was du tust, bewusst. Trachte nach einem schönen Leben. Trachte danach. Verschenke es. Gib es anderen, dann wird es dir gegeben. Aber vor allem tue, was du willst. Du bist ein freier Mensch.«

Mir fällt auf der Erde plötzlich ein menschlicher Fußabdruck auf. Er ist groß. Viel größer als meiner. Wie erstarrt mustere ich ihn, als hätte ich einen Geist erblickt. Ich lausche, sehe mich nach allen Seiten um, höre und sehe aber nichts. Alle Trauernden sind gegangen, keiner ist mehr da. Der Friedhof ist vollkommen verlassen. Ich folge den Spuren, so weit mein Blick reicht. Sie verlieren sich an einer Ecke, bei einer Grabstätte. Wem mögen sie gehören? Einem Freund. Ich trete in die Fußstapfen und wage nicht, ihnen zu folgen. Ich gehe in ihnen.

Möchte ihn gerne finden, bin aber im Zweifel. Ich laufe, so schnell es geht, wieder zurück zum Grab meines Vaters.

Ich will es nicht, will ihm, dem Grab, nicht den Rücken kehren, während ich dort in der Kälte stehe. Der Wind beißt in meine Wangen. Aber ich werde es tun, werde auf die Suche gehen, um den Tod zu begreifen. Um Hoffnung zu finden. Und unterdessen leben.

Die Beisetzung ist zu Ende. Wir wenden uns vom Grab ab, gehen die Kieswege entlang und verlassen den Friedhof. Wohin wir gehen, weiß ich nicht – weg vom Friedhof. In deine Hände, Vater, lege ich meinen Geist. Später an diesem Tag sitzen wir in einem Restaurant zusammen, die Familie und Rudis Freunde. Erich Fried trägt ein Gedicht vor:

> »Jeder ist ersetzbar.
> Der Kampf geht weiter.
> Das stimmt.
> Aber das stimmt auch nicht:
> Nicht jeder ist ersetzbar
> und der Kampf hat immer nur das Gesicht und das Herz
> des Menschen der kämpft
> Und ich habe den Kampf gemocht
> der dein Gesicht hatte
> und dein Herz –
> und jetzt wird kein anderer mehr
> dein Gesicht haben
> und man wird dein Gesicht in Zukunft
> nur noch auf Bildern sehen wie das Gesicht Che Guevaras
> und Rosa Luxemburgs
> und das ist nicht dasselbe
> Und dein Herz wird man nirgends mehr sehen

Nicht in jedem einzelnen Punkt
war ich deiner Meinung
und du hast nie bestanden darauf dass jemand
deiner Meinung sein muss
und schon gar nicht in jedem einzelnen Punkt
Deine Meinung konnte man Punkt für Punkt
mit dir diskutieren
Jetzt aber kann ich nichts mehr mit dir diskutieren
und so sehr es ankam auf die einzelnen Punkte
so wenig kommt es jetzt auf die einzelnen Punkte an
Was ich von dir gelernt habe
bleibt jetzt vielleicht zu wenig
Aber ich hätte vielleicht von dir schon genug gelernt
wenn ich nichts von dir gelernt hätte außer das eine:
Dass Freiheit Güte und Liebe sein muss
und dass Güte und Liebe
Freiheit sein müssen – und wirkliche Güte und Liebe
nicht nur ein Begriff von Güte und Liebe
denn sonst bleibt auch die Freiheit nur ein Begriff –
und dass der Kampf um Freiheit und Güte und Liebe
nicht ohne Freiheit und Güte und Liebe geführt werden
    kann
Und deine Güte und Liebe und Freiheit
und deine Einsicht
sind so gewesen dass du vielen ein Freund bleiben konntest
die einander nicht Freunde geblieben waren –
vielen die jetzt um dich trauern aber die glauben
dass sie miteinander gar nicht mehr sprechen können
oder einander nur noch anklagen können
nur noch beschimpfen beschuldigen und bekämpfen
Und dieser Irrtum kann sich jetzt leichter in ihnen
    verhärten
weil deine gute heisere Stimme nicht mehr
zu ihnen spricht und nicht heftig oder behutsam

oder behutsam und heftig wie früher Einwände macht
Und dass dieser Irrtum sich leichter verhärten kann ohne
    dich
ist schon ein erster kleiner Teil des Beweises
dass du nicht so leicht ersetzbar bist in den Winkeln
und Ecken unserer Köpfe und Herzen und unserer Leben
und dass es nicht genug ist
zu sagen: ›Der Kampf geht weiter‹

Und doch muss er weitergehen und es ist nicht genug
von deiner Güte und Liebe und Freiheit und Einsicht zu
    reden
wenn ich vergesse dass deine Einsicht und Güte
dich immer wieder auch zur Empörung geführt hat
und dass deine Liebe bis zuletzt immer wieder
auch die Liebe zur Revolution geblieben ist
und die Sehnsucht nach ihr in Zeiten in denen ihre Tyrannen
und Reichsverweser und Verräter und Bürokraten
ihren Namen so schlecht gemacht haben
dass fast keiner sie kennen will
Diese Sehnsucht hat in dir gelebt
und hat dich lebendig erhalten
und die Augen dir offen gehalten auch für Verstreute
die sich immer noch sehnen nach ihr –
auch dann wenn sie irren
auf ihrer Suche und wenn ihre richtigen Herzen
ihnen nicht helfen konnten auf einen richtigen Weg …

Denn der Kampf der dein Gesicht und dein Herz hatte
ist auch ein Kampf
um die Liebe zu vielen ohne Abgrenzungen und Grenzen
Sonst wäre er für dich und das Denken an dich zu klein.
Der Kampf geht weiter.«[12]

Die Stimme macht mich ruhig. Meine Gedanken wandern. Ich höre, ohne zu hören. Das Licht fällt durch die Fenster auf die Gesichter der Anwesenden. Ihre Gesichter sind verschlossen. Die Kellner sind leise. Trauen sich nicht, mich anzusehen. Ein Buffet wird aufgebaut. Ich sehe auf meinen Teller. Leer. Ich hole Wasser und Brot.

Ich erinnere mich an das leere Grab, das große, dunkle Loch und den Sand, den ich auf den Sarg werfe. Ich erinnere mich nicht daran, was mit all den Weihnachtsgeschenken war und wann wir sie ausgepackt haben. Ich habe meinen Intercity von Märklin bekommen. Er ist gelb. Ich habe ihn noch immer, auch wenn er ein wenig ramponiert ist. Heute spielt mein Sohn damit.

Ein Jahr später sah ich meinen Vater zum letzten Mal. Es ist auf einer Skipiste in Norwegen. Ich rase wie ein Besessener die schwarzen Pisten hinab. Ihm hinterher. Ich setze die ganze Technik ein, die ich gelernt habe. In die Knie gehen, mit den Hüften schwingen.

Ich wedele von links nach rechts, von rechts nach links, ohne zu bremsen, überhole alle anderen. Ich hole ihn für einen kurzen Augenblick ein. Wir lächeln uns zu. Ich falle wieder etwas zurück, aber ich verwende all meine Kraft und mein ganzes Können und hole ihn wieder ein. Er lächelt. Ich lächle zurück.

Doch je mehr er lächelt, desto langsamer werden meine Skier. Schließlich bleibe ich stehen und schaue nur dem schwarzen Schatten hinterher, der hinter dem Hügelkamm verschwindet. Ich jage ihm nach, aber er ist und bleibt verschwunden.

Ich stehe lange auf der Piste. Ganz allein. Niemand kann mich sehen. Ich friere nicht, habe eine Schale um mich herum.

Eine Schale, die mich vor dem Tod schützt, vor dem Leben, vor den Gefühlen. Meinem Leben, meinen Gefühlen. Ich spüre aber noch etwas anderes. Ich schaue in den Himmel und weiß, dass er immer bei mir ist. Der Tod bringt uns wieder zusammen. Irgendwann. Ich weiß, er ist tot. Und ich weiß, dass ich geboren wurde, um zu sterben. Aber auch, dass ich mein Leben leben soll.

Der Kampf um mein Leben hat gerade erst begonnen. Der Kampf, mich zu finden, wiederzufinden. Ich habe mich verloren. Bin gestaltlos. Meine Gedanken sind wie weggefegt. Ich bin nicht ich. Bin nur eine Hülle.

Langsam kommt alles wieder in mir hoch. Gedanken finden sich wieder ein. Meine Gefühle leben wieder auf. Die Umarmung meiner Schwester wärmt mich – kurz nur. Die Umarmung meiner Mutter wärmt mich – kurz nur.

Ich versuche, wieder ins Leben zurückzufinden. Besuche wieder die Schule. Um mich herum ist es still. Meine Schulkameraden gehen mir aus dem Weg. Die Lehrer gehen mir aus dem Weg. Ich mache Radau und komme in eine Sonderklasse.

Alles vergeht. Alles kommt zurück. Alles stirbt. Alles ersteht wieder auf. Die frischgesäten Samen auf dem Grab keimen im Licht der beharrlichen Frühlingssonne.

Alles zerbricht. Alles wird wieder zusammengefügt. Alles trennt sich. Wir trennen uns. Alles begegnet sich wieder. Wir begegnen uns wieder.

Traum und Leben. Wunsch und Wirklichkeit. Lüge und Wahrheit. Furcht und Hoffnung. Die Leugnung des Schmerzes und die jugendliche Konfrontation mit dem Schmerz, der Trauer.

Ich will das Leben festhalten, einen Augenblick nur. Mich, die Welt.

Der Schmerz verändert sich, verliert seinen Ausnahmecharakter und wird zu meinem ständigen Begleiter. Das Gefühl eines irreversiblen Verlusts setzt sich fest, auf ewig. Es fehlt ein Teil von mir und wird niemals zu ersetzen sein.

Aber das Leben geht weiter. Die Erinnerung an meinen Vater verblasst Tag für Tag. Verschwimmt. Verschwindet. Ich versuche sie festzuhalten. Versuche an allem festzuhalten, was war. Nicht nach vorn zu schauen, sonst vergesse ich ihn. Nur zurückzuschauen. Ihn festzuhalten. Doch je mehr ich ihn festhalte, desto unfassbarer wird er. Zuletzt ist er in Nebel aufgelöst, wenn ich die Augen schließe.

In der 7. Klasse bekomme ich einen neuen Dänischlehrer. Auch er redet mit mir nicht über meinen Vater. Wie alle Erwachsenen. Aber er bringt mir die Freude an der Schule zurück, am Lernen, am Wissen, am Kontakt mit den Menschen. Ich habe ihn gern. Mein Schmerz wird kleiner.

Heute ist der Schmerz nicht mehr erdrückend. Es ist ein sanfter, ruhiger Schmerz, der immer bei mir ist.

Meine Sehnsucht hat etwas Sentimentales. Und während ich hier am Grab meines Vaters stehe und der Wind leicht in meinen Haaren spielt, verspüre ich eine Sehnsucht.

Auf dem Friedhof herrscht vollkommene Ruhe. Meine Sehnsucht ist verschluckt, verzehrt. Härte hat sich an ihre Stelle gesetzt. Härte, die mich leben lässt. Was bedeute ich meinem Vater? Der Tod hat uns getrennt. Mein Vater ist ohne ein Wort aus dem Leben gegangen und hat mich zurückgelassen. Er lebt in mir weiter. Ich bleibe als Symbol für uns beide zurück. Bin der lebendige Tod.

Auf dem Friedhof liegt auch ein Mädchen begraben, das Selbstmord begangen hat. Auf ihrem Grabstein steht: »Ein guter Baum trägt gute Früchte und ein schlechter Baum schlechte Früchte.« Wir kannten sie gut – ich kannte sie gut. Ich habe vor Rudis Tod mit ihr gespielt. Sie war schwermütig. Und hatte Eltern, denen es mehr um die Revolution und den großen Weltfrieden ging als um sie. Der Baum bestimmt die Frucht. Sie wurde 17 Jahre alt.

Die einzige richtige Sünde sei, sich von Gott abzuwenden, hat meine Großmutter gesagt. Sich von Gott, den Autoritäten, vom Vater, vom Führer abzuwenden. Ich habe mich in dem Moment von Gott abgewendet, als ich in das totenblasse Gesicht meines Vaters geblickt habe. Stolz wende ich mich ab. Schreie meine Verachtung für Gott heraus.

Ich wende mich niemals mehr um. Ich hege keine erhabenen Gedanken über mich. Verspüre nur noch Verachtung – Verachtung für alle. Ich bin auf der Suche nach mir selbst. Bin mit mir selbst beschäftigt. Habe mich in mich selbst zurückgezogen. Denke nur an mich. Ich suche mir meinen Weg. In meiner eigenen Welt. In dieser Welt gibt es nur mich. Ich werde die Trauer verschwinden lassen. Sie unterdrücken und ersticken. Ich mache mich auf die Reise, um mich selbst zu finden.

Die Reise

Auf dem Gymnasium habe ich die *Odyssee* gelesen. Der Krieger Odysseus gebraucht Trug und List, bricht Versprechen und beschließt sein Leben dennoch als größter Held aller Zeiten. Er überwindet alle Gefahren, bis er schließlich nach einer heroischen Irrfahrt durch die ganze bekannte Welt nach zehn Jahren heimkehrt. Er tötet alle Freier seiner Gattin Penelope, wirft sich in ihre Arme und lebt glücklich bis ans Ende seiner Tage. Satt an Jahren scheidet er aus der Welt. Satt. Und mit sich selbst im Reinen, klingt sein Leben sanft aus. Sanft.

Es ist einer dieser Tage, an denen ich zu nichts Lust habe. An denen ich mich nach dem Aufwachen nur wieder im Bett umdrehen und mich unter der Decke verkriechen möchte. Ich bin teilnahmslos. Wie im Koma. Schwermütig. Meine körperliche Hülle ist da, aber meine Seele hat Schutz gesucht. Wie ein Wesen ohne Kraft stehe ich auf. Faul. Nehme mir etwas zu essen – Milchbrötchen, Butter und Käse. Ich kaue stumpf drauflos.

Ich bin traurig, allein und verkrieche mich wieder unter der Decke, ja, wühle mich geradezu in sie hinein. Suche Geborgenheit. Meine Seele igelt sich ein. Der Mittagsdämon hat Besitz von mir ergriffen. Ich starre apathisch ins Zimmer. Es ist ein geistiger Verfall, ein Defekt. Meine Gedanken sind versunken, als hätte es sie nie gegeben.

Beherrsche deinen Leib. Beherrsche deinen Leib. Bewahre deine Seele gut. Ehre deinen Leib. Die Augen sind der Spiegel der Seele. Die Entscheidung liegt im Bewusstsein.

Der freie Wille will mehr. Er will Entscheidungen, die nicht schon im Voraus getroffen wurden. Aber gibt es ein sicheres Wissen, das nicht schon im Voraus entschieden wurde?

Eines weiß ich – das ich ein Zweifler bin. Was bin ich? Als was bin ich? Als ein denkendes Ding? Ein erlebendes Wesen? Ein Subjekt des Bewusstseins?

Ich weiß nicht, ob ich nur träume. Oder ist es Wirklichkeit? Während wir träumen, ist uns nicht bewusst, dass wir träumen.

Wo sind meine Gedanken verortet? Ich kann meine Gedanken mit niemandem teilen. Sie sind streng privat. An keinen Raum gebunden. Sind nur in mir. Ich bin eine Synthese aus Körper und Seele, aus Materie und Geist.

Ich bin ein Inneres. Ich bin ein Äußeres. Eine seelische Realität korreliert mit einer körperlichen. Aber wie können sie in Wechselwirkung zueinander treten?

Die Wirklichkeit, in der ich mich befinde, ist eine gesellschaftliche Konstruktion. In ihr befinde ich mich.

Die Sprache lässt mich werden, während ich spreche, und während ich spreche, bin ich.

BERLIN, 1968

Meine Reise beginnt schon im Krankenhaus. Ich liege auf dem kalten Boden. Der Kopf meines Vaters ist rundum bandagiert und an Schläuche angeschlossen. Die Haare fallen ihm nicht mehr ins Gesicht. Nur die Apparate sind im Zimmer zu hören. Laufend wird sein Herzrhythmus gemessen. Er ist schwach. Er liegt im Koma.

Ich liege auf dem Bauch. Stärke meine Nacken- und Rückenmuskulatur und trainiere meinen Gleichgewichtssinn. Ich sehe, sehe immer mehr. Meine Mutter sitzt neben mir und beugt und streckt meine Arme, Beine und Finger. Ich entspanne mich. Greife nach ihrem Finger. Lasse ihn wieder los.

Meine Reflexe funktionieren. Der Greifreflex. Der Saug-reflex. Ich reagiere auf die Stimme meiner Mutter. Möchte ge-stillt werden. Sie stillt mich. Ich nehme das Geräusch ihres Herzschlags wahr. Drehe mich in seine Richtung. Ich sauge, bis ich satt bin. Stecke meine geballten Fäuste in den Mund und sauge an ihnen.

Ich sehe etwas. Stemme mich auf die Ellenbogen hoch. Ver-ändere mich von Tag zu Tag. Bei meinem Vater verändert sich nichts. Er liegt im Koma. Ich sehe das Flimmern auf dem Bild-schirm, verfolge die Kurve des Herzrhythmus, wende meinen Blick nicht davon ab, kann Umrisse erkennen und Farben voneinander unterscheiden. Ich will meinem Vater etwas sa-gen. Er sagt nichts.

Meine Mutter und ich können nicht mehr in unserer Wohnung bleiben. Die Presse, der SDS, irgendwelche Verrückte, alle wollen etwas von uns. Wir finden mal hier und mal dort Unter-schlupf. Vorübergehend dürfen wir in die Wohnung von Be-kannten ziehen. Die Reise beginnt freud- und ziellos. Wir wis-sen nicht, wo wir hinsollen, wir wissen nicht, wo wir bleiben sollen. Es ist eine Reise, die uns hinaus in eine Welt führt, die uns fremd ist. Reisen heißt leben. Reisen heißt überleben. Wir suchen nach dem Weg.

Betreten die Wohnung. Sie gehört für ein paar Tage uns. Bis die Presse uns erneut aufstöbert. Wir liegen im Bett. Stille.

Ich liege dicht neben meiner Mutter und beobachte, wie sie Unmengen von Briefen durchliest, die Menschen nach dem Attentat auf meinen Vater geschickt haben. Jedem Brief haftet ein anderer Geruch an. Es sind solche darunter, die muffig rie-chen, nach einem Briefschreiber, der nie frische Luft genossen hat. Viele riechen nach Zigarettenrauch, andere nach Parfüm – Chanel No. 5. Manche nach Urin, manche nach Erbroche-nem. Viele nach Bleistift, die meisten nach Papier.

Jeder Brief macht ein anderes Geräusch, wenn er geöffnet

wird. Manche sind versiegelt, und es braucht Geduld, sie zu öffnen. Andere sind mit Tesafilm zugeklebt. Jeder Brief hat eine andere Schrift. Manche sind mit Schreibmaschine geschrieben, andere von Hand – große Lettern, kleine Lettern, Schreibschrift, Druckschrift. Auch die Schriftfarbe variiert. Sie ist blau, rot oder schwarz. Meistens ist sie schwarz. Manchmal auch orange, gelb. Oder grün wie die Hoffnung. Häufig sind die Briefe bunt. Einige ziert ein Regenbogen, und sie haben einen grünen Hintergrund. Die besonders bunten Briefe sind von Kindern. Jede Schrift gibt auf ihre Weise Aufschluss über den Gemütszustand des Verfassers. Oft sieht man, dass beim Schreiben kräftig aufgedrückt wurde.

Vielfach spricht großer Hass aus den Briefen, es gibt aber auch Zeilen voller Liebe, Mitgefühl und Sorge um meinen Vater. Gemischt oft mit Wut und Verzweiflung über den Zustand der Welt. Auch Scham. Scham. Manche Schreiben sind regelrechte Kampfschriften oder politische Abhandlungen.

Meine Mutter liest alle Briefe genau durch. Brief um Brief. Seite um Seite. Zeile für Zeile. Wort für Wort. Buchstabe für Buchstabe. Der Durchschuss, die Striche, Zeichen, Punkte, Kommas und Schnörkel treffen sie jedes Mal wie ein Stich ins Herz.

Meine Mutter erhält auch ein Telegramm von Bundeskanzler Kiesinger, das sie sofort zerreißt. Später wird es wieder zusammengesetzt und in einem Buch veröffentlicht. Man sieht noch die Reißränder. Kiesinger schreibt:

»Ich bin über das Attentat auf Ihren Mann auf das tiefste empört. Was immer uns Deutsche an Verschiedenheit der politischen Meinungen trennen mag, es darf in unserem Land nicht dazu kommen, dass Meinungsverschiedenheiten mit brutaler Gewalt ausgetragen werden. Ich hoffe von Herzen, dass Ihr Mann von seinen Verletzungen völlig genesen wird.«[13]

Im Angesicht des Todes zeigen sogar extreme politische Feinde Mitgefühl und werden sich vielleicht bewusst, dass auch sie Opfer eines irregeleiteten, fanatischen Menschen werden können, eines selbsternannten Kriegers, dessen Gefühle sich in Hass und Gewalt entladen.

Die Reise ist hier. Im Raum. Ohne Begleitung. Alleine. Meine Mutter liest in ihrer Verzweiflung die bösartigen Briefe laut, um die Welle von Hass zu spüren, die ihr aus ihnen entgegenbrandet. Hass. Hass. Hass, ruft sie. Weint. Ich bin still.
In einem Brief liest meine Mutter:
»Der wird dich und deine Hure umarmend küssen. Der Tod. Endlich hast du auch ein wenig genossen, was du sonst anderen angedeihen lässt. Krawalle. Randalieren. Gottesdienste stören. Polizisten mit Pflastersteinen bewerfen. Mit deinen langen hässlichen Haaren siehst du ja aus wie ein Opa. Lebst noch immer von unserem Geld. Nimm deine Hure und dein Chinesen- oder Japanerkind. Dein Luderkind. Dein Hurenkind und mach, dass du hinter die Mauer kommst.«[14]

»Luderkind, Hurenkind«, wiederholt meine Mutter. Gibt mir einen Kuss. Wiederholt die Worte noch einmal. Gibt mir einen Kuss. Holt die Bibel. Schlägt das Buch Hosea auf und liest:
»Geh hin und nimm ein Hurenweib und Hurenkinder; denn das Land läuft vom Herrn weg der Hurerei nach. Und er ging hin und nahm Gomer, die Tochter Diblajims, zur Frau; die ward schwanger und gebar ihm einen Sohn.«

Meine Mutter sieht mich an. Blättert ein wenig im Buch. Verunsichert und verzweifelt. Zweifelt am Namen ihres Sohnes. An ihrem Sohn. Ihrem Mann. Dem Leben. Stößt auf eine andere Stelle in Hoseas Buch:
»Bekehre dich, Israel, zu dem Herrn, deinem Gott; denn du bist gefallen um deiner Schuld willen. Nehmt diese Worte mit

euch und bekehrt euch zum Herrn und sprecht zu ihm: Vergib uns alle Sünde und tu uns wohl, so wollen wir opfern die Frucht unserer Lippen ... Ich will für Israel wie ein Tau sein, dass es blühen soll wie eine Lilie, und seine Wurzeln sollen ausschlagen wie eine Linde und seine Zweige sich ausbreiten, dass es so schön sei wie ein Ölbaum und so guten Geruch gebe wie die Linde.«

Meine Mutter stupst mich mit ihrer Nase an. Bohrt sie in mich hinein. Inhaliert meinen Geruch. Inhaliert das neue Leben. Den Geruch von Vanille, Süße und Muttermilch. Der Geruch des Neugeborenen haftet jedoch nicht mehr an mir. Dieser ganz spezielle Geruch, der urplötzlich verschwindet – für immer.

Meine Mutter stolpert über andere Worte in der Bibel:

»Denn die Wege des Herrn sind richtig, und die Gerechten wandeln darauf; aber die Übertreter kommen auf ihnen zu Fall.«

Sie liest den begonnenen Brief weiter:

»Wir hoffen, dass Sie trotzdem krepieren und ebenso Ihr Junge. Denn was soll aus einem Kind werden, dessen Mutter eine gewerbsmäßige Nutte und der Vater ein asozialer, obdachloser Handtaschenräuber ist.«[15]

Meine Mutter knüllt den Brief zusammen und schmeißt ihn auf den Boden. Wirft die Bibel hinterher. Nichts ist gerecht. Nichts als blanker Hass. Sie schreit laut auf. Ich falle in ihr Schreien ein. Sie schreit noch lauter.

Klammert sich zitternd an einen kurzen Brief. Liest, während ihr die Tränen hinunterrinnen:

»Die Nachricht vom Attentat auf Ihren Mann hat mich so getroffen, als ob er mein Bruder wäre. Ich hoffe mit aller Intensität, dass er überlebt.«[16]

Sie sucht Trost in anderen Briefen. Trauert. Presst die Briefe an ihre Brust. Ihr Herz jagt. Ich will die Brust haben. Habe Hunger. Sie hört mich nicht. Stille. Ein weiterer Brief wird zusammengeknüllt und landet auf dem Haufen mit Hassbriefen:

»Du hast nicht nur drei Kugeln verdient. Du hast vier Kugeln verdient. Leider, eine hat gefehlt. Aber du sollst nicht verrecken, sondern dein ganzes Leben Krüppel bleiben und leiden, leiden, leiden … Als kommunistisches Schwein und Verräter hast du es verdient!

Absender A. Bebel, Dutschkemordstraße 11.

P. S. Wilhelm Tell hätte besser gezielt.«[17]

Ein Kuvert enthält nur eine Gewehrkugel. Meine Mutter sitzt lange reglos mit ihr in der Hand da. Ich greife nach der Kugel und stecke sie mir in den Mund. Meine Mutter wird panisch und versucht, sie aus meinem Mund zu holen. Ich beiße zu. Gebe sie nicht her.

Mein Vater ist wieder bei Bewusstsein. Wir fahren zu ihm ins Krankenhaus. Er spricht erst undeutlich, dann klarer. Lauter.

»Ich wurde. Jemand hat.«

Mein Vater zeigt auf seinen Kopf. Zeigt auf verschiedene Stellen. Zeigt auf seine Schulter. Laute. Schüsse.

Er kann es nicht sagen. Zeigt darauf. Bricht wieder im Bett zusammen.

Er sieht meine Mutter an und sagt: »Meine Frau.«

Die Ärzte kommen herein und fragen ihn nach seinem Namen. »Rudi«, antwortet er.

Am nächsten Tag kommen Rudis Vater und seine Brüder zu Besuch. Rudi sieht auf.

»Wo ist Mutter?«, stammelt er.

»Sie ist letztes Jahr gestorben«, sagt sein Vater.

Ein paar Tage später sagt mein Vater:

»Na, du weißt schon. Pause.« Laute. Luftzüge. »Dieser Junge. Und was hier hereinging.«

Er deutet auf seinen Kopf.

»Und was ich jetzt bin.«

Meine Mutter hört ihm geduldig zu.

»Jetzt ist alles vorbei.«

Meine Mutter liest ihm aus den Briefen vor und zeigt ihm die Kugel, die in einem Umschlag gesteckt hat. Daraufhin bekommt mein Vater seinen ersten epileptischen Anfall und wird wieder bewusstlos. Ärzte stürzen herbei. Meine Mutter weint.

Als mein Vater wieder erwacht, fehlen ihm die Worte. Er ist verzweifelt.

Mein Vater fuchtelt wie wild mit den Armen. Die Worte sind weg. Seine Arme wirbeln. Seine Augen starren panisch. Aus seinem Mund kommen unverständliche Laute. Wollen sich nicht zu Worten formen lassen. Seine Zunge schnellt aus dem Mund und wieder zurück. Er befeuchtet seine Lippen. Wischt sie sich ab. Versucht erneut, etwas zu sagen. Vergeblich.

Er setzt sich im Bett auf. Macht Zeichen mit der Hand. Meine Mutter nickt. Macht ebenfalls Zeichen. Mein Vater nickt. Zeigt.

Ich sehe zu. Gebe meine eigenen Laute von mir. Niemand hört sie.

Rudis alter Freund, der Psychologe Thomas Ehleiter, macht Sprachübungen mit meinem Vater.

»Du kannst es. Du kannst es, wenn du willst. Du musst es nur wollen. Es ist alles eine Frage der Motivation.«

Ich liege mit offenen Augen da. Meine Augen sind offen, und ich bin äußerst motiviert. Kann jeden Tag mehr. Ich will, will unbedingt. Mein Vater sieht mich an. Will nicht. Hängt im Bett. Den Kopf gesenkt. Die Augen stumpf. Ist vollgepumpt mit Medizin. Sein Körper zeigt keine Reaktion. Ist widerstandslos. Schwach. Unsicher.

Meine Mutter kommt herein. Schreibt an die Wand: Motivation. Wünsche. Träume. Thomas nickt. Mein Vater schüttelt den Kopf.

Tags darauf holt Thomas ein Lehrbuch heraus. Eine Fibel für Erstklässler. Ich schaue mit hinein in das Buch, es hat viele bunte Bilder. Kühe, schwarze und weiße. Schweine, rosafarbene. Einen Traktor mit riesigen Rädern. Einen Regenbogen. Farben. Eine Mutter läuft mit ihrem Sohn an der Hand die Straße entlang. Ein bärtiger Mann mit Rucksack und Wanderstock geht vorbei. Im Hintergrund ist ein Haus zu sehen.

Rudi schreit frustriert auf. Wir lesen gemeinsam das ABC. Ich gebe nicht viel von mir. Lausche vor allem dem Klang der Buchstaben. Manche Laute klingen kurz, andere lang. Hoch und tief. Rudi kann immer schneller das Alphabet sagen. Von Anfang bis Ende. Von ganz links bis nach rechts. Er ist auf dem rechten Auge blind. Er kann auf der rechten Seite nichts sehen. Nichts. Nur Dunkelheit. Die Buchstaben hören einfach auf. Die Zeile hört einfach auf.

Rudi zwingt sich selbst dazu, mit dem rechten Auge noch weiter nach rechts zu sehen. Um das Ende der Zeile lesen zu können. Den Seitenrand zu erblicken. Ganz bis nach rechts. Das linke Auge gleicht aus, was das rechte Auge nicht leisten kann.

Rudi schreibt das Wort Schornstein neben den Schornstein im Buch. Das Wort Tür neben die Tür. Treppengeländer neben das Treppengeländer. Seine Schrift ist kantiger als früher. Er wird ungeduldig. Nimmt ein Heft und schreibt: Der Traktor. Das Tonband. Die Erdbeeren. Der Salat. Die Schere. Die Schafe.

Ich beobachte, wie der Stift von links nach rechts wandert. Meine Mutter betritt das Krankenzimmer, in dem es ganz still ist. Rudi gerät ins Stocken.

Später werfen sich Thomas und Rudi einen Ball zu. Ich folge mit meinen Augen seiner Bahn. Es sind weiche Würfe.

Schwache Würfe. Greifen. Halten. Denken. Werfen. Der Ball fällt zu Boden. Mein Vater flucht, ist mit sich unzufrieden. Mag nicht mehr. Ich spiele ein bisschen mit dem Ball.

Gretchen fragt Rudi: »Weißt du, wer Lenin ist?«

»Nein«, antwortet er. Verwirrt.

»Du hast viel von ihm gelesen. Über die Russische Revolution von 1917.«

»Nein«, antwortet er. Gereizt jetzt.

Er verlässt das Zimmer. Am nächsten Morgen sagt er: »Ich weiß, wer Lenin ist!« Er strahlt. Ich bekomme gerade Rübenmus und noch ein bisschen Muttermilch. Rudi ergänzt ungeduldig: »Ich möchte etwas.«

»Was?«, fragt meine Mutter.

»Es ist so …«, stammelt er und zeichnet mit seinen Händen ein Viereck.

»Ein Buch?«, fragt meine Mutter.

Mein Vater nickt und zeichnet weiter Formen in die Luft. »Was? Bilder?« Mein Vater schüttelt den Kopf.

»Ein Atlas?«, rät meine Mutter.

Er nickt begeistert. Lacht, freut sich, umarmt uns. Sanft, kraftlos. Aber innig.

Am nächsten Tag blättern wir drauflos, sehen uns alle Länder der Erde an. Er versucht, ihre Namen zu erinnern. Schafft es nicht. Er zeigt auf ein Land. Gretchen sagt den Namen. Er wiederholt ihn. Er zeigt auf ein anderes. Meine Mutter sagt den Namen. Er wiederholt ihn. Ich schaue mir die fernen Länder an, schaue bis ganz nach Vietnam.

Wir begleiten jeden seiner Schritte. Folgen ihm überallhin. Er kann sich an mehr und mehr erinnern. Nimmt wahr, dass er mehr und mehr weiß und dass er etwas wusste, was aber partout nicht in seinem Gedächtnis auftauchen will. Ein Gedächtnisschwund – der immer größer zu werden scheint, je mehr das Gedächtnis zurückkommt.

Er fängt wieder an zu schreiben. Will das, an das er sich

wieder erinnert, festhalten. Die Erinnerung soll zu Papier gebracht werden. Er schreibt und schreibt und schreibt.

Getriebe
Immanent/Transzendent
Totalität/Singularität
Analyse/Synthese
Subversive Elemente

Mein Vater sieht mich an. Beugt seinen Kopf zu mir herunter. Es kratzt. Ich nehme einen prägnanten Geruch wahr.

Frustriertes Bewusstsein
Arbeiter – sind Bürger geworden?
Differenzierung
Klassenkrise in der heutigen Gesellschaft nicht mehr?
Konfrontation
Mechanismen der Kulturgesellschaft …
Welt der Automaten …/Kontrolleure – aber keine Arbeiter
Neues Bewusstsein/Neue Menschen/Neue Gesellschaft
Veränderbarkeit des Menschen
Go-in/Sit-in
Blinder Aktionismus
Praktische Machtergreifung/scheinbare praktische Machtergreifung an der Universität
Messianisches Sendungsbewusstsein
Entwurf
Autoritäres Bewusstsein
Sektierertum
Provokation notwendig, unreflektierte Aktionen …
Rückzug in die Reflexion[18]

Er blättert in seinem Heft. Blättert vor und zurück. Apathisch. Schlägt es zu. Nimmt mich auf den Arm. Wärme.

Ich spüre seine Qual, seine Frustration. Wörter im Mund. Können nicht raus. Eingeschlossen. Wollen raus. Können nicht raus. Wörter. Eingeschlossen. Im Kopf. Im Körper. Überall. Eingeschlossen. Wörter, die nicht rauskönnen. Die Sprache ist weg. Das Denken ist da. Die Gedanken gehen durch das Gehirn zum Mund. Die Lippen bewegen sich. Bewegen sich. Öffnen und schließen sich. Du erschmeckst die Wörter. Mit der Zunge merkst du dir die Wörter. Die Zunge versucht die Wörter zu formen. Wollen raus. Die Lippen.

Die Politik ist seine Welt, und Politik ist Sprache. Seine Sprache ist weg. Er sagt oft »Das«. »Das Ding«.

MAI 1968

Mein Vater schreibt zum ersten Mal wieder die Namen seiner Freunde. Gretchen hilft ihm. Gaston. Christian Semler. Bernd Rabehl. Meschkat. Gollwitzer. Krippendorff. Wolfgang Neuss. Enzensberger.

Ich sitze im Wohnzimmer mitten auf dem Tisch mit dem roten Tischtuch. Während Rudi im Krankenhaus ist, wohnen wir bei Freunden von meinen Eltern in Grunewald.

Ich stecke meine Finger ins Essen, werfe Gläser um, schiebe das Besteck hin und her. Werde auf den Bauch gelegt. Ich versuche, mich zum ersten Mal allein vom Bauch auf den Rücken zu drehen. Schlage mir den Kopf am Tisch an. Brülle. Meine Mutter tröstet mich. Ich höre auf zu weinen. Unternehme einen zweiten Versuch. Kippe um. Weine nicht.

Wir fahren ins Krankenhaus. Ich sehe meinen Vater an. Habe Angst.

Ein paar Tage darauf schreibt er seinen ersten längeren Text: »Ich bin der Meinung, dass die Mehrzahl der Briefschreiber, die mich erschießen und töten wollen, es nur im Brief schreiben, aber nicht wagen, es wirklich zu tun. Sie sind Feiglinge. Es gibt nur wenige Bachmänner und Kurassen, die tatsächlich wagen, abzudrücken. Bachmann. Ich spüre das Gefühl von Hass, es lastet schwer auf mir, beeinflusst mich.«

Hass auf Bachmann. Hass auf Springer. Hass auf alle, die sein Leben bedrohen.[19]

Später, am selben Tag, schreibt er:

»Bachmann ist nicht ›im wesentlichen‹ schuld an dem Attentat ... Bachmann wurde täglich von den Springer-Zeitungen dazu erzogen, schließlich das ultimative Ja zu geben und zu schießen. In der Wirklichkeit aber ist Bachmann und seine ganze Klasse, die erst durch Auseinandersetzungen mit dem System wieder zur ›Klasse für sich‹ (Marx) wird, durch das herrschende System seit Jahrzehnten unterdrückt. Aber gerade der junge Bachmann, ein Mensch mit riesigen Möglichkeiten, kann sich erst nach der Zerschlagung dieser unmenschlichen Ordnung? zum wirklichen Menschen entwickeln.«[20]

Eng aneinandergekuschelt liegen Rudi, Gretchen und ich im Bett. Ich bin von Wärme umgeben, auch wenn das Bett schmal und das Krankenhauslicht grell ist. Frieden.

Rudi sagt leise zu Gretchen: »Ich habe Fehler gemacht. Ich bin einfach noch zu jung, um Politiker zu werden. Ich bin 28 Jahre alt. Ich muss mich noch mal zurückziehen und an mir selbst arbeiten.«

Meine Mutter liest meinem Vater einen Text von Marx vor. Ich sitze auf ihrem Schoß. Die 11. Feuerbachthese:

»Die Philosophen haben die Welt nur verschieden interpretiert, es kommt darauf an, sie zu verändern.«

Mein Vater wiederholt die Worte. »Die Philosophen haben die Welt nur verschieden interpretiert, es kommt darauf an, sich zu verändern.« Sich. Rudi sieht mich an. Sich.

Rudi schreibt wieder Tagebuch:

»Heute ist der 21. 5. 1968, um 17:30 Uhr kam der Oberarzt Dr. Schulze und frug mich, ob es möglich wäre, dass der Polizeipräsident Herr Moch, dessen Frau zwei Zimmer neben mir liegt, für einen Händedruck hereinkommen dürfe.«[21]

Ich sitze aufrecht. Ich esse allein. Mein Gleichgewichtssinn und meine Feinmotorik verbessern sich ständig. Ich übe, auf dem Fußboden vorwärtszurobben, übe zu krabbeln. Es geht langsam voran. Ich bin frustriert. Weine. Meine Mutter kommt zu mir, spricht mit mir. Ich lächle, erkenne ihre Worte wieder. Mein Vater schreibt und schreibt. Übt gemeinsam mit Oberarzt Schulze. Schreibt Wörter in sein Übungsheft:

erleichtern
telefonieren (anrufen), hören, rufen, schauen, an-, angucken, sehen, schau mal her, – dir das an,
atmen (Luft, Lungen; trockene, feuchte Höhenluft; Sauerstoff)
rennen (weg-, wett-, Wettlauf; Spikes)
kauen (mit den Zähnen; das Essen, Fleisch, Brot, Wurst, Obst, Gemüse)
fliegen (Flugzeug, -platz, -hafen, Stewardess, Passkontrolle, Zoll-)
sehen (Auge, Brille; Gesichtsfeld: *Hemianopsie* = 50%iges Sehvermögen)
scheinen (Sonne, Mond; es scheint so zu sein; anscheinend, scheinbar)
begrüßen (guten Tag, mach's gut, guten Morgen; …)
sublimieren (Unterbewusstsein; die Kultur ist ein Produkt der Sublimation, sexuelle Energie in andere Bahnen leiten)
verdrängen (unterdrücken, vergessen; Fehlhandlungen, Versprechungen weisen auf die Verdrängung)
streiten (schimpfen, Unzufriedenheit, Konflikt, Gegner, Disputation)

unterdrücken (Repression) (Klasse gegen Klasse), Sklaverei,
    Gewalt, Streitgespräch
erinnern (zurückdenken, Gedächtnis; vergessen)
verbergen (verstecken, verhüllen)
befreien (entheben, unabhängig machen …)
diskutieren (sprechen, Thema; Problem; man sucht eine Lösung)
argumentieren (begründen, Gründe vortragen, beweisen)
analysieren (Problem zerlegen; Analyse {Ganze} Synthese
    {einzelnen – zum Ganzen})
existieren (Existentialismus, sein; Dasein/Existenz)
protestieren (sich gegen eine Sache stellen; demonstrieren)
produzieren (herstellen)

»Wir Kommunisten sind nur Tote auf Urlaub«, schreibt er im
Tagebuch.[22]

Tote auf Urlaub. Tote auf Reisen. Unterwegs mit Charon über
den Fluss Styx. Menschen, die Geld haben, erhalten ein or-
dentliches Begräbnis. Wir haben kein Geld. Dürfen nicht mit.
Auf der Barke des Fährmanns ins Reich des Hades. Wir sind
immer noch auf Reisen. Wissen nicht, wohin. Wollen einfach
weg. Nur weg. Auf die Reise. Verschwinden.

Ich kann meinen Körper kontrollieren. Übe den ganzen Tag.
Wie mein Vater auch. Er kann seinen Körper noch nicht kontrollieren. Ich bin meistens froh über meine Fortschritte. Er
wirkt traurig.
    Ich greife nach allem, mustere, untersuche alles. Mein Vater
beginnt mit mir zu spielen. Ich greife nach Gegenständen, die
er mir reicht. Rein in den Mund damit! Mein Beiß- und Kaure-
flex ist jetzt voll entwickelt. Ich rolle mich von einer Seite auf
die andere und quake drauflos. Er wirft mich in die Luft, lässt
mich fallen und fängt mich auf. Ich strecke Arme und Beine
von mir. Lache – lache, wenn er mich kitzelt.

Ich werde immer kräftiger. Ich kann mich mit den Armen aufstützen, wenn ich auf dem Bauch liege, und meine Schultern und Ellenbogen halten mich oben, so dass ich aus dieser Position alles betrachten kann. Wenn ich auf dem Rücken liege, treffen sich meine Hände über der Brust. Ich trommle auf meine Brust. Trommle.

Ich gebrauche all meine Finger und habe soeben gelernt, meine Füße in den Mund zu stecken. Ich führe meine Beißrassel von Hand zu Hand. Meine Mutter reicht mir einen Löffel, und ich esse, obwohl ich auch noch gestillt werde, allein Grütze und Brei. Meine Zunge gleitet langsam über meinen Gaumen. Es kitzelt.

Immer weiter entwickle ich mich. Die Laute, die ich von mir gebe, klingen lang und kurz. Hoch und tief. Ich brabbel alles nach, was meine Eltern sagen, forme die ulkigsten Wörter, ahme alles nach, was meine Eltern tun. Ich beobachte sie lange und eindringlich. Reagiere immer klarer auf ihre Stimmen.

Meine Augen sind dunkel. Ich verfolge alles, was passiert. Ich bin stark. Werde stärker und stärker. Ich sitze aufrecht. Mein Rücken ist biegsam. Ich übe Kontrolle über meinen Körper aus. Ich krabble umher und entscheide selbst, was ich will. Ich habe einen Willen. Der Wille ist meiner. Ich werde immer selbständiger. Werde von meiner Umwelt angeregt. Ich will immer mehr.

Ich drehe mich vom Bauch auf den Rücken, vom Rücken auf den Bauch. Drehe mich um die eigene Achse. Mache den Sonnenkreis und verfolge entrückt das Spiel des Lichts.

Ich stehe wackelig auf allen vieren. Bin stolz wie ein König. Klatsche in die Hände und winke. Meine Mutter klatscht und winkt. Ich klatsche und winke. Ich mache meine ersten Schritte. Gehe. Falle. Weine. Gehe. Falle. Weine. Bin noch nicht so weit. Blute leicht. Stütze mich mit den Händen ab, wenn ich falle.

Ich verstehe immer mehr. Ich kann einzelne Worte sprechen. Ma ma ba ba pa pa he aua.

Ich kann immer mehr erkennen. Erkenne, was vor meiner Nase ist und was weit weg.

Mein Vater macht mit seiner Therapie Fortschritte. Kann immer mehr, aber noch nicht genug. Sein Krankenhausaufenthalt ist beendet. Sie haben getan, was in ihrer Macht stand. Frühmorgens um sieben schleichen wir uns aus der Klinik. Wir fahren zum Flughafen, betreten die Halle durch einen geheimen Seiteneingang, gehen an Bord eines Flugzeugs, es ist leer. Wir sind die einzigen Passagiere. Verlassen Berlin. Die Stadt. Seine Stadt. Meine Stadt. Die Stadt, in der ich geboren bin. Als Mr Klein mit Frau und Kind. Ich bin jetzt sechs Monate alt. Wir treten eine Reise in die Fremde an. Eine Reise in die Zukunft. Ich lache den ganzen Flug über – es ist mein erster Flug. Ein kleiner Mann mit seinem kleinen Kind, dessen Augen weit offen sind. Auf Reisen.

ITALIEN, 1968

Wir sind in eine Villa in der Nähe von Rom gezogen. Sie gehört Hans Werner Henze. Sie ist groß und vor drei Jahren im antikisierenden Stil erbaut worden. Ein Zimmer ist blau. Ein anderes hat eine rot-schwarze Tapete. Ein drittes Zimmer ist gelb. Im Haus sind die Farben des Regenbogens, und ich erfreue mich daran.

Ich liege im Schatten der Bäume im Arm meiner Mutter. Rudi spielt Tischtennis. Ich sehe zu, wie der Ball hin und her fliegt. Mein Vater versucht einen Schmetterball. Der Versuch misslingt, und der Ball landet, ohne die Platte zu berühren, auf dem Boden. Nach dem Training gehen wir ins Haus.

Ich sitze auf dem Fußboden. Der *Spiegel* liegt neben mir. Ich spiele mit den Seiten. Zerreiße, zerknülle sie. Gucke mir die Fotos an. Reiße das Titelblatt ab. Ich kaue vergnügt auf dem Papier herum. Esse die Hälfte einer Seite auf. Jede Woche gibt's einen neuen *Spiegel*, auf dem ich herumkauen kann.

In der Villa ticken die Uhren langsam, und es ist warm. Tag für Tag wachse ich und wiege jetzt 6,1 Kilo. Mein Vater schreibt zum ersten Mal in das Tagebuch, das meine Mutter für mich angelegt hat:

»Hosea-Che hatte seinen ersten ›Unfall‹. Er hat eine dicke Beule auf der Stirn, weil er sich aus dem Bett herausbewegte, hat etwas geweint, nur ganz kurze Zeit. Er wird immer ›gefährlicher‹. Er wird in nicht allzu langer Zeit mit dem Gehen beginnen, weil er sich schon heraufdrückt.«

Ich ziehe mich allein hoch, bis ich im Kinderreisebett stehe. Stehe lange so da. Sehe mich um. Werde ärgerlich. Rufe Ma ma ma. Nichts passiert. Rufe Pa pa pa. Nichts passiert.

Ich entwickle mich weiter. Stehe zum ersten Mal mit einem stolzen Grinsen vom Boden auf. Krabbel immer öfter. Nicht besonders raffiniert, aber es geht voran. Ich entdecke Kuchen in meiner Reichweite. Schiebe die Beine unter meinen Körper. Schiebe fester. Stoße Schreie aus. Erreiche den Kuchen und greife danach. Rein in den Mund damit! Lutsche daran, kaue und schlucke.

Eine Ameise krabbelt über die Decke, auf der ich im Wald sitze. Ich jage die Ameise. Robbe vorwärts und versuche, nach ihr zu greifen. Sie krabbelt weg. Ich krabble hinterher. Unternehme einen neuen Versuch. Bekomme sie zu fassen und hebe sie hoch. Sie strampelt wie wild und befreit sich. Fällt herunter und krabbelt weiter. Ich versuche abermals, sie zu fangen. Bin aber zu langsam, und sie ist weg. Ich bin unzufrieden. Vergesse die Ameise und sehe mich nach etwas anderem um. In den Büschen ertönt Lärm. Mein Vater brüllt etwas. Ein paar Journalisten spurten davon, sie haben Fotos von uns gemacht. Der Friede ist vorbei.

Ende des Jahres schreibt mein Vater den ersten Brief an seinen Attentäter:

»Lieber Josef Bachmann!

Pass auf, Du brauchst nicht nervös zu werden, lies diesen Brief durch oder schmeiß ihn weg. Du wolltest mich fertigmachen. Aber auch, wenn Du es geschafft hättest, hätten die herrschenden Cliquen von Kiesinger bis Springer, von Barzel bis zu Thadden Dich fertiggemacht.

Ich mache Dir einen Vorschlag: Lass Dich nicht angreifen, greife die herrschenden Cliquen an: Warum haben sie Dich zu einem bisher so beschissenen Leben verdammt? Warum wurdest Du und wirst Du und mit Dir die abhängigen Massen unseres Volkes ausgebeutet, wird Deine Phantasie, wird die Möglichkeit Deiner Entwicklung zerstört? Warum werden wir alle noch immer geduckt und niedergehalten?

Für die Schweine der herrschenden Institutionen, für die Vertreter des Kapitals, für die Parteien und Gewerkschaften, für die Agenten der Kriegsmaschinerie und der ›Medien‹ gegen das Volk, für die Parteifaschisten gegen die Massen, die sich überall finden, dürft Ihr täglich schuften.

Die wenigen Tage der deutschen Revolution von 1918 haben die Massen den 8-Stunden-Tag erkämpft – 50 Jahre später muss unser ganzes Volk, um sich erhalten zu können, genauso sich quälen wie eh und je – nur in ›schönerer‹, unmenschlicherer Form.

Die Studenten und Intellektuellen haben bisher an Eurer Benutzung und Ausbeutung sich beteiligt. Für uns taugen Studenten nur etwas, wenn sie endlich wieder ins Volk gehen. Die Intellektuellen und Künstler müssen endlich auch ihre schöpferische Phantasie fest mit dem Leben des Volkes verbinden, bei Euch arbeiten, Euch unterstützen, sich verändern, Euch und Dich verändern.

WAS HÄLTST DU VON DIESEM VORSCHLAG?

Ich habe viele Jahre auf dem Lande und in Fabriken gearbeitet. Viele von uns, die die Universität abschließen, gehen jetzt als Gruppen in den Produktionsprozess, um die Revolution

vorzubereiten. Also schieß nicht auf uns, kämpfe für Dich und
Deine Klasse.

Höre auf mit den Selbstmordversuchen, der antiautoritäre
Sozialismus steht auch noch für Dich da.

Rudi Dutschke

PS: Da ich erwarte, dass Du diesen Brief nicht von den Staats-
vertretern erhältst, gebe ich ihn auch der sogenannten Öffentlichkeit in der ganzen Welt.«[23]

Meine Mutter und ich üben jeden Tag zusammen, mein Vater
übt für sich allein. Er schreibt. Später spielt er Tischtennis.

Zum Abendessen bekomme ich ein weichgekochtes Ei. Ich
will es allein essen. Meine Mutter erlaubt es mir. Ich nehme
den Löffel, tue ein kleines Stück Ei darauf und stecke ihn mir
in den Mund; nur ein bisschen vom Eigelb landet auf meiner
Kleidung. Ich mache das etwa zehnmal, bevor ich übermütig
werde und den Löffel mit dem Ei umherschleudere. Es spritzt
durchs Zimmer. Mein Vater guckt sich das Ganze resigniert an
und liest weiter.

An diesem Abend laufe ich durch das ganze Zimmer. Will in
den nächsten Raum, strecke meine Arme nach dem Türrah-
men aus, aber weiter komme ich noch nicht. Mein Vater ist
währenddessen ins Lesen vertieft. Nimmt ihn nicht wahr, meinen aufrechten Gang.

ENGLAND

Am 9. Dezember 1968 fahren wir mit dem Zug nach England.
Wollen weg aus Italien, fort von den Journalisten, die uns überall jagen. Es gibt einen Neurologen in England, der Rudi be-
handeln soll. Auf der Fahrt kriegt er einen epileptischen Anfall. Völlig erschöpft erreichen wir London. Rudi muss sich in
ärztliche Behandlung begeben. Wir dürfen vier Wochen in der
englischen Hauptstadt bleiben, bis mein Vater sich wieder er-

holt hat. Unterkunft finden wir zunächst in der leerstehenden Wohnung des Bruders von Erich Frieds Frau Catherine.

Von dort schreibt Rudi zum Jahreswechsel einen zweiten Brief an seinen Attentäter:

»Lieber Josef Bachmann!

Noch einmal schreibe ich Ihnen einen Brief. Ich weiß nicht, ob Sie meinen letzten (ersten) Brief überhaupt erhalten haben. Wie dem auch sei, Sie wissen, das Jahr 1968 geht dem Ende entgegen. Beide können und sollen wir auf ein neues und etwas besseres 1969 hoffen.

Natürlich, Sie werden im Gefängnis in einem beschissenen ›Zimmer‹ leben. Wie dem auch sei, fangen Sie einfach an zu lesen und nachzudenken. Ich konnte nach der Schießerei nicht einmal lesen, musste alles neu lernen, bin immer noch dabei. Ich bin Ihnen wirklich nicht böse. Ich hasse die bestehende ›Ruhe und Ordnung‹ dieses beschissenen Staates.

Dass ich gegen die Stalinisten im Osten und die Kapitalisten im Westen kämpfe, haben Sie ja wohl inzwischen gehört. In der DDR durfte ich nicht studieren, weil ich den Armeedienst ablehnte. Ich war damals zu Hause schon gegen die bestehende Ordnung der Stalinisten in der DDR. Weil ich in der Oberschule rebellierte, durfte ich nicht studieren.

Der Stalinismus und Faschismus, die höchste Form des Kapitalismus, arbeiten zusammen. Faschismus und bestehende ›Ruhe und Ordnung‹ in der Bundesrepublik unterscheiden sich nur durch die Vergangenheit. Ich glaube nicht, dass Sie Faschist bleiben oder überhaupt sind. Selbstmord ist feige, besonders wenn man ein langes Leben vor sich hat. Mit Sicherheit werden Sie in nicht allzu langer Zeit ein freies und neues Leben beginnen können.

Rudi Dutschke

PS: Wenn Sie mir einmal schreiben wollen, bitte an: Horst Mahler, 1 Berlin 15, Konstanzer Straße 59«[24]

Am Silvesterabend sind wir allein in unserem vorübergehenden Zuhause. Liegen einfach nur zusammen im Bett und warten darauf, dass Mitternacht wird. Uns schweigend umarmend, läuten wir das neue Jahr ein. Wir haben unsere Reise gerade erst angetreten.

Die Regierung in London hat uns eine Aufenthaltserlaubnis erteilt. Dafür musste Rudi versprechen, sich nicht in die politischen Angelegenheiten Englands einzumischen.

An einem Morgen im Januar ist mein Vater sehr bewegt. Er weint. Lacht. Ein Brief von Bachmann. Er strahlt. Ich strahle. Er liest uns den Brief laut vor, mehrmals:
»Lieber Rudi Dutschke!
Ich möchte Ihnen nun ein zweites Mal schreiben. Ich weiß nicht, ob Sie meinen ersten Brief überhaupt bekommen haben. Natürlich möchte ich mich auch für Ihren zweiten Brief bedanken, den ich mit großer Freude erhalten habe. Der zweite Brief … hat mir über Sie noch einen besseren Einblick erlaubt wie bisher, und vielleicht verstehe ich Sie ein wenig besser als bisher.
Ich möchte nochmals mein Bedauern über das aussprechen, was ich Ihnen angetan habe. Ich kann nur hoffen, dass Sie in Ihrer Zukunft und Ihrer weiteren Laufbahn, die ja für Sie erst anfängt, keine ernstlichen körperlichen Schäden zurückbehalten werden.
Zurzeit geht es mir etwas besser als wie in den ersten Monaten, wo ich versucht habe, mit allen Mitteln aus dem Leben zu scheiden. Ich hoffe ja, dass ich alles durchstehen werde und für mich auch noch einmal die Sonne scheinen wird. Wenn nicht, bleibt mir noch immer Zeit, von dieser beschissenen Erde zu verschwinden.
Meine Einstellung über unsere heutige Deutschland-Politik im Allgemeinen: gut. Unser Wohlstand ist einer der besten auf der Welt. Jeder hat Arbeit und Brot, jeder kann frei studieren

und machen, was er will. Nur frage ich mich: Warum wird demonstriert? Gegen was wird demonstriert? Warum will man die Arbeiterschaft und unser heutiges System den Verbrechern Ulbricht und Genossen in die Hand spielen?

Ich war oft in Ost-Berlin und habe sehr viel Kontakt mit der Jugend aufgenommen. Wenn man diese jungen Leute sprechen hört, dann ist es kein Wunder, dass sich mein Hass gegen alles richtet, was bolschewistisch und kommunistisch ist. Damit möchte ich Sie nicht mit dazuzählen.

Ich habe vielleicht von Ihnen eine ganz verkehrte Auffassung gehabt. Vielleicht haben Sie gar nicht so unrecht, wenn Sie meinen, dass unsere Ruhe und Ordnung schon etwas zu lange anhält. Wenn ich Sie richtig verstehe und mir ein Bild von Ihnen erlauben darf, wollten Sie und Ihre Kommilitonen ein besseres System erreichen als das heutige. Aber jetzt kommt die Frage: Was soll das sein, und wie will man etwas ändern, was gar nicht zu ändern geht, denn die breite Bevölkerungsschicht fühlt sich so wohl, dass sie überhaupt nicht daran denkt, sich etwas anderes aufschwatzen zu lassen.

Solange es dem Volk gutgeht und es sich wie die Made im Speck wohl fühlt, ist es sehr schwer, etwas Besseres zu erreichen. Es sei denn, es geht bergab und die Masse steckt bis zum Hals im Dreck. Ich nehme ja nicht an, dass unsere heutige Generation einer Diktatur zustreben möchte, wie es in den Ostblockländern oder im Dritten Reich möglich war.

Dubček in der CSSR wollte nur ein bisschen Freiheit für sein Volk, das von dem russischen Kommunismus brutal unterdrückt und ausgebeutet wird. Es ist ja bekannt, dass Kommunismus und Nationalsozialismus die Menschheit versklaven und unterdrücken will. Darum ist man heute in der Bundesrepublik wachsam, was sich ziemlich links und rechts bewegt, und verschiedene Truppen mit dem linken Auge nach Osten schauen.

Hiermit möchte ich schließen, wünsche Ihnen, Rudi Dutschke, alles Gute und viel Erfolg für Ihre Zukunft.«[25]

Ich plappere die Worte meines Vaters nach – »Rudi, alles Gute«. Greife nach dem Brief, halte ihn mit eiserner Faust fest. Drehe und wende ihn. Spiele damit, lasse ihn durch meine Finger gleiten. Bringe meinem Vater den Brief. Er streckt mir seine Arme entgegen. Hält mich fest. Danach gehe ich mit dem Brief zu Gretchen. Halte ihn zwischen Daumen und Zeigefinger. Lasse mich in die Hocke sinken und setze mich auf den Po. Krame ein Holzspielzeug hervor. Zeige auf verschiedene Dinge. Man gibt sie mir. Ich schlage sie gegeneinander. Baue einen wackeligen Turm aus Bauklötzen. Er kippt. Ich werde wütend. Werfe mit den Bauklötzen um mich.

Ich bekomme Angst. Erlebe mich als eigenständige Person und bin ängstlich. Ich übe mich darin, mich von meinen Eltern zu entfernen. Gehe ganz um die Ecke in den Flur – Einsamkeit. Sofort gehe ich zurück zu ihnen. Ich erforsche meine Umwelt und gewinne eine Vorstellung von Begriffen wie »hier« und »dort«. Ich entdecke allmählich, dass außerhalb von meinem Zuhause eine große, weite Welt existiert.

Meine Eltern üben mit mir feste Rituale ein, etwa wenn ich in die Krippe gebracht und wieder abgeholt werde. Rituale, die mir signalisieren, dass alles in Ordnung ist und mir nichts geschieht, wenn meine Eltern weggehen. Tränenreich lerne ich, dass sie wiederkommen. Sie lächeln mich an und bedeuten mir, dass ich keine Angst haben muss. Sie sagen meinen Namen.

Ich sehe meinem Vater zu, wie er etwas auf die letzten leeren Seiten in Karl Korschs Buch über Karl Marx schreibt. Ich stolpere auf ihn zu und beobachte, wie der Stift langsam über das Papier gleitet. Der Kugelschreiber ist schwarz. Mein Vater lächelt traurig. Seine Traurigkeit überträgt sich auf mich, zieht meine Mundwinkel hinab. Ich bin im Zweifel. In Gegenwart meines Vaters ist Zweifel oft mein Begleiter. Mein Vater ist schwach und traurig. Doch von jetzt auf gleich scheint wieder die Sonne für mich, und ich stolpere davon. Und Rudi schreibt langsam weiter.

Der tag ging vorbei, unterschied sich erneut in keiner weise vom vorigen. Die angst vor der ›langsamen‹ entwicklung bleibt bestehen, hat sich manchmal sogar gesteigert.

Die getrenntheit vom kampf, von der kritik – selbstkritik unter genossen fehlt immer stärker. Von draußen merkt man nur zu sehr die Trennung der einzelnen ›nationalen‹ kampfgebiete.

Möchte immer wieder zurück, weiß aber von der jetzigen Sinnlosigkeit einer solchen Rückkehr. Ein 2. Kind steht bevor, bereitet mir große Sorgen. Finde einfach noch keine richtige Arbeitsteilung, sehe auch von Tag zu Tag meinen ›Rückstand‹ (den neuen Anfang) immer deutlicher.

In London werden wir oft genossen treffen können was eine Verbesserung der Sprachprobleme mit sich bringen könnte ...«[26]

Es ist frühmorgens, und ich klettere aus meinem Bett. Meine Mutter kommt zu mir ins Zimmer. Singt mir ein Lied vor. Mein Vater schläft noch. Ist müde. Müde. Ich bin munter und will spielen. Allein spielen. Es gibt so viel, mit dem man spielen kann.

Jetzt ist mein Vater aufgestanden. Lächelt betrübt. Gibt mir einen flüchtigen Kuss auf die Haare und hält mich kurz mit gestreckten Armen von sich. Plötzlich kehrt Leben in ihn ein, und er wirft mich hoch in die Luft. Ich lache laut auf. Er wirft mich noch einmal in die Luft. Ich will weiter hochgeworfen werden. Doch nein, mein Vater setzt mich ab und wendet sich seinem Schreibtisch zu.

Viele aufgeschlagene Bücher liegen darauf. Die Seiten sind übersät mit Anstreichungen und Anmerkungen. Auf dem Boden befinden sich haufenweise zusammengeknüllte beschriebene Zettel. Ich nehme mir den Haufen vor. Schmeiße mit den Papierknäueln um mich. Mein Vater macht sich weiter schweigend Notizen. Ich schmeiße noch wilder mit den Knäueln um mich. Mein Vater schweigt und schreibt. Stille. Auf einem zerknüllten Papier steht: »Geldform, Kapitalform, Warenform und der Fetischismus der Ware Arbeitskraft. Die Selbstentfremdung des Menschen ist total.«

Ich bin – auf dem Fußboden unter dem ausladenden Schreibtisch mit den Bücherstapeln, den unzähligen Papieren, den vielen verschiedenfarbigen Kugelschreibern – ein Fremder. Ich bin der Selbstentfremdete, der nicht weiß, dass er ein Fremder ist. Ich spiele weiter mit den zerknüllten Zetteln. Mein Vater sieht mich nicht. Er versucht, sich selbst zu sehen. Versucht, sich selbst zu finden. Seine Suche schließt mich heute nicht mit ein. So war das auch gestern.

»11.3.69
Die Unklarheit geht weiter, mehr denn je bin ich mir gegenüber skeptisch; das Lesenlernen geht sehr langsam, bleibe einfach stehen … Gretchen ist optimistisch, ist froh über die Abreise aus der ›Teufelsstadt‹ West-Berlin.

Mir fehlen immer mehr die kämpfenden Genossinnen und Genossen. Dennoch ist die Chance einer Wiederherstellung von mir durchaus nicht ›hoffnungslos‹.

Der Weg des Lernens ist riesig, finde einfach keinen richtigen weg.«[27]

Mein Vater steht kurz auf und geht in die Küche. Holt seine Medikamente. Nimmt sie schweigend mit einem Schluck Wasser aus dem Hahn ein. Die Wassertropfen bleiben in seinem Vollbart hängen. Er geht zurück ins Arbeitszimmer und schreibt weiter:

»Habe in verschiedenen Büchern neu angefangen: Marxbuch von Korsch, Maos Widerspruch, Texte und Marx.

Einen minimalen Rest, wenn überhaupt, konnte ich bei diesen schon vor Jahren studierten Texten wiederfinden. Muss alles wieder neu erlernen.

Heute Telefonanruf von Gianni – Milano …

Ist dennoch ein klarer und bewusster Kämpfer, habe ihn gern. Möchte nur zu gerne den ›ewigen Wunsch‹ internationaler Arbeit doch noch verwirklichen.«[28]

Ich drehe mich um und sehe meine Mutter ins Zimmer kommen. Sie lächelt. Wir können immer noch in London bleiben.

Ich male meinen ersten Strich auf einen Notizzettel meines Vaters. Er ist rot. Der Strich lächelt. Meine Mutter ruft begeistert nach meinem Vater. »Guck mal!« Er sieht auf. Ein Lächeln breitet sich auf seinem Gesicht aus, bevor er wieder den Kopf neigt. Und sein Lächeln verschwindet.

Auf einem Stück Papier steht Lenin. Nicht nur einmal, sondern mehrfach – Lenin. Lenin. Lenin. Später steht dort auch Versuch. Füße. Kopf. 1917. Mein Vater schreibt weiter wie ein Besessener. Plötzlich steht dort: Schweiß. Angst. Mein Vater bricht zusammen. In seinen Augen tritt das Weiß hervor. Sein geöffneter Mund verzerrt sich. Öffnet sich. Schließt sich. Die Zunge schnellt aus dem Mund hervor. Er beißt sich auf die Zunge. Sie blutet. Blut quillt hervor. Das Geräusch seines Fallens trifft auf mein Trommelfell. Ich renne.

LONDON, 1970

Wir sind in eine Wohngemeinschaft im Einwandererviertel Golders Greene gezogen. Außer uns wohnen in dem kleinen Haus in der Limes Avenue No. 10 zwei Deutsche, ein Engländer und eine Französin. Geld bekommen wir vom *Spiegel*-Chef Rudolf Augstein. Später kriegt Rudi ein Stipendium, das Helmut Gollwitzer für ihn aufgetan hat.

Meine Mutter führt Tagebuch über mich. Es ist sieben Uhr morgens. Ich bin gerade wach geworden. Wecke Laura, meine beste Freundin, sie hat heute bei mir übernachtet. Sie ist zwei Jahre alt. Mein Vater hat die Türklinke abgeschraubt, damit wir nicht einfach so aus dem Zimmer kommen können. Ich rufe und hämmere gegen die Tür. Meine Eltern öffnen. Ich gehe aufs Töpfchen. Mache groß und klein. Manchmal mache ich auch in die Hose.

Ich esse etwas, stiefle zurück in mein Zimmer und spiele eine Stunde ruhig vor mich hin. Um halb neun stehen alle auf, und wir frühstücken. Laura und ich werden zum Kindergarten gebracht. Meine Mutter erfährt von der Erzieherin, dass ich nie weine, es sei denn, einer der anderen Jungs nimmt mir ein Auto weg. Ich spiele meistens für mich allein.

Gegen ein Uhr werde ich immer abgeholt. Habe Hunger. Will etwas Süßes haben. Ich liebe Joghurt und Schokolade, darf das oft essen. Um halb drei nachmittags mache ich immer Mittagsschlaf. Vorher gehe ich aber noch aufs Töpfchen, um Pipi und Kaka zu machen. Einen kleinen Klecks nur. Ich will, dass Rudi es in die Toilette tut. Schlafe zwei Stunden. Wache orientierungslos auf. Esse Joghurt und trinke ein Glas Milch und etwas Saft.

24. FEBRUAR 1970

Die Kälte kommt von Süden. Ein Leben kommt. Ein Leben geht. Der Tod streift uns. Mein Vater weint. Ich nehme es wahr. Ich nehme wahr, dass mein Vater mich braucht, wie auch ich ihn brauche. Wir weinen still. Mein Vater redet laut. Das tut er oft, wenn wir beide unter uns sind.

»Vielleicht, wenn ich in Berlin gewesen wäre und ihn regelmäßig besucht hätte, hätte ich diesen Selbstmord verhindern können. Vielleicht.«[29]

Er schreibt einen Brief an Helmut Gollwitzer. »Ich bin unglücklich. Ich begreife es nicht. Warum Selbstmord?«

Ein Tag später. Ich laufe durch die Wohnung. Ziehe und zerre an meinem Vater, der mit geschlossenen Augen zusammengesunken im Stuhl sitzt. Seine Baskenmütze liegt, schwarz und weich, auf der Armlehne. Ich setze sie auf, und sie sackt über meine Augen hinab. Ich lache. Laufe wieder aus dem Zimmer und spiele mit Laura. Sie quietscht fröhlich. Mich überlaufen Wonneschauer. Wir spielen und spielen. Ich gehe etwas härter zu Werke. Wenig später bricht sie in Tränen aus. Mein Vater schreit mich an. Ich lasse von ihr ab, ziehe mich auf die Toilette zurück. Gebe keinen Mucks von mir. Lange nicht. Keinen Laut. Gehe wieder in das Zimmer meines Vaters und lege mich neben ihn auf den Fußboden.

Er schreibt in sein Tagebuch:

»Verhalte mich Hosea-Che gegenüber manchmal nicht richtig, Reste der autoritären Struktur aus der eigenen Periode der Erziehung zeigen sich in solchen Fällen: schaue ihn an wie eine repressive Autorität in dem Augenblick, in dem er sich manchmal zu stark auf Laura legt, sie angreift, sich zu stark wehrt etc. etc. Ho reagiert so gut, dass ich zumeist meinen Fehler schnell erkenne und das richtige Verhältnis zu Ho wiederherstelle. Seine antiautoritäre Struktur entwickelt sich immer deutlicher, obwohl er des Öfteren sich Laura gegenüber ›autoritär‹ aufspielt. Eine richtige Behandlung des Phänomens der ›Kindererziehung‹, in welcher eine tiefe Selbst- und Mit-Erziehung verbunden sein muss, meine damit die ›Erziehung des Erziehers‹, ist uns bisher nicht gelungen, die Bedingungen sind weiterhin auch nicht die besten.

Bachmann hat Selbstmord begangen, noch immer sehe ich ihn deutlich ...; er repräsentierte die Beherrschung von unterdrückt gehaltenen Menschen, die ihre Möglichkeiten und ein lebendiges schöpferisches Leben bisher nie kennengelernt haben. Das Gefängnis ist für einen Menschen, der den Selbstmord durch politischen Mord verwirklichen wollte, die Voraussetzung und Bedingung zum vollen Selbstmord, seine Chancen waren minimal. Das Leben *scheint* immer ›freier‹ zu werden, die Unterdrückung und Belastung nehmen einen immer tieferen Charakter an, das letzte Wort ist noch nicht gesprochen, der Kampf für die Befreiung hat gerade erst begonnen; leider kann Bachmann daran nun nicht teilnehmen …«[30]

Ich wache früh auf und fange an zu spielen. Mein großes rotes Feuerwehrauto, auf dem ich sitzen kann, kippt krachend um. Mein Vater fällt vor Schreck buchstäblich aus dem Bett. Ist verwirrt. Seine Augen flackern – Panik. Er lässt sich wieder ins Bett fallen, während ich mich ans Löschen eines Großbrands mache. Wasser sprüht über den Fußboden. Mein Vater richtet sich auf und guckt verzweifelt auf das Wasser. Holt einen Lappen und wischt ein bisschen hier, ein bisschen dort. Lässt den Lappen auf dem Boden liegen und verschwindet wieder ins Bett. Stille. Ich spiele weiter Feuerwehr.

»31. Mai 1970
Nun ist es doch wieder einmal passiert; eine ›Halb-Attacke‹ spielte sich ab, begann um 10:00 [Uhr] morgens, hatte gerade das Bett verlassen. Fühlte mich am Morgen nicht wohl, hatte Ho schon um 6:00 [Uhr] ›bearbeiten‹ müssen, er war aufgewacht etc. …

Die notwendige Pille hatte ich noch nicht genommen, so u. a. kam es zur ›Augen-Attacke‹. War doch sehr unglücklich!! Dennoch konnte ich mich bald wieder halten!!

Wer weiß, vielleicht hört die Scheiße ›nie‹ auf, dennoch gehen meine Ideen durch nichts zurück!

Faktoren der Attacke:

a) in den letzten Wochen nur noch 2 Pillen täglich genommen

b) Uni-Schock; Oxford-Ablehnung, Cambridge-Neuforderungen
c) schon gestern schwere Situationen, konnte nicht rennen etc. …
d) zu wenig geschlafen …
e) am frühen Morgen keine Pille und kein Essen, zu lange gewartet …«[31]

Ich liege auf einem Fell. Bin vor allem auf mich konzentriert. Mein Vater schreibt hochkonzentriert Tagebuch – er und sein Tagebuch, ich und meine Hände. Wir liegen nebeneinander. Er auf dem Bauch, ich auf dem Rücken. Nackt.

»2. Juni 1970
[Doktor] Chris P[allis] in seinem Krankenhaus aufgesucht; machte die normalen neurologischen Tests mit mir, stellte eine Entwicklung, aber eine ›langsame‹, durchaus fest. Bestimmte Sachschwierigkeiten (Schrauben etc. …) stellen sich weiterhin sprachlich dar, besonders wenn Fragen direkt gestellt werden, dieser Widerspruch ist auch verminderbar, hängt sehr von meiner Trainings-Tätigkeit ab, eine *volle* Aufhebung dieses Widerspruchs sei aber nicht zu erwarten. Soll meine Pille *äußerst* regelmäßig nehmen, damit steht und fällt die antiepileptische Regulierung im Kopf. Die Halb-Attacke ist *primär* aus der Pillen-Unregelmäßigkeit zu erklären, nur *sekundär* aus psychischen Zusammenhängen (mal 2x, mal 3x, zu verschiedenen Zeiten); am Tage d[er] Halb-Attacke erst um 10:00 [Uhr] aufgestanden, plötzlich ›sprachunfähig‹, wollte Trotzki und Lenin sagen, es stoppte, konnte noch etwas reden, die Regulierung war aber blockiert, rief Gretchen, nahm schnellstens die Pille, die ›Augen-Attacke‹ begann, die Entspannung gelang nur unzureichend, sonst hätte mit Sicherheit auch die ›Halb-Attacke‹ vermieden werden können, knapp 1 min. war ich sprachlos, allerdings noch mit Bewusstsein, etwas vermindert. Wollte nur

eine kurze Beschreibung geben, um praktisch Schlussfolge-
rungen ziehen zu können – damit steht und fällt eine kontinu-
ierliche Entwicklung.«[32]

Ich schreie. Gretchen kommt ins Zimmer. Rudi liegt auf dem
Fußboden. Gretchen rennt auf die Straße und ruft um Hilfe. Sie
telefoniert mit einem Arzt. Er beruhigt sie und sagt, dass sie gar
nichts tun solle und mein Vater bald wieder von allein zu sich
kommen werde. Wir liegen zusammen. Alle zusammen.
    Rudi kommt schnell wieder zu sich. Schreibt weiter in sei-
nem Tagebuch. Die Tage im Juni. Wir sind nah, alle zusammen.

»3. Juni 1970
Gretka, Ho und ich fuhren zusammen mit Hanno, Sohn von
Helga/Hans, in Richtung A1, landeten völlig falsch, nicht weit
von Birmingham entfernt, verloren ca. 3 Stunden, erreichten
aber dann wenigstens King's College, erhielt die schriftliche
Zulassung etc. …
    Gretka hat sich als Driver tapfer geschlagen, Ho hat sich als
reisefähig erwiesen, was doch die Verstehens- und Sprachfähigkeit eines Kindes für die Entwicklung der Verhaltensweise
bedeutet; in Swansea gab es oft Schreiszenen, diesmal gab es Verständnis und Anpassung, ohne im Geringsten den subversiven
kleinen Geist und Körper aufzugeben.«[33]

»4. Juni 1970
Schon durch Ho um 6 Uhr wachgemacht worden, schliefen
zusammen in einem Zimmer in Cambridge, der frühe Morgen
zeigte sich, Gardinen waren nicht vorhanden. Ho pinkelte
heute erstmalig in die Toilette, das Gleiche gilt für ein bisschen
Kot… Sind dann ohne Schwierigkeiten gegen Mittag in London gelandet, der unvollständige Schlaf konnte nicht nachge-
holt werden, Ho wollte sich wieder voll austoben, stundenlang

im Auto in den letzten 2 Tagen, er wollte die unausgebreitete Energie nun entfalten, ich hatte darunter ›zu leiden‹, konnte auch ›genießen‹, war ca. 10 min. von mir weit weg auf einem Gehweg mit seinem Dreirad, ich hatte mich nämlich versteckt. In dieser Zeit hat er erstmalig nicht nach mir gerufen, schaute sich zwar hin und wieder um, war aber durchaus am meisten auf den Straßen- und Menschen-Verkehr konzentriert, fuhr schließlich dann wieder fröhlich und sicher wieder nach Hause, am Straßenübergang tauchte ich wieder auf, er lachte mich an und aus, wer weiß. Auf jeden Fall bereitet mir sein Sozialisierungsprozess viel Spannung und Interesse, Gretchen und ich sind über Ho und Po halt glücklich, wenn auch permanent in ambivalenter Form. Deskriptionen sozialer Phänomene sind unzureichend, wir müssen beide etwas tiefer in die Psychoanalyse eindringen!«[34]

»5. Juni 1970
Gegen 7:30 Uhr aufgestanden, Ho war schon wieder etwas früher draußen, gewaschen, angezogen, Hos Hosen gewechselt, ›Scheiße‹ entladen, ihm für seine Produktion gratuliert, aber ›Verbesserungsvorschläge‹ gemacht. Er versteht mich, soweit ich es richtig beurteile, schon recht vollständig, die Sprache wird tatsächlich immer mehr das Instrument der Vermenschlichung. Gegen 8:00 Uhr etwas zusammen gegessen, die anderen im Hause schliefen noch, dann zur Pille gegriffen, sie bereitet mir weiterhin Unzufriedenheit und Angstzusammenhänge, obwohl gerade die Pille die Attacke verhindert, wenn sie regelmäßig und kontinuierlich genommen wird.

Habe gegen 9:00 Uhr Ho erstmalig – nach langer Zeit – allein wieder in den Kindergarten gebracht, Pucki mit Laura hatte mich auf den ersten 100 m zu ihrer Bushaltestelle begleitet, bin dann *relativ* entspannt bis zum Kindergarten mit Ho gegangen; auf dem Rückweg war ich wieder *relativ* gespannt, die Attackenidee verlässt mich noch zu wenig. Ho ging nicht glücklich rein in den Kindergarten, das geschieht immer wieder zu Beginn, konzentriert sich sofort auf die möglichen Spielgegenstände, nimmt uns dann nicht mehr zur Kenntnis, tobt sich gespannt aus, entspannt darum wenigstens einen Teil der vorhandenen Dynamik, die somit nicht immer richtig aufgelöst werden kann. *Zu Hause haben wir die unausgetragene und verdrängte Dynamik neu zu entfalten,* was eigentlich heißt, dass wir auf ein Maximum an ›Neins‹ verzichten müssen, genauer, dass wir die antiautoritären Tendenzen sich an allen Ecken entfalten lassen müssen, natürlich nicht ein undialektisches, mechanisches Anerkennen der antiautoritären Dynamik kindlichen Verhaltens.«[35]

Wir ziehen nach Cambridge. Rudi wird vom King's College als Doktorand angenommen. Wir bekommen eine Wohnung in Clare Hall. In unserer Nachbarschaft wohnen viele Familien mit Kindern. Es gibt dort auch eine Dining Hall, wo wir zu Mittag essen.

Meine Mutter bringt meine neuesten Entwicklungsschritte zu Papier. Ich entwickle mich weiter und erblicke plötzlich bewusst meinen eigenen Stuhlgang. Es ist Sommer, und ich laufe nackt durch den Garten. Unterziehe jeden Haufen Kot, den ich mache, einer eingehenden Musterung. Lächle und lache. Weine kurz, wenn mein Stuhlgang hart ist. Ein einziges Mal landet er auf der Decke im Garten, und ich weine. Meine Mutter verleiht nur ihrer Verwunderung Ausdruck, ausschimpfen tut sie mich nie. Selbst dann nicht, wenn ich den ganzen Morgen über nackt im Bett gelegen und mit meiner Kacke gespielt habe. Ich mache mein großes Geschäft auch im Haus. Und trete drauf, so dass sich die Kacke mit kleinen Fußspuren im ganzen Haus verteilt. Ich pinkle auch überallhin, wo es sich hinpinkeln lässt. Meine Mutter lobt mich, wenn ich draußen mein kleines und großes Geschäft erledige, sagt aber nichts, wenn ich es im Haus tue.

Die Wochen vergehen. Und mein Vater schreibt weiter. Ich, Vater und Mutter. Zusammen.

»4. Juli 1969
... [Ho] nähert sich wohl immer mehr der Sprechfähigkeit und der Doppel-Sprache ... Wir haben uns dem sich entwickelnden und bewegenden Kind zu ›unterwerfen‹, soll heißen, wir dürfen das Kind nicht mit Hilfe von gesellschaftlich bedingten ›Sachzwängen‹ ... unterdrücken. Ho drückt schon jetzt ›proletarischen Klassencharakter‹ aus, weil sein lebendiges und handelndes Verhalten immer selbständiger geworden ist ...«

Ich werde mehr und mehr ich. Ein Schrei. Und meine Schwester Polly ist geboren. Ich und Sie. Wir.

»19. September 1970
... Die Nacht war zu spät begonnen worden, wir waren erst gegen 1:00 Uhr von einem Besuch von freundlichen C[am-bridge]-Bekannten zurückgekehrt, erst dann nahm ich meine ›unvermeidliche‹ Pille, somit zeitlich unkontinuierlich. Ho wiederum wachte gegen 3:00 und dann gegen 4:30 erneut auf, mich immer ›wilder‹ machend, den Schlaf vermindernd, die Attackenbereitschaft steigernd.
So verlief dann auch gegen 7:30 [Uhr] dieser ›schlimme Rhythmus‹: stand sauer auf, die Kinder weckten uns laufend auf, plötzlich begann die Verminderung der Sprachfähigkeit, die Gedanken transferierten nicht in Wort-Form, machte mich nicht ›wild‹, nahm recht bald die Pille, entspannte so gut wie möglich, nicht alles gelang, die Spannung war dennoch nicht so stark wie vor einigen Monaten. Mein Bewusstsein blieb voll erhalten, dieser Sprachabschaffungs- und Wiederaufbau-Prozess dauerte ca. 2–4 min. Ging sodann schlafen, bis gegen ca. 1:00 Uhr, wurde erneut sprach- und lebensfähig.
Bin bei solchen Ereignissen nicht mehr so gehemmt wie vor

2 Jahren etc., kann Umstände neu in die Hand nehmen, obwohl wirkliche Aufhebungen nicht absehbar sind.

Die Arbeits-, Tip- und Sportsfähigkeit entwickelte sich auch bald, hatte am Nachmittag keine weiteren Schwierigkeiten. Muss ›einfach‹ auf den voll kontinuierlichen Schlaf- und Pillen-Prozess voll Rücksicht nehmen.«[36]

»27. November 1970
Der Tag hatte bis gegen Abend einen normalen Ablauf (7–8:00 [Uhr]; Frühstück, Post, Kinder anziehen, spielen, Polly wechseln, Ho mit Gretchen als driver zum Kindergarten bringen; Arbeit zwischen 10–13:00 [Uhr]; Mittagessen, Polly-Spielzeit, Ausruhen, Ho abholen, Zeit wechseln … Dann saß ich gegen 18.00 [Uhr] auf der Toilette, plötzlich riefen die C.-H.-Kinder: Ho ist aus dem Fenster gefallen. Aufregung, Ho lag auf dem Gehweg und schien nicht klar bewusst zu sein, Blut war nirgendwo zu sehen. So: Arztanruf, Fahrt zum Krankenhaus etc.; Ho weinte und wollte as soon as possible einschlafen, was uns erschreckte …

Im Krankenhaus erwies sich die Aufregung als ungerechtfertigt, er verfügte über keinerlei ›medizinisch interessante Besonderheiten‹ … Mit Mühe besorgten wir ihm auf der Rückreise ein großes ›Icecream‹ … jetzt schläft er, werde ihn bald kurz aufwecken …

Polly hatte gegen 21.00 [Uhr] einen großen Erfolg: ›der gerade Gang‹ beginnt, sie trainierte immer wieder, steht allein auf dem Boden auf, balanciert das Gleichgewicht, geht, fällt etc. …«[37]

Meine Eltern sind verzweifelt. Am 1. September hatten sie einen Brief vom Innenministerium erhalten. Darin wurde ihnen mitgeteilt, dass sie wegen der politischen Aktivitäten meines Vaters England innerhalb eines Monats zu verlassen hätten. Rudi legt Widerspruch ein. Er hat viele Unterstützer, die sich dafür einsetzen, dass wir in England bleiben können. Der »Dutschke-Fall« ist der erste Prozess gegen einen Ausweisungsbescheid des Innenministers. Das Tribunal findet vom 17. bis 22. Dezember statt. Und soll über den Vorwurf der unzulässigen politischen Betätigung Rudis befinden. Die Geheimdienste sind immer dabei und versuchen auch, Rudis Freunde als Spitzel zu ködern.

»27. Dezember 1970

Durch die Auseinandersetzungen im *Tribunal* sind hochentwickelte psychologische Hemmnisse (Nervosität, Angstgefühle, Attackengefühle, Minderwertigkeitaspekte, Sprachfrage etc.) aufgelöst bzw. aufgehoben worden. Vielleicht nur temporär, ihre Auflösbarkeit wurde sichtbar, kann für mich nur gute Auswirkungen haben. Bei Gretchen noch nicht zu sehen, ist noch voller Spannung und Angst, besonders wegen der Spy-Geschichte, gilt es abzubauen und nicht zu ernst zu nehmen. Die Unklarheit unseres Anwalts über die Namen Schlacker und Kavan hat neben den wichtigen Aspekten für den Prozess auch negative Rückwirkungen.

Hosea hat sich zwar noch immer nicht ganz ›beruhigt‹, im Grunde will er nicht mehr schlafen, weil er unsere erneute Abreise befürchtet, aber heute blieben er und Polly schon mit kindlicher Klarheit und Lust bei Sarah und Schilla.

Hoseas *Willen* ist äußerst entwickelt, Kampffähigkeit und Entschlossenheit, darf sich aber nicht überziehen, gilt es immer neu von unserer Seite zu reflektieren.

Pollys ›aufrechter Gang‹ zeigt immer bessere Auswirkungen, sie beginnt Persönlichkeitsbesonderheit zu entwickeln. Ist nicht mehr durch Abschiebungen verschiedenster Art zu befriedigen, besteht auf das jeweils gefundene Interesse – bis sie sich durchsetzen kann.«[38]

Der psychologische Aspekt von Attacken war am frühen Morgen äußerst deutlich zu sehen. Gestern Abend sagte ich zu Gisela: G[isela], ich werde morgen früh als Erster das Bett verlassen, wenn die Kinder sich bemerkbar machen. Um dir auch mal ein längeres Schlafen zu ermöglichen. Ging aus diesem Grunde etwas früher zu Bett, so zwischen 10 und 10:30 [Uhr]. Im Bett spielten Gretchen und ich etwas miteinander, nicht ganz entspannt. Hatte eigentlich etwas ›Angst‹ vor dem nächsten Morgen, hielt eine Attacke für möglich. Nicht zuletzt deswegen, weil wir in der Zeit unseres Zusammenlebens in London solche Attacken am frühen Morgen von mir halt manchmal sahen. Gewissermaßen antizipierte ich die Attacke von heute Morgen.

Bin schon ›lange‹ vor dem Auftauchen von Hosea wach gewesen, hatte keine Uhr, wollte Gretchen nicht aufwecken, konnte darum den Zeitablauf nicht genau bestimmen. Nach einer gewissen Zeit tauchte Hosea dann auf, Lärm von Polly ließ nicht auf sich warten – das Aufstehen, der Prozess der Konstituierung des geraden Ganges des Tages begann. Relativ gespannt, zog ich mich an, nahm die Kinder in die Hand, und schließlich gingen wir in die Küche. Fühlte mich schwach, war ein bisschen von Kälte ›erschüttert‹ und versuchte mich mit Gymnastik warm zu machen, was nicht ganz gelang. Schließlich gab ich Polly Joghurt und nahm mir die ominöse, aber unvermeidliche Pille. Eigentlich schien damit ›alles‹ Unerlässliche getan zu sein. Die Spannung ließ nicht nach, ich ging in den hundekalten Garten, um mich in Bewegung zu bringen, auch das gelang nicht, wurde vielleicht ›alles schlechter‹ …
d. h. der Narbenschmerz nahm rapide zu. Damit ist bisher immer eine gewisse Sprachverminderung verbunden. Ist wohl nur mit Blutstauungen zu erklären.

›In den Minuten der Gefahr‹ griff ich zu einer 2. Pille und legte mich aufs Bett nieder. Gretchen half mit bei der Entspannung, und schließlich beruhigte sich der Kopf allmählich.

Von großer Bedeutung ist mein Verhältnis zu Gretchen, bin ich ›unzufrieden mit ihr‹, streiten wir uns *unproduktiv* etc. – dann nimmt die Attacken-Potentialität zu; das gilt für alle ähnlichen Dinge, bei Gretchen nur besonders. Leben und streiten, lieben etc. wir uns *produktiv*, so scheint mir meine Abwehr- und Behandlungsfähigkeit der Epilepsie-Geschichte viel größer zu sein.

Wenn mich Gretchen vor Freunden oder anderen angreift, wenn sie mich ›lächerlich‹ macht oder Ähnliches, dann bin ich äußerst säuerlich, unzufrieden und ›ängstlich‹, die Narbe schmerzt mehr! Arbeiten wir zusammen, sprechen wir in Dialogform, helfen wir einander, lieben wir [uns] in verschiedenster Form – dann vermindert sich die Angst, verschwindet sie manchmal sogar ganz.

Die schon vor einigen Tagen beschriebene Kampfsituation in den Tagen des Tribunals beseitigte Attackenangst und Sprachverminderung, befreite und beruhigte mich äußerst vielseitig.

Der Lärm der Autos, der Flugzeuge und das Schreien der Kinder, auch das Brüllen von Ho erregen mich ziemlich stark. Das Warten auf die Entscheidung spielt dabei natürlich auch eine nicht unwichtige Rolle.«[39]

In neun Tagen werde ich drei Jahre alt. Ich bin stark. Bin der unangefochtene Herrscher über mein Reich. Ich brülle. Und brülle. Durchdringend. Mein Vater ist erschöpft, sehr erschöpft.

Wir werden aus England hinausgeworfen. Das Tribunal beschließt, dass von Rudi bisher keine Gefahr ausgegangen sei, er aber zweifellos ein Risiko für die englische Gesellschaft darstellen würde, wenn er bliebe. Seine Begegnungen mit politisch tätigen Menschen übersteige »das normale gesellschaftliche Maß«.

Weiter wird meinem Vater vorgeworfen, er habe sein Versprechen »politischer Abstinenz« gebrochen. Außerdem könne »Planen und Organisieren« genauso bedeutungsvoll sein wie »physische Teilnahme«, etwa an Demonstrationen. Bis auf Aussagen von Zeugen, die etwas vom Hörensagen wussten, wurde aus Gründen der nationalen Sicherheit keinerlei Beweismaterial vorgelegt.

Meine Eltern packen unsere Sachen, packen unser Zuhause ein. Misstrauisch beäuge ich sie. Sie packen weiter. Ich frage, warum. »Weil wir von hier wegmüssen«, antworten sie. Die Polizei holt uns ab. Wir werden aus unserem Zuhause geholt. Hinausgeworfen.

Wir können nicht zurück in die Bundesrepublik. Rudi ist immer noch nicht gesund genug. Wir haben Angst. Rudi hat Angst. Drohungen. Am Telefon. In Briefen ohne Absender. Angst vor einem erneuten Schuss. Wir reisen weiter – sind eine Familie auf Reisen. Kein Land will uns aufnehmen. Wir überqueren die Nordsee, fahren nach Dänemark. Mein Vater hat von der Universität Aarhus das Angebot erhalten, dort zu unterrichten. Als sich das Schiff der dänischen Küste nähert, fertigt mein Vater ein Schild an und hält es in die Luft: »Danke, Dänemark.«

Ich sitze neben meinem Vater, er gibt in der Universität in Aarhus eine Pressekonferenz. In gleißendes Scheinwerferlicht getaucht.

VATER, WO BIST DU?

Ich stehe am Grab. Auf einer Gedenktafel an der Kirchenmauer, ein paar Schritte von der Stelle, an der mein Vater liegt, lese ich die Worte von Martin Niemöller:

»Als die Nazis die Kommunisten holten, habe ich geschwiegen; ich war ja kein Kommunist.

Als sie die Sozialdemokraten einsperrten, habe ich geschwiegen; ich war ja kein Sozialdemokrat.

Als sie die Gewerkschafter holten, habe ich geschwiegen; ich war ja kein Gewerkschafter.

Als sie mich holten, gab es keinen mehr, der protestieren konnte.«

Martin Niemöller war Pfarrer in der St.-Annen-Kirche. 1937 wurde er von den Nazis verhaftet und kam ins Konzentrationslager. Er überlebte Haft und Krieg. Mein Vater lernte ihn später kennen und sagte zu ihm:

»Ich bin ein Sozialist, der in der christlichen Tradition steht. Ich bin stolz auf diese Tradition. Ich sehe Christentum als spezifischen Ausdruck der Hoffnungen und Träume der Menschheit.«[40]

Helmut Gollwitzer übernahm Niemöllers Pfarrstelle. Ich kann mich aus meiner frühen Kindheit noch gut an Golli, wie wir ihn nannten, erinnern. Wenn wir in Berlin waren, haben wir immer bei ihm und seiner Frau gewohnt. Sein Haus war von christlicher Nächstenliebe durchdrungen. Es war bis obenhin voll mit Büchern und hatte einen Swimmingpool im Garten, den wir liebten. Gollwitzer schwamm jeden Morgen, um sich in Form zu halten. Wir haben Wasserpolo darin gespielt.

Im Haus herrschte immerzu Leben. Jeder, der in Not war, kam hierher – Menschen, die wegen ihrer Herkunft, ihrer Religion, ihrer politischen oder sonstigen Einstellung verfolgt wurden, fanden bei Gollwitzer Zuflucht. Freiheit. Ein Heim, aus Liebe zu Jesus. Ein Heim, aus Liebe zu den Menschen. Ich erinnere mich noch, dass sich überall in den Räumen Papiere mit Reden, Vorträgen und Predigten stapelten. Besonders auf seinem Schreibtisch. Ich besitze eine alte Predigt von ihm, die er am 16. November 1938 gehalten hat:

»Wer soll denn heute noch predigen? Wer soll denn heute noch Buße predigen? Ist uns nicht allen der Mund gestopft an diesem Tage? Können wir heute noch etwas anderes als nur schweigen? Was hat nun uns und unserem Volk und unserer Kirche all das Predigen und Predigthören genützt, die ganzen Jahre und Jahrhunderte lang, als dass wir nun da angelangt sind, wo wir heute stehen? Was muten wir Gott zu, wenn wir jetzt zu ihm kommen und singen und die Bibel lesen, beten, predigen, unsere Sünden bekennen, so, als sei damit zu rechnen, dass Er noch da ist und nicht nur ein leerer Religionsbetrieb abläuft! Ekeln muss es ihn doch vor unserer Dreistigkeit und Vermessenheit. Warum schweigen wir nicht wenigstens? Ja, es wäre vielleicht das Richtigste, wir säßen heute hier nur schweigend eine Stunde lang zusammen, wir würden nicht singen, nicht beten, nicht reden, nur uns schweigend darauf vorbereiten, dass wir dann, wenn die Strafen Gottes, in denen wir ja schon mittendrin stecken, offenbar und sichtbar werden, nicht schreiend und hadernd herumlaufen: wie kann Gott so etwas zulassen? – ach, wie viele von uns werden's dann ja tun und in ihrer Blindheit keinen Zusammenhang sehen zwischen dem, was Gott zulässt, und dem, was wir getan und zugelassen haben. Wer Gott gegenüber seine Schuld nicht mehr eingestehen kann, der kann sie auch bald den Menschen gegenüber nicht mehr eingestehen. Da beginnt dann der Wahnsinn, der Verfolgungswahn, der den anderen verteufeln muss, um sich selbst zu vergöttern. Wo die Buße aufhört, ist es auch mit der Humanität zu Ende, da muss die Gemeinschaft zerbrechen.«[41]

Eine Woche zuvor waren in Deutschland 267 jüdische Synagogen in Brand gesteckt, über 7000 jüdische Geschäfte zerstört und nahezu alle jüdischen Friedhöfe geschändet worden. 91 Juden wurden ermordet und unzählige weitere misshandelt. 30 000 Juden wurden verhaftet und in Konzentrationslager deportiert.

Ich betrete die St.-Annen-Kirche, lehne mich an eine Wand und nehme Gollwitzers Gegenwart wahr. Seine Ruhe. Seine Ruhe inmitten all des Bösen. 1940 wurde ihm von den Nazis ein Rede- und Heiratsverbot erteilt. Er wurde an die Ostfront geschickt. Seine jüdische Verlobte beging Selbstmord. Mord. Und trotzdem. Vergebung und Versöhnung waren der Leitfaden, der Gollis Leben durchzog. Nie wurde er verbittert. Nur gnädig. Gnade um Gnade.

Gollwitzer ist draußen auf dem Friedhof neben seiner späteren Ehefrau bestattet. Mein Vater liegt auf der anderen Seite der Kirche. Sie sind in derselben Kirche, derselben Erde vereint – Humus. Die Grabstelle war zunächst für Dietrich Bonhoeffer und dann für Martin Niemöller vorgesehen. Niemöller überließ sie meinem Vater. Vereint. Alle drei leisteten sie Widerstand gegen Hitler, den Nationalsozialismus, seine Väter und seine Söhne. Bonhoeffer wurde auf Hitlers Befehl kurz vor Kriegsende als einer der letzten NS-Gegner, die mit dem Attentat vom 20. Juli in Verbindung gebracht wurden, hingerichtet.

Mein Bruder und ich haben vor ein paar Jahren einen offenen Brief geschrieben, in dem wir die Initiative der Berliner Tageszeitung *taz* zur Umbenennung der Kochstraße in Rudi-Dutschke-Straße und eine »Ecke der Versöhnung« unterstützten.

In dem Brief heißt es:

»Wir bedauern die ... geäußerte Kritik, dass Rudi Dutschke die Studentenbewegung radikalisiert habe. Denn dies entspricht nicht der Wirklichkeit. Die Studentenbewegung war radikal, weil die damaligen Verhältnisse vielfach repressiv, marode, unterdrückend und frauenfeindlich waren. Die große Koalition von CDU und SPD hat diese Verhältnisse auf Bundesebene aufrechterhalten. Die gesellschaftliche Stimmung gegen die Studenten hat sie radikalisiert, die Erschießung des Studenten Benno Ohnesorg und der Attentatsversuch gegen unseren Vater waren sehr wichtige Ereignisse in dieser Entwicklung. Und die 3 Kugeln auf unseren Vater kamen – in Wolf Biermanns Worten – aus Springers Zeitungswald, aus dem Schöneberger Rathaus und vom damaligen Kanzler, einem Edelnazi. Unser Vater starb 11 Jahre später an den Folgen dieses Attentats, und wir könnten bitter sein.

Wir sind aber der Meinung, dass die Vergangenheit auch dafür da sein sollte, um die Zukunft besser zu machen. Wir sehen nun eine historische Chance, diese Kluft zwischen den einstigen politischen Gegnern zu überbrücken, indem zumindest ein Teil der Kochstraße in Rudi-Dutschke-Straße umbenannt wird und damit einen Berührungspunkt mit der Axel-Springer-Straße bekommt.

Die Ecke von Rudi-Dutschke-Straße und Axel-Springer-Straße wäre ein Ort der Versöhnung. Unser Vater hatte durchaus Überschneidungspunkte mit Axel Springer. Beide haben sich konsequent für die Wiedervereinigung eingesetzt. Besonders in einem Bezirk, der ein Zusammenschluss von Ost und West ist, wie Kreuzberg-Friedrichshain, ist dies erwähnenswert, und beide waren durch ihre religiösen Vorstellungen beeinflusst …

Die Ecke wäre symbolisch für Versöhnung zwischen den Feinden von einst.«[42]

Ich lasse mir das Lied, das Wolf Biermann 1968 nach dem Attentat auf meinen Vater geschrieben hat, durch den Kopf gehen und denke, dass wir Versöhnung wirklich nur erreichen können, wenn wir vergeben.

»Drei Kugeln auf Rudi Dutschke
Ein blutiges Attentat
Wir haben genau gesehen
Wer da geschossen hat
Ach Deutschland, deine Mörder
Es ist das alte Lied
Schon wieder Blut und Tränen
Was gehst Du denn mit denen
Du weißt doch was dir blüht!

Die Kugel Nummer eins kam
Aus Springers Zeitungswald
Ihr habt dem Mann die Groschen
Auch noch dafür bezahlt
Ach Deutschland, deine Mörder
Es ist das alte Lied
Schon wieder Blut und Tränen
Was gehst Du denn mit denen
Du weißt doch was dir blüht!

Des zweiten Schusses Schütze
Im Schöneberger Haus
Sein Mund war ja die Mündung
Da kam die Kugel raus
Ach Deutschland, deine Mörder
Es ist das alte Lied
Schon wieder Blut und Tränen
Was gehst Du denn mit denen
Du weißt doch was dir blüht!

Der Edel-Nazi-Kanzler
Schoss Kugel Nummer drei
Er legte gleich der Witwe
Den Beileidsbrief mit bei
Ach Deutschland, deine Mörder!
Es ist das alte Lied
Schon wieder Blut und Tränen
Was gehst Du denn mit denen
Du weißt doch was dir blüht!

Drei Kugeln auf Rudi Dutschke
Ihm galten sie nicht allein
Wenn wir uns jetzt nicht wehren
Wirst du der Nächste sein

Ach Deutschland, deine Mörder!
Es ist das alte Lied
Schon wieder Blut und Tränen
Was gehst Du denn mit denen
Du weißt doch was dir blüht!

Es haben die paar Herren
So viel schon umgebracht
Statt dass sie euch zerbrechen
Zerbrecht jetzt ihre Macht!
Ach Deutschland, deine Mörder!
Es ist das alte Lied
Schon wieder Blut und Tränen
Was gehst Du denn mit denen
Du weißt doch was dir blüht!«[43]

Sven Simon, Springers Sohn, beging kurz nach dem Tod meines Vaters Selbstmord. Hatte sich mit einem Revolver in den Kopf geschossen. Im Tod sind sie vereint. Als meine Schwester und ich klein waren, bekamen wir alte Kinderkleider von Sven geschenkt, die wir trugen, bis sie uns zu klein wurden. Eine bunte Hose in Gelb, Lila, Blau und Rot habe ich besonders geliebt. Meine Mutter hat sie bis heute aufbewahrt.

Die Knochen tief unten in der Erde sind kalt. Ich sehe das Skelett vor mir. Es hat schon lange dort gelegen. Der Körper ist verwest. Die Haut zersetzt. Das Fleisch zerfällt. Fällt von den Knochen. Wird zersetzt. Die Körperflüssigkeiten verdunsten. Das Blut trocknet ein. Regenwürmer. Zu Humus gewordene Vergänglichkeit. Die Knochen weisen nach den Schüssen Löcher auf. Löcher im Kopf und in der Schulter. Mein Vater liegt im Grab erschossen wie ein Soldat, der gegen den Krieg in Vietnam gekämpft hat. Erschossen. Erschossen, als der Krieg in Vietnam in die entscheidende Phase trat.

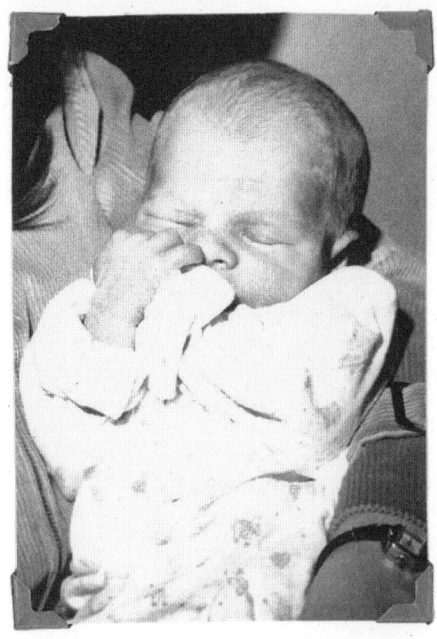

Ich bin 9 Tage alt.
Gerade aus dem
Krankenhaus gekommen.

10 Wochen alt.
Rudis zweite Operation.

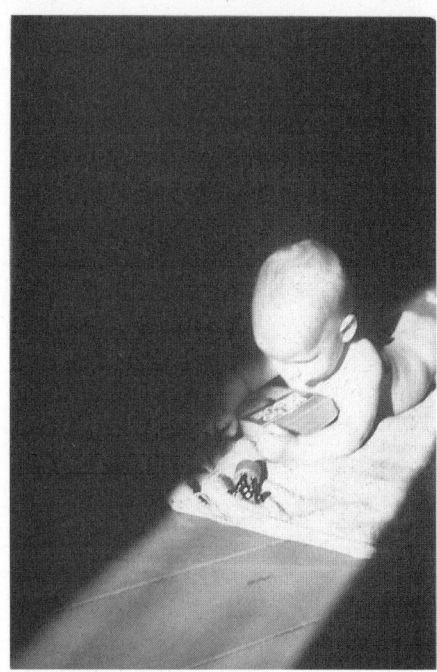

4½ Monate alt.
Beim Spielen.

5 *Monate.*
Rudi und Gretchen
beim Tischtennis.

6 Monate.
Ziehe mich selbst hoch.

6½ Monate.
Aufrecht stehen.

7½ Monate. Mit Gretchen am Strand.

10 Monate. Rudi und ich. Und Gianni Ray, unser Bodyguard.

14 Monate.
Auf dem Weg.

23 Monate alt.
King Kong mit Hosea
und Polly.

Wir alle, ich mit Zunge, 1977.

Rudi und Gretchen bei Halters, 1975.

Hosea, Marek, Polly, 1985. Ich bleibe in Dänemark.

Von Erde bist du genommen, zu Erde sollst du werden.
Erde, Humus, Leben.
Vergeben. Hassen. Vergeben. Hassen. Vergeben. Hassen. Vergeben. Hassen.
Sein Blick ist fort. Er hat keine Augen mehr. Und keinen Bart. Sein lächelnder Mund ist auch fort. Fort.
Vergeben.
Vielleicht. Vielleicht. Vielleicht.

»Ich glaube, dass Gott aus allem, auch aus dem Bösesten, Gutes entstehen lassen kann und will. Dafür braucht er Menschen, die sich alle Dinge zum Besten dienen lassen. Ich glaube, dass Gott uns in jeder Notlage so viel Widerstandskraft geben will, wie wir brauchen. Aber er gibt sie nicht im Voraus, damit wir uns nicht auf uns selbst, sondern allein auf ihn verlassen. In solchem Glauben müsste alle Angst vor der Zukunft überwunden sein«, sagt Dietrich Bonhoeffer.[44]

Vielleicht. Vielleicht. Vielleicht.

Ich stehe am Grab. Stelle mir vor, am Grab zu stehen. Meine Gedanken, meine Seele sind dort. Mein Körper ist hier. In Aarhus, am Meer. Das Meer ist weit. Ich sehe übers Meer. Es ist Abend. Die Welt ist düster. Ich verspüre keine Freude mehr an dieser Welt. Mir fehlt die Lust. Ich empfinde eine lustlose Langeweile. Ich stecke fest. Bin deprimiert. Mein Blick ist müde. Derselbe Blick, Tag für Tag.

Ich lasse mich vor den Fernseher fallen. Ziehe mir eine Nachrichtensendung nach der anderen rein. Ziehe mir die Wiederholung rein, jetzt um eine Extra-Analyse ergänzt – die sich am nächsten Tag als falsch herausstellt. Der Strom der Nachrichten, die in etwa so verlässlich wie ein Glücksspiel sind, reißt nicht ab. Stunde um Stunde überbieten sich die Kommentatoren mit einer neuen Prophezeiung, einer neuen Spekulation. Wer hat diese Woche recht behalten? Wer wird Millionär sein, wessen Nachricht trägt den Sieg davon? Ich spiele jeden Tag mit. Unterhalte mich, bin nicht ich selbst.

Lasse mich unterhalten. Ich langweile mich. Giere nach der nächsten Nachricht. Suche nach der nächsten, immer weiter. Schlage irgendwie die Zeit tot. Zuletzt schlafe ich vor dem Fernseher ein. Meine Frau Line ist schon lange zu Bett gegangen. Ihre lange Löwenmähne bedeckt ihr Gesicht, das von mir abgewandt ist.

Ich bin so träge und mit mir selbst beschäftigt, dass ich sie nicht wahrnehme. Sie verfehle.

Ich gebe mich Tagträumen hin, höre nicht, was meine Frau sagt, nicke bloß. In unserer jeweiligen Welt sind wir entscheidungsfreudig und tatkräftig. Eine Welt, die jeder für sich bewohnt. Ich bin auf Abstand zu ihr. Sie ist auf Abstand zu mir. Wir sind nicht in der Lage, uns auszudrücken. Sind handlungsunfähig, wie gelähmt.

Die Kraft hat uns verlassen, sie ist uns ausgesaugt worden. Wir sind wie zwei Vampire, die sich lieben. Voller Verzweiflung, Schwermut und in uns selbst versunken.

Es ist Abend, und ich schaue zum Himmel. Der Saturn ist in diesen Tagen deutlich zu erkennen. Ich folge mit meinem Blick seiner Himmelsbahn.

Tod und Gewässer

Die Toten sind tot. Die Lebenden leben. Wenn das Boot mit Musik eintrifft, stehen die Toten wieder auf. Sind wiederauferstanden. Wir suchen nach der Hoffnung. Suchen nach uns selbst. Suchen nach dem Sinn des Lebens, dem Sinn des Todes und dem des Verlassenwerdens – für immer verlassen. Ich bin 42 Jahre alt. Meine Familie und ich haben eine dreiwöchige Reise nach Nordindien angetreten. Wir haben sie unserer Tochter zum 14. Geburtstag geschenkt, da sie nicht konfirmiert wird.

Wir besteigen in Delhi den Nachtzug, haben in der 2. Klasse gebucht. In einem Großraumwagen reihen sich dreistöckige

Liegen. Nur ein Vorhang trennt uns von schnarchenden und sich räuspernden Indern, von Händlern, die alles Mögliche unter die Leute bringen wollen, von Nonnen, die unterwegs zu einem Tempel sind, und von Familien wie wir. Nur ein Vorhang schirmt uns vom immerwährenden Tuten und Quietschen des Zugs ab. An Schlaf ist kaum zu denken. Langsam rollen wir Richtung Osten – sehr langsam. Wer keine Geduld hat, sollte nicht nach Indien reisen. Doch fast wie zum Trotz trifft der Zug am Morgen rechtzeitig in Varanasi ein. Ein Mitreisender sagt: »Indisches Chaos ist Ordnung.« Ich überlege, ob die Hoffnung aus Chaos oder Ordnung besteht. Aus Chaos, glaube ich.

Indien ist wüst, Varanasi noch wüster. Wir sind in einem wilden Durcheinander aus Kühen, Schweinen, Ziegen, Hunden, Rikschas, Tuk-Tuks, Motorrollern, Autos, Bettlern, Turbanen, Mönchen, Müll, Kot, Kindern und Erwachsenen gelandet. Menschen – Menschen überall. Egal, wo man hinsieht. Egal, wo man ist. Ich drehe mich um und sehe drei Inder neben mir stehen. Vollkommen reglos. Ihre Gesichter sind vollkommen ausdruckslos, ohne irgendeine Mimik. Ich habe keinen blassen Schimmer von dem, was sie denken. Sie starren mich nur an. Für immer und ewig oder bis ich meinen Blick abwende.

Wir machen uns auf den Weg zum Ganges. Jenem Fluss, der sich durch Nordindien schlängelt und bei Kalkutta ins Delta mündet. Der Fluss des Lebens, des Todes und der Reinkarnation. Ich reihe mich in den Strom der Gläubigen ein. Und der Toten, die ihre letzte Reise in diesem Körper antreten. Alle zieht es kollektiv hinunter zum Ganges. Die Hoffnung auf neues Leben beginnt und endet in seinem trüben Wasser. Spuren für das nächste Leben werden gelegt. Für viele schicksalsbestimmend, für manche ein Kampf, für andere ein Zustand – für wenige eine Wahl. Eine Wahl, die uns in diesem Leben sterblich macht. Geboren, um zu sterben. Der Ganges bildet den ewigen Lebenszyklus ab. Die heiligen Männer sind überall. Manche schenken uns ein gutes Karma. Andere sind Schwindler, ergreifen unsere Hände, geben vor, unser Schicksal in ihren Händen zu halten, und suchen doch nur nach der nächsten Rupie. Lassen einen erst los, wenn man ihnen ein paar Münzen gibt oder verärgert seine Hand zurückzieht. Ein Tag ist vergangen – Schöpfung und Untergang. Zirkular. Rund. Der letzte ist wie der erste Tag. Und der nächste wie der vorherige. Ein Tag im Leben des Schöpfungsgottes Brahma hat vier Milliarden Jahre. Wie die Nacht – vernichtet durch Feuer und Wasser. Alles geht in der Unendlichkeit zugrunde und ersteht wieder auf. Wir leben nur einen flüchtigen Augenblick. Brahma lebt 100 Jahre.

Wir erreichen den Fluss. Tausende baden jeden Tag in dem heiligen Gewässer. Ich streife meine Socken ab und stippe meine Füße hinein, während auf der Oberfläche eine gräuliche Asche an mir vorbeitreibt. Mehrere Hundert tote Inder werden täglich in ihren gelb-orangefarbenen und reichlich verzierten Leichengewändern ins Wasser getaucht und anschließend auf einem Scheiterhaufen verbrannt. Langsam erfasst das Feuer die sorgfältig aufgeschichteten Holzscheite, die die meisten Angehörigen fast ein Jahresgehalt kosten. Die Leichengewänder der Toten fangen zuerst Feuer. Das Feuer greift um sich, die Toten brennen gut. Ich sehe zu. Die Feuer brennen lange, nicht selten stundenlang. Ich sehe zu, wie 15 Leichen auf einmal verbrannt werden. An einer Stelle ragt in einem schiefen Winkel ein verkohltes Bein heraus. Das Bein wird entzweigebrochen und wieder in die gelbrot lodernden Flammen geworfen. An anderer Stelle spritzt Flüssigkeit aus einem Leichnam, eine ganze Springflut ergießt sich aus den Eingeweiden. Es zischt und brodelt, als die Flüssigkeit verdampft. Körperflüssigkeiten, Dampf, Eingeweide, Rauch, Knochen und Asche. Ein Tourist ist drauf und dran, sich zu übergeben. Ich lächle nachsichtig – der Tod ist nicht schön. Aber er ist. Tote, die von den Flammen bis zur Unkenntlichkeit entstellt und dann zu Asche werden. Aber hier am Ganges ist der Tod gnädig. Der Vogel Phönix erhebt sich jeden Tag wieder aufs Neue aus der Asche. In Indien wird im Tode niemand verlassen. Nicht wie in Europa, nicht wie im kalten Norden. Nicht sieben Fuß unter der Erde in Gesellschaft von Käfern und Regenwürmern alleingelassen. Bei acht Grad. Im Winter wie im Sommer. Immer acht Grad. Kalt. Am Ganges wird es früh dunkel, und die Flammen der verbrennenden Toten erhellen den Himmel.

Es ist Heiligabend, und wir senden kleine brennende Kerzen, die in einen hübschen Blumenkranz gebettet sind, den Ganges hinunter. Ich habe sie von einem kleinen fünfjährigen Mädchen erstanden, das wie ein Straßendieb lächelte. Habe ihr den überhöhten Preis gezahlt und noch nicht einmal gefeilscht, habe nur selig lächelnd ihr Lächeln erwidert. Die Kerzen leuchten noch lange auf dem Fluss und verlieren sich schließlich als kleine Punkte im schwachen Abenddunst. Ich denke an meinen Vater. Sein Tod liegt 31 Jahre zurück.

Wir verlassen Varanasi mit dem Bus und gelangen nach Udaipur. Wir gehen an einem älteren Mann vorbei, älter als ich zumindest. Er hat einen dichten roten Bart. Seine Frau sitzt hinter ihm im Haus, im dunklen Flur, die Tür steht auf. Sie ist nicht mehr im gebärfähigen Alter. Er sieht mich an. Flüchtig nur. Sieht meine Tochter an. Fragt, wie alt sie ist. Ich antworte zuerst freundlich, dass sie 14 Jahre alt sei. Er fragt, ob sie nicht bald heiraten solle. Ich falle ihm ins Wort, bevor er weiterreden kann. Unterdessen sitzt seine Frau in dämmriger Stille drinnen. In Indien nimmt sich der Mann eine Frau, wenn sie will. In Indien gibt es weltweit die meisten Vergewaltigungen. Und die meisten Leihmütter – Geburt, Tod, Wiederauferstehung.

In Indien gibt es die modernsten Krankenhäuser. Alles ist möglich. Ich erzähle meiner Tochter, was ich von einem indischen Arzt gehört habe. Das Skalpell dringt langsam durch die Hautschichten. Präzise an einer gestrichelten Linie entlang. Es dringt durch die Fettschicht, den Mutterkuchen bis hin zum Kind. Es ist ein wohlgestaltes Mädchen. Langsam wird es herausgezogen; seine weiße Haut hebt sich deutlich vom Blut und der braunen Haut der jungen Inderin ab. Die Nabelschnur wird durchtrennt, und das Mädchen weint. Aber die Frau nimmt das Mädchen nicht in Empfang. Es wird einer weißen Frau überreicht. Sie und das Kind haben dieselben Gene. Die weiße Frau geht, die junge Inderin bleibt zurück. Ihre Wunde wird vernäht, dann herrscht Stille im Raum.

Neben ihr liegen weitere Frauen. Frauen mit Babybäuchen in Reih und Glied. Sie lachen, lächeln und sind dabei, ihre Babybäuche zu Geld zu machen. Die im Reagenzglas befruchteten Eizellen werden in die warme Gebärmutter eingepflanzt. Die Frauen erhalten eine Hormonbehandlung. Und dann vergehen die Tage mit Handarbeiten, Gebeten und Erholungsstunden in speziellen Leihmütterherbergen. Neun Monate später verlassen sie diese mit einer Kaiserschnittnarbe auf dem Bauch – und um fünf Jahresgehälter reicher. Mehr Geld darf es nicht sein, sonst wäre es Prostitution.

Das Skalpell wird jeden Tag angesetzt. Jungenköpfe lugen aus den braunen Bäuchen hervor, Mädchenköpfe. Helle Haut mit blauen Augen. Wie am Fließband werden die Babys aus den geliehenen Bäuchen herausgezogen, und die Nabelschnur wird zerschnitten – professionell, klinisch, präzise. Das Band zur Mutter wird durchtrennt – für immer getrennt. Mutter und Kind. Jetzt sind sie nur noch Ex-Leihmütter. Das Kind liegt in anderen Armen. Die Hellhäutigen verlassen mit dem Kind die Klinik. Mit ihrem Neugeborenen. Sind hingerissen, froh. Nicht furchtbar erschöpft wie nach einer Geburt, der Bauch nicht leer, sondern voller Schmetterlinge. Mit ihnen und dem frischfabrizierten Baby fliegen sie zurück in die Heimat – weit weg.

Die junge Inderin rührt sich nicht und starrt an die Decke. Morgen verlässt sie die Leihmütterherberge wieder und geht zurück in ihr Dorf. Im Gepäck Penizillin für zwei Wochen. Der Mutterkuchen, das Fleisch von der Geburt, liegt in einer Ecke. Morgen wird er beseitigt, wenn er nicht vorher schon von umherstreunenden Hunden gefressen wurde. Das Geschäft mit den Leihmüttern ist eine Milliardenindustrie, und die Gegenwart heißt Dollar.

Meine Tochter begreift nicht, dass sie im gebärfähigen Alter ist, und lächelt den Mann an. Am Abend sagt sie leise zu mir: »Ich will meine eigenen Kinder haben, die ich nie im Leben hergeben werde.« Ich halte ihre Hand, ganz fest. Lasse sie nicht los.

DÄNEMARK

Meine Schwester und ich halten uns an der Hand. Lassen uns nicht los. Als wir aus England hinausgeworfen werden, bin ich drei, Polly ist ein Jahr alt. Mein ganzes bisheriges Leben bin ich mit meinen Eltern von einer Stadt in die nächste, von einem Land ins nächste gereist. Von Berlin in die Schweiz. Weiter nach Italien, Mailand und Rom. Dann England, erst London, dann Cambridge. Dann Belgien, England, Frankreich, England, Irland, England, Dänemark. Ich habe eine Stadt nach der anderen, ein Land nach dem anderen wieder verlassen. Ich bin jemand, der verlässt. Bin rastlos und immerzu unterwegs. Nicht suchend, vielmehr verängstigt und furchtsam. Hoffnung gedeiht selten bei denen, die ängstlich sind, und nie bei denen, die Furcht verspüren. Hoffnung gedeiht am besten auf sicherem Boden. Hoffnung erfordert Liebe und Nähe. Anders verhält es sich mit dem Glauben. Der Glaube verzehrt die Ängstlichen und frisst die Furchtsamen auf.

Nach England lassen wir uns nördlich von Aarhus nieder. Dicht am Meer liegt das kleine Dorf Knebel, in das wir ziehen – Rudi, Gretchen, Polly und ich. Wir wohnen mit einem Haufen anderer Leute in einer Kommune auf einem Bauernhof. Wir Kinder haben das größte Zimmer. Überall lassen wir Brio-Holzzüge fahren. Sie passieren die Zimmergrenze und erobern langsam, aber sicher auch das Wohnzimmer. Nach vier Wochen spreche ich Dänisch. Ich übersetze beim Einkaufen. Rudi lernt nie Dänisch.

Polly und ich sind gerade aufgestanden. Rudi ist schon wach. Es ist sieben Uhr. Er wechselt Pollys Windel. Ich sitze daneben und spiele mit meiner Holzlokomotive. Rudi hilft mir beim Waschen. Wir essen und spielen. Ein paar Stunden vergehen, dann müssen wir los zum Kindergarten. Rudi wird immer hektischer und angespannter. Schreit uns an. Er sucht nach Pollys roter Jacke. Wir sehen zu, wie er von Zimmer zu Zimmer läuft – und wieder zurück. Gretchen ist jetzt auch wach und auf der Toilette verschwunden. Sie lässt sich Zeit. Heute ist Rudi für uns zuständig. Er setzt sich aufs Bett. Ich klopfe gegen die Tür, etwas zu fest, so dass es weh tut. Aua! Ich schreie. Rudis Gesicht wird grau, die Schmerzen treten ihm buchstäblich aus den Augen. Ich kriege einen Schreck und flitze in die Küche. Rufe nach Gretchen. Die anderen Erwachsenen lachen über mich oder über irgendetwas anderes. Ich breche vor Angst in Tränen aus. Rudi ruft so laut, dass alle es hören können. Gretchen rennt zu ihm ins Zimmer, holt seine Tabletten. Ich bleibe in der Küche. Polly weint. Gretchen kommt kurz darauf in die Küche zurück. Sie sagt, Rudi hätte einen Anfall gehabt. Ich frage sie, was ein Anfall ist. Sie erklärt es mir. Jetzt will ich endlich los in den Kindergarten.

Als ich abends wieder nach Hause komme, schreibt mein Vater Tagebuch, schreibt und schreibt:

»Die Attacke begann, das rechte Auge erhielt die ›üblichen

bunten Farben‹, ich klammerte mich fälschlicherweise an Worten fest (Auto-car), die ich natürlich nicht richtig ausdrücken konnte, was mich weiter verkrampfte. Es kam schließlich zu einer ca. 20–30-sec.-Zungen-Verkrampfung, alles bei voller Beibehaltung des Bewusstseins … (8 Stunden Schlaf ohne Unterbrechung).«[45]

Er schlägt das Tagebuch zu und geht in die Küche. Ich folge ihm.

Meine Eltern lächeln. Das Essen ist lecker. Rudi ist wieder guter Dinge, spricht von seiner Arbeit am Institut für Ideengeschichte, wo er eine Menge junger Studenten unterrichten soll. Ich bin fröhlich.

AUGUST 1971

Eines Tages kommt der alte Mann mit den weißen Haaren zu Besuch, den ich in Berlin schon mal gesehen habe. Ernst Bloch. Er hat sehr viele Falten. Er ist so alt, dass ich beinah denke, dass er von den Toten auferstanden sein müsse. Ich weiß, was »Ernst« bedeutet. Rudi nennt ihn »den Alten«. Ich kann meinen Blick nicht von ihm abwenden, von seinen buschigen Augenbrauen und seiner Hakennase. Ich finde wirklich, dass er ernst aussieht. Und alt. Er ist 86.

Wir sind am Strand. Mein Vater hat seine schwarze Baskenmütze aufgesetzt. Ernst trägt einen dunklen Mantel und einen Pulli. Er hat immer seine Pfeife dabei. Meine Schwester ist auch da. Nackt. Die Sonne scheint, das Wasser, glitzert. Ich spiele mit Sand, plansche an der Wasserkante. Koste das Wasser. Es schmeckt nicht nach mehr. Ich finde eine Schirmqualle, koste sie. Finde noch mehr Quallen. Sammle einen ganzen Haufen. Koste wieder – habe jetzt einen großen Vorrat an Quallen zusammengetragen. Die Sonne brennt vom Himmel. Die Quallen schmelzen. Ich schmeiße sie wieder zurück ins Wasser, und sie dümpeln wie Schiffbrüchige in der Brandung. Werden von den Wellen erfasst und wieder ans Ufer geworfen. Ich schmeiße sie noch weiter hinaus. Manche gehen kaputt, als sie durch die Luft fliegen – ich veranstalte ein Quallenmassaker in der Brandung.

Rudi und Ernst liegen im Sand, gucken ins Blaue hinein und sprechen über die Hoffnung. Wir beginnen mit dem Nichts und suchen nach dem Menschen. Haben ihn noch nicht gefunden. Es kommt darauf an, das Hoffen zu lernen. Wir sind ins Gelingen verliebt und nicht ins Scheitern. Das ist das Wesen der Hoffnung. Die Gegenwart ist unser Hindernis. Sie ist wie ein blinder Fleck, macht uns blind für die Zukunft. Für das Neue. Das Jetzt muss unaufhörlich herausgefordert, überschritten, neu bestimmt werden und in Bewegung sein. Darum leben wir.

Ich gehe den Strand entlang. Sammle Steine und trage sie zu Rudi, Polly und Ernst. Der Steinhaufen wächst stetig. Ich entdecke noch mehr Steine. Finde löchrige, runde, eckige, flache, schwere und leichte, sammle alle möglichen Formen und Farben – weiße, graue, braune und bunte, gepunktete Steine. Bläuliche Steine. Schwarze, so schwarz wie Lakritz. Rotbraune wie Karamell. Goldene wie Bernstein, gelbe, ockerfarbene. Welche mit glatter und welche mit poröser Oberfläche. Jeder Stein ist für mich etwas vollkommen Neues. Wann immer ich einen Stein in der Hand halte und spüre, bin ich neugierig, offen und voller Erwartung. Die Steine werden ganz warm. Manche von ihnen sind rätselhaft, mythisch. Ich finde auch Versteinerungen. Ertaste die Vertiefungen. Spüre die Zeit, die ihre Spuren in den Steinen hinterlassen hat. Spüre die Wesen in ihnen, die einst auf Erden weilten – einst. Die Steine stellen Vorzeit in ihrer prägnantesten Form dar. Sind tot und doch lebendig. Ein Flintstein liegt im Sand und zeugt von Millionen Jahren Naturgeschichte. Von Meereszeiten, von Eiszeiten – von der Vorzeit. Ein Flintstein, der wie eine Waffe geformt ist – Ausdruck von Kultur. Wir Menschen sind in der Zehntausende Jahre alten Geschichte der Flintsteine gegenwärtig. Ich halte einen der rundgeschliffenen Steine, die mit der Brandung angespült wurden, lange in der Hand umschlossen. Entdecke einen Stein, der gerade aus dem Steilufer gewaschen wurde.

»Alle Steine erzählen eine Geschichte – du musst ihr zuhören«, sagt mein Vater. Ich schleudere die beiden Steine, so weit ich kann, zurück ins Meer. Weit ist es nicht. Mein Vater nimmt einen Stein und wirft ihn so weit hinaus, dass ich ihn nicht mehr sehen kann. Ich wende mich ab und mache mich wieder auf die Suche und finde einen anderen Stein.

Meine Steine dienen nun als eine Art Befestigung gegen das Meer. Vielleicht sogar als ein Damm. Ich trete gegen den Damm. Er kommt ins Rutschen. Der Wind erfasst ihn, der Damm bricht. Ich freue mich darüber. Rudi und Ernst bemerken es nicht. Polly auch nicht, obwohl ich nach ihr rufe.

Im Licht der Dämmerung streben wir vorwärts.

Wir erhalten Hoffnung. Suchen nach neuen Wegen. Finden Neues. Die Wirklichkeit hat kein Ende, kein endliches Ziel. Die Wirklichkeit wird unaufhörlich und im Prozess geschaffen. Der Mensch erschafft die Materie. Der Mensch erschafft sich selbst. Die Vernunft kann nicht ohne Hoffnung gedeihen. Das Nichts hungert nach etwas. Und dieses Etwas will mehr. Der Hunger weist den Weg.

Ich will etwas zu essen haben. Die Kiefer des Todes zermalmen alles. Gegen den Tod kämpft selbst das Unkraut vergebens an, höre ich im Hintergrund. Ich kaue auf einem faden Roggenbrot herum. Versuche erneut, meine Schwester dazu zu bewegen, bei meinem Spiel mitzumachen. Sie will aber lieber auf dem Schoß des alten Mannes sitzen bleiben, der genüsslich sein Brot kaut. Der Hunger ist für einen Moment getilgt. Kehrt aber immer wieder. Der ewige Hunger.

Eine Wolke zieht über den Himmel und verdeckt die Sonne. Sofort wird der Augenblick dunkler, färbt sich mit der Zeit vollkommen schwarz und ist vergessen. Mein Vater und Ernst unterhalten sich darüber, dass das Offene gewonnen werden muss, so dass das subjektive Potential auf das objektiv-reale reagiert und sich die Welt bewegt. Ich lache drauflos. Wir halten nach dem kommenden Tag Ausschau. Wir leben im Hier und Jetzt und in der Dämmerung, dem Schatten der Wolken, aus dem wir bereits eine Vorstellung gewinnen können, die aber noch nicht hell und gegenwärtig ist.

Ernst sieht mich eindringlich an und sagt, dass der Traum dunkel sei, voller Sehnsucht. Die darin enthaltene Hoffnung sei hell, und gemeinsam würden sie das Leben gestalten. Jeder gelebte Augenblick würde, wenn er Augen hätte, Zeuge des Weltenbeginns sein. Die Dämmerung hat sich jetzt vollkommen gelegt. Ein neuer Anfang beginnt. Wir sind aus dem Halbdunkel der Wolken herausgetreten. Der Nebel und der Dunst haben sich gelichtet. Wir sehen uns vollkommen frei an.

Ich gehe den Strand entlang. Male mit meinen Füßen Spuren in den Sand. Tierspuren, Fingerspuren, Handspuren. Setze Kreuze. Wische sie wieder aus. Andere Spuren werden von den Wellen geholt. Ich grabe tiefer und gestalte neue Spuren mit nassem Sand, den ich heraufwühle und zu schiefen Türmen anhäufe. Sandklumpen kullern von ihnen hinunter, der trockene Sand bremst sie, und sie bleiben in kleinen Klümpchen liegen. Die Wellen nehmen an Intensität zu, greifen nach mehr und zerstören mit unwiderstehlicher Kraft die Reste meines Damms.

Ich entdecke Spuren von Wattwürmern. Vogelspuren. Die Möwen sind meine Freunde. Die Lachmöwen lachen mir zu. Sie haben keine Scheu vor mir, im Gegenteil, kommen immer näher. Ich werfe ihnen ein bisschen Brot zu. Sie streiten sich darum. Landen beinah auf mir. Ich bekomme Angst und schmeiße das Brot weg. Die Möwen sind ewig hungrig und auf der Jagd nach mehr. Andere Spuren tauchen auf. Ich grabe mich in den Sand ein, liege lange so da und schaue in den Himmel, der sich im Meer spiegelt.

Rudi kommt mit Polly an der Hand zu mir. Wir holen Eimer und Schaufel. Jan und Bente, unsere besten Freunde, sind jetzt auch bei uns. Wir bauen ein riesiges Schloss, das sich über den ganzen Strand erstrecken soll. Es hat mindestens 40 Türme und 4000 Zimmer, auch wenn keiner von uns schon so weit zählen kann. Wir malen uns aus, Könige, Königinnen, Prinzen und Prinzessinnen zu sein, Herrscher über unser Reich. Allmählich nähert sich die Tide, wie ein Armageddon. Die Könige und Königinnen werden gestürzt.

Ernst interpretiert die Hoffnung als eine besondere Form der Erkenntnis, die dem Noch-nicht-Sein, der noch unrealisierten Möglichkeit vorgreift. Die Psychoanalyse und der orthodoxe Marxismus haben die Hoffnung übersehen. Tagträume und Phantasien sind nicht Ausdruck von Verdrängung oder Eskapismus, sondern Quellen der Erkenntnis des »Noch-nicht-Bewussten«.

Ich male unser Haus in den Sand. Male eine Kuh, ein Pferd. Mit vier Beinen. Einen Traktor. Mit zwei großen Rädern. Und noch ein paar Schweine. Mit vier dünnen Streichholzbeinen und einer Schnauze. Katzen und Mäuse. Mit kleineren Beinen und winzig kleinen Beinen.

Ich krabble über den Strand. Nicht aufrecht. Ich liege aber auch nicht auf dem Bauch. Es handelt sich vielmehr um eine Art Krebsgang. Ich probiere, auf zwei Armen und einem Bein zu gehen. Falle um. Probiere es auf einem Arm und zwei Beinen. Ah, das ist sicherer. Aufrechter. Ich suche nach neuen Gangarten, ahme Tiere nach. Eine Spinne hat acht Beine und kann sogar noch gehen, wenn ihr zwei fehlen. Auch wenn ihr vier fehlen. Wir haben nur zwei Beine, und wenn wir sie einbüßen, ist es vorbei mit unserem aufrechten Gang. Ich richte mich ganz auf und nehme einen Flintstein in die Hand. Jage Strandflöhe damit. Fange aber keine.

Ernst schaut mir zu. Schmaucht an seiner Pfeife, fährt sich durch seine schlohweißen Haare. Polly sitzt in Buddha-Stellung auf Rudis Schoß. Ernst erzählt:

»Aufrechter Gang, er zeichnet vor den Tieren aus, und man hat ihn noch nicht. Er selber ist nur erst als Wunsch da, als der, ohne Ausbeutung und Herrn zu leben. Hier vor allem schwebte, so dauernd wie notwendig, Tagtraum über der bisherigen Gewordenheit, der ungelungenen, zog ihr vor. Und jeweilige Sucher des aufrechten Gangs zogen ihr vor.«[46]

Der aufrechte Gang ist einer der wenigen prägnanten Eigenschaften, die uns von anderen Menschenaffen unterscheiden. Der aufrechte Gang ist weitaus anspruchsvoller, als man meinen sollte, und spiegelt sich im gesamten Körperbau des Menschen wider – von den parallel stehenden Zehen über das Becken, das den kräftigen Gesäßmuskeln Raum gibt, die sich bis zum Schädel ziehen, der auf dem oberen Ende des Rückgrats balanciert.

Jeder Mensch muss den aufrechten Gang lernen und sich selbst finden. Dazu ist die Menschheit nicht in der Lage. Der aufrechte Gang steht und fällt mit dem einzelnen Menschen und den Spuren, die er gestern, heute und morgen hinterlässt.

Ich suche und suche. Richte mich auf. Laufe. Lege einen Spurt über den Strand hin. Der Sand zieht mich zu Boden. Außer Atem gucke ich zurück. Rudi, Ernst und Polly sind weit weg, sind nur noch als kleine Punkte an der Wasserkante zu sehen. Ich bin ein bisschen nervös, etwas unsicher – aber dann auch wieder nicht. Meine Neugierde gewinnt die Oberhand. Es drängt mich zum Unbekannten hin, zu dem, was mir fehlt. Ich habe keine Angst vor dem Unbekannten. Strebe weiter fort. Es drängt mich zu etwas hin. Weg von dem, was nicht ist. Für die anderen bin ich jetzt fast nicht mehr zu sehen. Ich entdecke einen stillen Winkel, eine Düne, die von unzähligen Halmen übersät ist, und lege mich in eine Senke. Verschwinde ganz und gar in meinem Versteck. Es ist eng und kuschelig. Ich falle in das Jetzt.

»Ich bin. Aber ich habe mich nicht. Darum werden wir erst.«[47]

Es ist Nachmittag. Unsere Schatten spiegeln sich im Meer – wir waren den ganzen Tag hier. Rudi und Ernst wollen nach Hause. Ich will noch bleiben. Ich habe meinen kleinen Schlepper dabei, er ist rot. Ich flitze ins Wasser und sammle erneut Quallen ein. 20 an der Zahl. Genügend, um damit meinen Schlepper zu beladen. Mein Vater und Ernst sehen mich fragend an. Ich ziehe mit meinem Schlepper und meinen Quallen von dannen, schwitzend. Ich will sie mit nach Hause nehmen. Im Wasser ist es nachts zu kalt für sie, ich kann ihnen ein schönes Zuhause bereiten, sage ich.

Es fehlt etwas. Ich laufe zum Strand zurück. Packe ein paar Strandflöhe und ein bisschen Tang zusammen, um den Quallen ein noch schöneres Zuhause zu bereiten, ihnen eine Heimat in meinem Schlepper zu geben. Eine Heimat.

Wild entschlossen ziehe ich den Schlepper den ganzen Weg nach Hause. Dort versucht mich meine Mutter davon zu überzeugen, dass Quallen ins Wasser gehören. Mir ist es schnuppe, ich nehme sie mit auf mein Zimmer.

Nach dem Abendessen machen es sich Ernst, seine Frau Karola, Rudi und Gretchen im Wohnzimmer bequem. Wir Kinder gehen allein schlafen. Die Quallen kommen alle mit mir ins Bett. Ich lege sie ringsum auf der Bettkante aus. Gebe jeder Qualle einen Gutenachtkuss. Meine Träume handeln von Wasser.

Als ich am nächsten Morgen aufwache, laufe ich zu meiner Mutter, weine und bin untröstlich. Die Quallen sind weg! Ich möchte, dass meine Mutter sie für mich wiederfindet. Sie sagt, dass sie geschmolzen sind. Ich glaube ihr nicht so ganz. Aber das Bett ist nass – und ich auch.

Meine Mutter erzählt mir von einem Tagtraum, den sie einmal hatte. Dem Traum von der Utopie. Sie liegt an einem Ort, den du nicht kennst. Einem Ort, den niemand kennt. Und doch ist es ein Ort, nach dem wir alle streben. In der Utopie liegt die Hoffnung auf eine bessere Welt. Dort finden wir Freiheit durch Hoffnung – die totale Freiheit in der totalen Gemeinschaft. So ist die Utopie. Sisyphos' Trachten fand kein Ende. Wir werden immer weiter nach unserer Utopie, dem Noch-nicht-Bewussten suchen. Erst wenn wir die Ketten sprengen, werden wir unsere eigene Schönheit sehen und schließlich in Frieden sterben.

Ich suche weiter nach meinen zwanzig Quallen und der totalen Gemeinschaft, die ich gestern Abend so genossen hatte. Ich habe jeden Tag eine Menge Tagträume. Jedem Augenblick haftet etwas Neues, etwas Noch-nicht-Reales an.

Ernst Bloch liest laut aus einem seiner Bücher vor:
»Der Mensch lebt noch überall in der Vorgeschichte, ja alles und jedes steht noch vor der Erschaffung der Welt, als einer rechten. Die wirkliche Genesis ist nicht am Anfang, sondern am Ende, und sie beginnt erst anzufangen, wenn Gesellschaft und Dasein radikal werden, das heißt sich an der Wurzel fassen. Die Wurzel der Geschichte aber ist der arbeitende, schaffende, die Gegebenheiten umbildende und überholende Mensch. Hat er sich erfasst und das Seine ohne Entäußerung und Entfremdung in realer Demokratie begründet, so entsteht in der Welt etwas, das allen in die Kindheit scheint und worin noch niemand war: Heimat.«[48]

Wir hegen jeden einzelnen Tag Tagträume von einem besseren Leben – einem Leben mit noch mehr Quallen, mehr Häusern, mehr Schlössern. Wir träumen von der Heimat als dem ewigen Hafen.

Rudi holt Ernst und Karola in unserem verbeulten VW-Bus aus dem Dorfhotel in Knebel ab. Ein ganzes Jubelkomitee von Kindern begleitet ihn – Jan, Bente, ich und drei andere Kinder von irgendwelchen Leuten aus der Kommune. In Trauben hängen wir aus den Fenstern, während wir die kleinen Landstraßen entlangfahren. Auf der Rückfahrt zu unserem Hof lacht Ernst die ganze Zeit. Wir Kinder krabbeln im Wagen umher, während Rudi schwungvoll über die Hügel rattert, so dass es uns im Bauch kribbelt. Der alte Mann klammert sich ängstlich an seinen Hut, doch seine Augen sind voller Lachtränen und funkeln vergnügt.

Zurück in der Kommune setzen sich die Erwachsenen in den Garten. An einem großen Tisch unter den Apfelbäumen plaudern sie fröhlich über Liebe und Sex. Wir Kinder verstehen nicht, wovon sie reden. Wir haben eine Mutter und einen Vater, daran gibt es nichts zu rütteln, so ist es nun mal.

»Es steht auch in der Bibel«, sagt meine Mutter leicht gereizt, während die anderen sich nicht ganz sicher sind, ob sie sie nur zum Besten hält. Sie kommen auf den Glauben zu sprechen. Es ist die letzte große Diskussion am runden Tisch, bevor Ernst und Karola wieder nach Tübingen zurückfahren. Wir Kinder rennen nackt umher und liefern uns eine große Wasserschlacht. Die Sonne zeigt sich von ihrer besten Seite. Wir spritzen mit allem, mit dem sich spritzen lässt. Danach holen wir die Fingermalfarben und sehen bald wie eine bunte Mischung aus Teufeln und Indianern aus. Die Erwachsenen reden weiter. Vor allem die Männer.

Das Beste am Christentum sei, dass es Ketzer hervorgebracht habe. Und Hass. Bewegung. Widerstand. Anziehung. Hoffnung. Liebe. Träume.

»Ich bin stolz auf die christliche Tradition als Ausdruck von Träumen der Menschheit«, sagt Rudi.

»Nur die Bösen bestehen durch ihren Gott, aber die Gerechten – da bestimmt Gott durch sie.«[49]

Jesus ist der größte Ketzer. Der wahre Mörder. Der Gottesmörder. Gott ist nicht mehr verborgen. Nicht mehr unerreichbar. Nicht mehr unnahbar. Göttlich. Gott ist tot. Deshalb stirbt Jesus am Kreuz. Wir haben Angst davor, frei zu sein. Wir haben Angst, das Paradies zu leben und darin zu sterben. Wir haben Angst davor, selbst zu Göttern zu werden und für unseren Hochmut in die Hölle zu kommen. Wir empfinden Furcht bei dem Gedanken, von der Schlange gebissen werden zu können und wie ein zweiter Prometheus für immer und ewig an den Berg des Jüngsten Gerichts gefesselt sein zu müssen – der Apokalypse. Und doch gibt es keine anderen Wege, keine anderen Wege der Hoffnung. Den offenen Weg, den niemand kennt, zu gehen – der entsteht, während man ihn geht. Und stirbt, wenn wir ihn nicht mehr gehen. Da begegnen wir Gott. Lassen Gott entstehen. Eliminieren Gott. Werden zu Gott. Sind Gott.

Einer meiner ersten Träume war es, Selbstversorger zu sein. Wenn Jan, Bente und ich über die Felder streiften, uns im wogenden Kornfeld versteckten und den reifen Mais in uns hineinschlangen, war das ein unbeschreibliches Gefühl körperlichen Wohlbehagens. Ich hatte den Traum, dass alles, was die Erde gibt, durch mich hervorgebracht wird. Während wir träumen, ist uns nicht bewusst, dass wir träumen. Ich weiß noch, dass ich auch Vorräte für schlechte Zeiten in kleinen Erdlöchern verbuddelte. Ich war das Eichhörnchen, das überlebte, während alle anderen verhungerten.

Als ich älter war, baldowerte ich immerzu neue Strategien aus, wie meine Familie und ich den atomaren Winter überleben könnten, der, wie ich wusste, kommen würde. Dieses Gefühl verfolgt mich bis heute. Das Gefühl, dass man sich auf sich selbst verlassen können muss, egal, was geschieht und wann es geschieht. Das Gefühl, allein und trotzdem sicher zu sein. Sich nicht zu fürchten, auch wenn mir die Furcht so wohlvertraut ist.

Jetzt kommt es darauf an, das Hoffen zu lernen. Wie die Eule der Minerva, die nun in der Morgendämmerung und nicht mehr abends zur Jagd aufbricht und nach ihren Möglichkeiten, Beute zu machen, Ausschau hält.

Tritt aus den Schatten, Homo absconditus! Ich bin froh und frei.

AARHUS, VESTERVANG

Die Jahre in der Kommune auf dem Lande neigen sich dem Ende zu, und wir ziehen nach Aarhus. Ein Schritt, der meinen Vater wieder näher an ein städtisches Leben, an die Politik und damit auch näher an Deutschland, an Berlin bringt. Zwar noch nicht ganz bewusst, aber es geht in die Richtung. Wir folgen ihm.

In Aarhus wohnen wir in unmittelbarer Nähe des Botanischen Gartens, in einer Siedlung, die Vestervang heißt. Wir haben eine große Wohnung mit einem großen Balkon. Er liegt vor dem Wohnzimmer, und es ist ein Leichtes, über das Geländer auf den Rasen zu springen. Ich spiele jeden Tag Fußball. Mein bester Freund heißt Christian, und dann ist da noch Sune. Er ist ein bisschen jünger als ich und Christian.

Oft spielen wir im Buddi, einem Teil des Botanischen Gartens, in dem der Natur freier Lauf gelassen wird. Dort wachsen Büsche, Bäume und Blumen wild und üppig durcheinander. Nirgendwo stehen Schilder mit Pflanzennamen, nichts ist einer Ordnung unterworfen. Wir spielen Cowboy und Indianer. Basteln uns Pfeile und Bögen, schießen aufeinander. Im Buddi gibt es auch die Buddibande. Sie besteht aus acht großen Jungs, die sich richtige Bögen und spitze Pfeile geschnitzt haben, mit denen sie auf uns schießen. Auch mit Krampen attackieren sie uns. In großer Panik fliehen wir vor ihnen.

8. APRIL 1974

Mein Vater hat einen wilden Gesichtsausdruck. Unsere Telefone klingeln ununterbrochen. Ich nehme ab. Am anderen Ende wird der Hörer wieder aufgelegt – tut tut tut. Ich lege auch wieder auf. Es klingelt erneut. Ich nehme erneut den Hörer ab – kein Laut, nur Rauschen in der Leitung. Meine Mutter schiebt mich beiseite. Wieder klingelt es. Sie geht ran. Stöhngeräusche. Meine Mutter fängt an zu weinen. Und wieder klingelt es, diesmal geht mein Vater ran. Er brüllt in den Hörer. »Kommt nur her, dann könnt ihr was erleben!« Meine Mutter weint noch immer. Das Telefon verstummt, Ruhe herrscht. Mein Vater fühlt sich nicht wohl.

Als mein Vater später aus dem Fenster sieht, stehen ein paar Männer auf der Auffahrt. Mein Vater geht hinaus, fragt auf Englisch, was sie wollen. »Gar nichts«, antwortet einer. Aber sie rühren sich nicht vom Fleck.

Mein Vater fordert einen von ihnen auf, ihm zum Schuppen zu folgen. Später schreibt er in sein Tagebuch:

»… machte die Tür zu, holte meine Gaspistole raus, fragte ihn nach seinen Interessen, den Aufgaben der Gruppe und der Bezahlung, die sie durch eine Schlägerei mit mir erhalten würden. He didn't answer, er schlug zu, ich wollte nicht die Gaspistole benutzen, war technisch überhaupt ein Fehler, sie in die Hand zu nehmen, schließlich war sie wertlos last not least. Er schlug gezielt auf die Operationsstellen – als ob er es wüsste. Ich verteidigte mich, konnte standhalten, haute ab ins Auto, wo Gretchen schon in Bereitschaft war. Ich weiß nicht, ob ich mit dem Leben davongekommen wäre, wenn ich zusammengebrochen wäre.«[50]

Meine Mutter fährt mit meinem Vater und uns Kindern zur Fremdenpolizei. Der andere Mann hat auch die Polizei gerufen. Als wir mit den Polizisten zurückkommen, steht er allein vor unserem Haus und erwartet uns. Die Polizei redet mit Rudi und dem Mann. Rudi versteht nichts, weil er kein Dänisch kann. Der Mann zieht seine Anklage gegen Rudi zurück. Nach ein paar Minuten fahren die Polizisten wieder. Wir gehen ins Haus. Staunend betrachten wir Rudis Gaspistole, die er beschämt weglegt.

Mein Vater schreibt an einer langen Abhandlung. Bücher liegen wild durcheinander, Papiere überall – Chaos. Seine Medizin dünstet einen komischen Geruch aus. Einen Hefegeruch.
Lenin. Versuch, Lenin auf die Füße zu stellen.
»Quäle mich wieder herum mit meinem Buch«, sagt er zu Gretchen. Frustriert. Kommt nicht zum Ende. Rudi und Gretchen überlegen, wie es nach der Doktorarbeit weitergehen soll. Rudi will zurück nach Deutschland und wieder politisch aktiv sein. Sie wissen beide, dass er noch nicht stark genug dazu ist. Es folgen mehrere Niederlagen. Ein Stipendium wird abgelehnt. Er wird beschuldigt, seine Steuern in Deutschland nicht bezahlt zu haben. Und zu guter Letzt meldet der Springer-Auslandsdienst am 15. März 1973: »Rudolf Dutschke, der ehemalige Studentenführer und Student der Politik im 20. Semester, muss wahrscheinlich noch im Laufe dieses Monats Dänemark verlassen«. Es war eine Falschmeldung, und das dänische Außenministerium dementierte. Doch die Springer-Presse druckte das Dementi nicht. Rudi ist fertig. Genervt. Niedergeschlagen.

Ich bin nur einmal in meinem Leben geschlagen worden. Doch die Gewalt verfolgt uns, ist unser steter Begleiter. Ich prügle mich oft mit meiner Schwester. Meine Mutter ist nervös, fürchtet, dass Rudi wieder niedergeschossen oder zusammengeschlagen werden könnte. Die Telefone klingeln weiterhin Sturm, die Anrufer knallen den Hörer auf. Mein Vater sitzt an seinem Schreibtisch und schreibt in sein Tagebuch:

»Nun ist wieder einer gefallen. Holger Meins starb im Knast, die Schweine werden einen RAF-Toten im Rahmen des Hungerstreiks durchaus einkalkuliert haben. Dieser Halb-Mord.«[51]

Mein Vater ist wütend, furchtbar wütend. Mir wird angst und bange vor ihm. Ich hole mir ein Buch und setze mich zum Lesen in eine Ecke. Ein paar Tage später fährt mein Vater nach Hamburg. Holger Meins wird beerdigt. Mein Vater steht mit geballter Faust an seinem Grab und sagt: »Holger, der Kampf geht weiter.«

Das Telefon klingelt und klingelt. Keine Pause. Rudi hängt ununterbrochen am Hörer. Er redet und redet. Lacht, schimpft, diskutiert. Gretchen ist nervös. Er schreibt in sein Tagebuch:

»Vater erzählte mir am Telefon, wie viele aus Luckenwalde meinen … meinen Satz ›Holger, der Kampf geht weiter‹ sehr missbilligten: Rudi ist wohl bei den Anarchisten gelandet. Ja, ja, so schnell sind Menschen in ihrem Denken, dialektische Kontinuität, gerade am Grabe, ist ihnen völlig fremd … Ho und Po ziehen erneut ins große Zimmer, wollen dem Ho einen Elektro-Zug besorgen. Po ist mit der Violine besser geworden, spricht mit Ho fast immer Dänisch, die deutsche Sprache ist schwach; versteht gut, drückt es aber unzureichend aus. Ho ist weiter glatt in beiden Sprachen, kommt in der Schule gut mit.«[52]

Meine Mutter hält in ihrem Tagebuch über mich fest:
»Hosea ist sechs Jahre alt.«

Meine Mutter unterrichtet mich neben der Schule. Ich habe eine schnelle Auffassungsgabe, aber keine Geduld. Ich will von ihr etwas über den Tod wissen. Habe sie schon früher einmal danach gefragt – wie lang man leben kann und in welchem Alter ich sterben werde, sie sterben wird, in welchem Alter alle sterben. Frage auch nach der Mutter meiner Mutter, die schon tot ist.

»Wie alt war deine Mutter, als sie starb?«

»50«, antwortet meine Mutter.

»Warum hat sie nicht gelebt, bis sie 90 war?«

»Sie wurde krank. Nicht alle Menschen werden 90.«

»War sie lieb?«, will ich von meiner Mutter wissen.

»Ja, sie war lieb, wusste aber nicht immer, was sie mit uns anfangen soll.«

»Warum?«

»Vielleicht hat sie keine Bücher darüber gelesen«, antwortet meine Mutter.

Meine Verzweiflung steigert sich.

»Warum werde ich sie nicht kennenlernen?«

Meine Mutter erwidert nichts darauf.

»Muss jeder Mensch sterben?«

»Ja. Wenn es soweit ist.«

Ich will nicht sterben. Ich fange an zu weinen.

»Ich will nicht sterben.«

Ich heule mir die Augen aus dem Kopf. Meine Mutter weiß nicht, was sie sagen soll.

»Ich will nicht sterben.«

Meine Mutter unternimmt einen zweiten Versuch, es mir zu erklären.

»Die Religion lehrt den Menschen, dass es ein Leben nach dem Tod gibt. Die Seele lebt weiter.«

»Was ist die Seele?«, will ich wissen und schiebe gleich die Frage hinterher: »Warum können die Menschen nicht leben, bis die Erde kaputtgeht?«

Meine Mutter sagt nichts. Ich sehe sie bohrend an. Will eine Antwort.

»Ich weiß keine Antwort darauf. Wenn es einen Gott gibt, dann kennt er vielleicht die Antwort. Dafür soll Gott da sein.«

Ich wische meine Krokodilstränen ab. Denke nicht mehr an Gott.

AARHUS, HEIBERGSGADE, 1977

Eine große Blutlache auf der Straße. Die Polizei ist da. Das Blut auf der Straße wird dunkel. Die Polizei ist immer noch da. Das Blut wird langsam weggewischt. Die Polizei ist weg. Rudi ist weg. Ich wache schweißgebadet auf.

Reglos liege ich im Bett. Ein Helikopter braust über die Dächer unserer Siedlung. Seine Rotorblätter senden ein tiefes Dröhnen aus. Mein Bett erzittert, ich erzittere. Das Geräusch, das mich an Krieg denken lässt, hallt in mir wider. Ja, das Geräusch des Dritten Weltkriegs hallt im dritten Stock in der Heibergsgade wider. Ich befinde mich mitten im Kriegsgebiet. Bin von Krieg umzingelt. Ich verstecke mich unter der Bettdecke. Kann das Geräusch der Rotorblätter immer noch hören. Tief bohre ich meine Finger in die Ohren. Höre nur noch mein jagendes Herz. Ich habe Angst. Habe Angst vor dem Krieg. Mein Herz jagt. Ich schlafe wieder ein. Träume, dass ich Pilot bin, die großen, schweren Maschinen steure. Später befinde ich mich im Traum mit meiner Mutter auf einer Demonstration gegen die Stationierung der Pershing-II-Mittelstreckenraketen. Laut skandieren wir: »Pershing zwo, ab ins Klo.« Die Polizei ist in Hundertschaften angetreten. Wir sind in Berlin – in meiner Stadt. Hier bin ich geboren. Hier will ich sterben. Die Stadt, die Liebe und Tod symbolisiert – unsere Stadt.

Als Erwachsener fahre ich mit meiner Familie nach Berlin zur Hochzeit meines Bruders Marek. Auf der Karl-Marx-Straße herrscht dichter Verkehr. Langsam nähern wir uns Friedrichshain. Überall schießen neue Wohnhäuser und Bürogebäude aus dem Boden. Die Kinder sind ungeduldig. Wir sehen auf die Uhr. Die Trauung ist für 14 Uhr angesetzt. Sie findet in einer kleinen Kirche auf der Spree-Halbinsel Stralau statt. Es ist ein hübscher Ort, umgeben von Grün, alten Gräbern und Wasser. Ein ruhiger, idyllischer Ort mitten in der Stadt. Die weißgekalkte Dorfkirche stammt noch aus dem Mittelalter. In ihr duftet es heimelig nach Kerzen, die am Eingang im Luftzug flackern und Schatten in den dunklen Raum werfen. Vor uns erhebt sich ein Altar, auf dem die Jungfrau Maria thront. Der Pfarrer spricht warmherzige, persönliche Worte, die davon zeugen, dass die Familie von Mareks Frau Henriette gut mit ihm bekannt ist. Freunde spielen ein Musikstück. Mein Bruder, der sich in einer Kirche trauen lässt. Das Religiöse ist in unserer Familie allgegenwärtig. Ich habe nur standesamtlich geheiratet, es war eine bewusste Entscheidung.

Nach der Trauung wird in einer stillgelegten Fabrik gefeiert. Reden werden gehalten, Musikstücke dargeboten. Die Stimmung ist ausgelassen. Meine Familie und ich wollen ein Lied zum Besten geben und haben Papierherzen im Gepäck, die alle dem Brautpaar anstecken. Marek und Henriette strahlen mit den Herzen um die Wette, als wir unser Lied auf Deutsch und Englisch vortragen. Es ist ein schönes Lied über ihr Leben. Ich halte auch eine Rede. Über die Liebe, über Berlin, über das neue Leben und den Tod, über unsere Vergangenheit. Eine Liebeserklärung an meinen Bruder, der geboren wurde, als Rudi schon tot war. Der ohne Vater aufwuchs, nur mit einem großen Bruder, der auf ihn aufpasste. Und der ihn, als er noch klein war, immer zwischen sich und seiner Frau schlafen ließ.

Marek weint. Ich weine nicht. Habe schon seit 30 Jahren nicht mehr geweint. Marek weint immer noch. Jetzt weine auch ich – innerlich, niemand kann es sehen. Mir fällt es schwer zu weinen. Ich sehe auf. Lächle – lächle Marek zu. Er erwidert mein Lächeln. Seine Tränen sind versiegt. Der Wind hat sie davongetragen, und nur noch ihr Salz bleibt im zarten Flaum seiner Gesichtshaare zurück.

Ich schäme mich für meine Tränen. Es sind spärliche Tränen, und sie sind unsichtbar. Woher kommen sie? Ich weiß es nicht.

Ich habe in meinem ganzen Leben bislang nur zweimal richtig geweint. Jedenfalls soweit ich mich erinnern kann. Das erste Mal, als ich neun Jahre alt war und mit einer Tüte, in der sich vier leckere frischgebackene Erdbeerküchlein befanden, hingefallen bin. Da habe ich furchtbar geweint, und das Weinen hat mich ganz und gar erfüllt; meine Augen sind übergelaufen, die salzigen Tränen sind meine runden roten Wangen hinuntergeströmt und haben sich unter der Lippe gesammelt, sind über mein Kinn geronnen und langsam auf die Kuchentüte getropft, die rot und schmierig war. Das Weinen war angenehm, es hat gutgetan, solange es anhielt.

Dann habe ich den Dreck aus der leicht blutenden Wunde am Knie gerieben, sie saubergeleckt, ein paarmal ausgespuckt und bin aufgestanden. Und habe mir geschworen, von nun an nie wieder zu weinen.

Danach bin ich mit den ramponierten Küchlein nach Hause gefahren, und wir haben sie schweigend gegessen. Sie waren süß und matschig. Wir haben kein Wort geredet.

Das zweite Mal habe ich beim Tod meines Vaters geweint. Sonst habe ich den Schwur noch nie gebrochen. Bis heute. Ich weine nicht.

Eine kluge Frau hat mal zu mir gesagt: Ohne Weinen kein Lachen. Ich lache zu wenig, ich weine zu wenig. Nicht weil ich traurig oder fröhlich wäre – ich bin einfach nur ausgeglichen. Ich beobachte eher, statt zu fühlen, bin meinen Gefühlen nicht ausgeliefert – ich registriere. Wenn Gefühle in mir aufbranden, dränge ich sie weg. Wenn sie stärker anbranden, werde ich ungerührt und kalt. Ich bin kalt. Nichts – nichts bringt mich zum Weinen. Ich habe keine Gefühle – keine. Nichts und niemand bringt mich zum Weinen. Niemand. Ich sehne mich danach, Gefühle zeigen zu können, aber sie wohnen nicht in mir. Ich suche Gefühle bei den mir Nahestehenden. Ich fordere sie heraus. Meine Frau nennt mich manchmal kalt, wenn sie mich anschnauzt – was zum Glück selten geschieht.

Kalt und warm streben wir zueinander. Wie ein zweiter Aristophanes sehne ich mich nach dem Teil, der mir fehlt, um wieder ganz zu werden, nachdem Zeus uns Menschen in zwei Hälften getrennt und uns gezwungen hat, aufrecht auf zwei Beinen zu gehen. Sehne mich nach der Hälfte, die weinen kann. Wir sind zwei Gesichter, vier Ohren, vier Arme, die unsere Körper gegenseitig umschlingen und zu einem machen, wir sind vier Beine, die virtuos wie ein Kunstturner ihre Sprünge machen. Rein und raus. Fortpflanzung. Wenn ich mich mit dir vereinige, habe ich Gefühle. Mit dir kann ich fühlen. Ich fühle, wenn wir vereinigt sind. Alleine bin ich kalt – kalt. Aber aus kalt und warm wird nicht lauwarm. Mit dir bin ich warm. Eros ist der beste Freund des Menschen.

Ich möchte das Weinen wieder lernen. Ein herrliches Gefühl. Man gibt sich an die Umwelt ab. Seine Seele. Gibt das ab, was man zum Sehen braucht – Tränenflüssigkeit. Ohne Tränen keine Sicht. Vielleicht habe ich als Kind doch häufiger geweint als diese beiden Male, an die ich mich erinnere. Das Weinen eines Kindes – Reinigung. Und danach heißt es wieder, nichts wie raus zum Spielen, auf zu neuen Entdeckungen.

Vielleicht ist die Sache mit dem Weinen meine persönliche Geschichte. Meine Erinnerung. Das, woran zu erinnern ich mich entschlossen habe.

Ich will, dass meine Geschichte nur die zwei Ereignisse enthält, bei denen geweint zu haben ich mich erinnere, bei rotem

Erdbeerkuchen und beim Tod. Rot und tot. Ich will den Tod. Der Tod ist kalt. Der Tod ist gefühllos. Der Tod ist der Tod. Der Tod kommt nur einmal.

Ich liebe das Meer. Ich kann sehen, wie der Tanz der Wellen die Luft in Bewegung versetzt. Verfolge das Spiel des Windes auf den Wellenkämmen. Unter der Wasseroberfläche ist es ruhig. Ich beobachte, wie der Wind von Schaumkamm zu Schaumkamm zieht. Auf den weißen Schaum folgt das Tosen, wenn die Wellen auf dem Sand aufschlagen. Steine rollen am Ufersaum hin und her.

Ich liebe das Meer vor unserem Haus in Risskov. Seine Farbe spiegelt die Jahreszeiten wider, die Uhrzeit, die Sonne und die Erde. Und den Mond. Das Meer schimmert silbrig schwarz im Mondschein. Vor meinem Fenster tanzt der Wind tosend auf den Wellenkämmen. Es zieht mich dorthin. Ich werfe mir meine Jacke über und gehe hinunter an den Strand. Es zieht mich dorthin. Das Meer lockt mich an. Ich blicke in die Unendlichkeit. Im Schatten der Wolken ist es dunkel. Ich nehme wahr. Suche nach mir selbst. Suche nach meinem Vater. Suche nach mir selbst. Ich nehme wahr. Im Schatten der Wolken ist es dunkel. Im Dunkeln gehe ich nach Hause und lege mich ins Bett. Meine Träume sind schwarz-weiß, und ich begegne meinem Vater in ihnen. Im Traum kann ich weinen.

Ich bin wach. Meine tiefe Müdigkeit gleicht den ersten Tränen der Verliebtheit. Ich weine nur spärliche Tränen, und sie sind unsichtbar. Ich weine nicht. Der Wind hat die spärlichen Tränen davongetragen, und nur noch ihr Salz bleibt im zarten Flaum meiner Gesichtshaare zurück.

Ich möchte mit meiner Frau und meinen zwei Kindern in die USA. Die Vereinigten Staaten durchqueren. Meine Mutter stammt aus Chicago, und ich selbst habe in der 9. Klasse ein halbes Jahr in South Carolina und während des Studiums drei Monate in Boston bei meinen Verwandten mütterlicherseits, allesamt gläubige Christen, gelebt. Jetzt ist es Zeit, dass ich mit meiner eigenen Familie das Land besuche, das für mich so wichtig ist. Ich reise für mein Leben gern. Wenn ich reise, bin ich wieder der, der ich war, als ich mit meinen Eltern von Haus zu Haus gezogen bin. Von Stadt zu Stadt. Von Land zu Land. Wir reisen.

Wir landen in San Francisco, Kalifornien. Jetlag. Vom Flughafen nehmen wir den Zug nach Downtown, wo wir für die erste Nacht ein Hotel reserviert haben. Auf der Straße laufen wir in eine Horde von zwei Dutzend Weihnachtsmännern hinein. Bei 15 Grad plus.

Am nächsten Tag fahren wir zu einem Trailerpark, der vor den Toren von San Francisco, auf der anderen Seite der Golden Gate Bridge, liegt. Es ist neblig. Bedeckt. Alcatraz, die Gefängnisinsel, ist nicht zu erkennen. Wir haben ein Haus auf Rädern gemietet, ein 30 Fuß langes Wohnmobil. Cruise America. Es hat einen V8-Motor. Er brummt, brummt wie ein großer Braunbär und gestattet nicht viel Ausblick, aber das Gewicht des Wagens – 5 Tonnen – gibt mir Sicherheit. Ein Wendemanöver ist mehr oder weniger undenkbar. Aber vorwärts geht es. Ich finde es toll, damit zu fahren.

Wir schließen unser mobiles Zuhause an Wasser, Strom und den Abwasseranschluss an. Jetlag. Schlafen.

Wir nehmen den Zug in die Stadt, um uns Chinatown anzusehen. Plötzlich ist Alexander, unser 14-jähriger Sohn, verschwunden. Doch bevor wir das in unserem Jetlag-Unwirklichkeitsgefühl überhaupt registrieren, ist er schon wieder da und beißt genüsslich in seinen ersten Burger von Wendy's. Einen Doppelburger. Überall in den Straßen versuchen chinesische Händler Kopien von Markenartikeln an den Mann zu bringen. Wir kaufen einen Koffer mit Rädern, hoffen, dass unsere Errungenschaft sich auf Reisen bewähren wird. Später gelangen wir durch einen etwas verschämt wirkenden Eingang in ein China-Restaurant. Der große Raum wird von Neonlicht erhellt, die Wände sind mit Schriftzeichen und Wimpeln behängt. An den sich drehenden Tischen sitzen ausschließlich Chinesen. Wir bestellen, was die Speisekarte hergibt: gegrillte Quallen, Froschschenkel, Schweineohren süßsauer, Choop Noodles, chinesisches Schwein, Rind und Pekingente, kurzgebratenes Gemüse in knallbunten Farben, Tofu.

Das Essen häuft sich auf dem Tisch. Jetlag. Alexander isst. Alexander schläft, wir anderen essen. Kalinka schläft. Der Tisch dreht sich, die Froschschenkel tanzen, die Schweineohren horchen – Jetlag. Alles dreht sich. Wir geben auf und lassen die Hälfte des Essens liegen, mindestens die Hälfte. Wir werden gefragt, ob sie uns den Rest einpacken sollen. Nein, danke. Nur noch schnell zurück ins Wohnmobil und ab ins Bett.

Ich starre an die Decke. Die Decke. Ich starre an die Decke. Die Stunden vergehen. Verzweiflung überkommt mich. Ich lausche, ob Line, meine Frau, schläft – vielleicht. Vielleicht starrt auch sie an die Decke. Wir befinden uns in Kalifornien, San Francisco. Es ist Nacht, und ich liege wach. Spüre das flirrende Lustgefühl der Müdigkeit, das der Verliebtheit gleicht, jener ersten starken Anziehung, die einen nach mehr und mehr verlangen lässt.

Mir geht durch den Kopf, dass auch ein Kalifornier aus mir hätte werden können. Ein Kalifornier, der braun gebrannt und mit langem Haar die Strände entlanggelaufen wäre und sommers wie winters im Pazifik gesurft hätte. Meine Mutter wollte gern in die USA, und es war im Gespräch, nach Kalifornien auszuwandern. Das war nach dem Attentat auf Rudi, bevor wir 1971 nach Dänemark zogen. Meine Eltern wollten rüber zu Marcuse. Aber der damalige kalifornische Gouverneur Ronald Reagan wollte Rudi nicht in seinem von Studentenunruhen und Antikriegsprotesten aufgewühlten Bundesstaat. Mein Vater erhielt keine Einreiseerlaubnis für die USA. Und so gingen wir nicht nach Kalifornien.

Am nächsten Tag spazieren wir hinunter zum Pier 39. Die Seelöwen brüllen, aber es sind nicht ganz so viele, wie wir angenommen hatten. In Lori's Diner lassen wir uns ein richtiges amerikanisches Frühstück mit allem Drum und Dran schmecken: Pancakes mit Ahornsirup, Hash Browns mit Bacon und Spiegeleiern, Toast, Orangensaft und Kaffee. Bei Lori's liegt morgens der Geruch Amerikas in der Luft. Wir sitzen in abgeteilten Nischen auf roten geschwungenen Kunstleder-Sofas mit hohen Lehnen. »Some more coffee?«, fragt die Bedienung freundlich und gießt immer wieder nach. Als wir das Lokal verlassen, stoßen wir auf dem Gehsteig auf einen schlafenden Obdachlosen in seiner provisorischen Behausung. Er hat sie sich aus einem Einkaufswagen, Plastiksäcken mit seinem Hab und Gut und einer karierten Decke als Dach gebaut. Hoffentlich ist es wasserdicht, denn es regnet leicht. Ein paar Meter weiter begegnen wir einem bettelnden Rollstuhlfahrer. Die Kinder geben ihm eine Münze. Wir setzen unseren Weg fort und sehen eine lange Menschenschlange. Dostojewskis *Erniedrigte und Beleidigte* oder Hugos *Elende*. An die 200 Hungrige warten auf ein Schälchen Suppe und ein bisschen Brot. Es ist Mittagszeit. Alexander ist schon wieder weg. Er kommt mit einem BK wieder, einem Burger von Burger King. »2000 Kalorien«, sagt er offensichtlich beeindruckt. Und beißt zu. Die Menschenschlange nimmt nur sehr langsam ab.

Wir besuchen das San Francisco Museum of Modern Art. Auf einer Wand steht »Die ästhetische Verzweiflung«.

Bei Herbert Marcuse heißt es:
»… die radikalen Qualitäten der Kunst … nämlich die Anklage gegen das Bestehende und der ›schöne Schein‹ der Be-

freiung, dort begründet ... wo die Kunst ihre gesellschaftliche Bedingtheit übersteigt, sich von der gegebenen Realität
löst.

Damit gewinnt sie die Dimension, in der die ihr eigene Subversion der Erfahrung möglich wird: die in der Kunst gestalte-
te Welt wird als Wirklichkeit erkannt, die in der realen Welt
unterdrückt und verfälscht ist. Diese Erfahrung kulminiert ...
[in] extremen Situationen (der Liebe, des Todes, des Schuldig-
werdens, des Scheiterns; aber auch des Glücks, der Erfüllung).
In diesen Situationen ist die Gesellschaft in Frage gestellt – im
Namen einer ›normalerweise‹ nicht zu Wort kommenden Wahrheit: Das Kunstwerk stellt sich von Anfang an seiner Konzeption nach in Situationen, in denen eine in den gesellschaftli-
chen Institutionen verkörperte Normalität sprengende, andere
Vernunft und Sinnlichkeit erscheinen.«[53]

Die Kunst ist das letzte Ziel aller Revolutionen: die Freiheit und das Glück des Individuums. Das Gemälde *Benefits
Supervisor Sleeping* von Lucian Freud, dem Enkel von Sig-
mund Freud, wurde gerade bei einer Auktion in New York für
33 641 000 Dollar versteigert. Das ist die höchste Summe, die je
für das Werk eines lebenden Künstlers erzielt wurde.

Wir verlassen die Stadt über die Golden Gate Bridge. Bis 1964
war sie die längste Hängebrücke der Welt. Sechs Spuren voller
Autos – dicken Autos. Wir sind mit unserem Caravan auf einen
Rastplatz gefahren, um einen letzten Blick auf die Skyline von
San Francisco zu werfen. Meine Tochter lächelt, als wir sie und
die Brücke mit den rostroten Pylonen fotografieren, die
220 Meter in die Höhe reichen und sich vielfach im Meer spiegeln. Glück.

Wir fahren mit unserer mobilen Behausung auf dem High-
way One. Biegen ab, passieren den Grand Canyon. Fahren
dann von den Bergen in einem Rutsch nach Las Vegas hinun-

ter. Von Schnee und nächtlichen minus 25 Grad in heiße Wüstenluft.

Las Vegas – die ultimative warholsche Reinkarnation der Kunst. Ich bin ein Fan von Vegas. Ich bin ein Fan von Las. Ich bin ein Fan von Kunst. Ich bin ein Fan von Pop – Pop-Art. Ich bin ein Fan jener Kunst, die eine fiktive Welt erschafft, die wirklicher ist als die Wirklichkeit selbst. Das tut Las Vegas.

Wir gehen den Strip entlang. Ein Hotel reiht sich ans nächste. Circus Circus. The Mirage. Bellagio. MGM Grand. Caesars Palace.

Das Kunstwerk gibt die Wirklichkeit wieder, während es sie zugleich anklagt. Die Spielautomaten stehen in Reihen wie ein wehrhaftes Heer. Mao mit seinen runden Pausbacken sieht milde von einem Plakat auf mich herab. Andy ist tot. Ich bin entfremdet. Und trotzdem da. Bin fasziniert, hingerissen. Von Neon, Kitsch und einem Miniatureiffelturm mitten auf dem Strip. »Less is not more, more is more« steht auf einem Automaten. Ich stecke Münzen hinein, gewinne nichts.

Die Welt, die die Kunst darstellen will, ist niemals nur die gegebene, alltägliche Welt, aber auch keine reine Phantasiewelt, keine reine Illusion. Sie enthält nichts, was nicht auch in der gegebenen Wirklichkeit existiert – in den Handlungen der Menschen, ihren Gedanken, Gefühlen und Träumen, den Möglichkeiten, die ihnen und den Dingen innewohnen.

Ich will küssen. Wir küssen uns. Es ist der teuerste Kuss der Welt.

Das Schöne prägt die Dialektik von Affirmation und Negation, Trost und Trauer. Das Schöne ist dem Eros zugehörig. Es ist Repräsentant des Lustprinzips. Kunst befreit, emanzipiert. Ruft hervor – die befreienden Bilder eines anderes Daseins.

Jetzt erobern wir mitten in Las Vegas New York – mit einer 100 Meter hohen Achterbahn. Gerade sausen wir an der Freiheitsstatue vorbei. Der freie Fall, der eine Sekunde währt, macht süchtig. Gleich darauf erfasst uns die zweifache Erdbeschleunigungskraft und fährt uns direkt in die Magengrube, danach eine scharfe Kurve. Jubel. Die Wiederkehr des Verdrängten. Entsublimierung. Wir drehen noch eine Runde. Die Zivilisation jagt an uns vorbei. Manhattan. Das World Trade Center. Verkörperung der narzisstischen Libido. Ground Zero. Libeskinds gigantischer Turm. Der kleinbürgerliche Hass auf das Sexuelle. Harlem. Central Park. Brooklyn Bridge. I want to be a part of it, New York, New York. In meinem Bauch kribbelt es.

Las Vegas. 1945 noch eine Wüste aus Krabbeltieren und Kakteen. Der Urhorde. Heute sind dort zwei Millionen Menschen. Polizisten, Touristenmassen – Vergnügen. Frauen. Glücksspiel. Die Ewigkeit des Vergnügens entsteht durch den Tod der Individuen. Aber vielleicht währt die Ewigkeit nicht ewig. Die Welt wurde nicht um des Menschen willen erschaffen, und sie ist nicht menschlicher geworden. Las Vegas wächst Tag für Tag. Auf den Straßen sind all die verlorenen Hoffnungen, all die verlorenen Träume zu Hause. Der Abgrund der Ewigkeit. Dantes Hölle. Der Abstieg zum Tod. In den USA hat es noch nie so viele Arme wie heute gegeben. Auch in Las Vegas nicht. Sie leben ohne Strom, ohne Zukunft, ohne Hoffnung. Selbst die Götter kämpfen nicht gegen Anankes Moiren. Eros ist tot. Thanatos lebt.

Meine Frau lächelt mich an, als wir aus der Achterbahn steigen. Sie freut sich, mich so fröhlich zu sehen. Glücklich.

Das Schicksal der menschlichen Freiheit und des menschlichen Glücks wird im Kampf der Triebe ausgefochten und entschieden. Einem Kampf auf Leben und Tod – an dem Körper und Geist, Natur und Zivilisation teilnehmen.

Es ist Abend. Mitten in Las Vegas, umgeben von Hotels und Kasinos, springen die Kinder im letzten Nachschein der Sonne in den Pool des Trailer-Campingplatzes. Ein buntes Schattenspiel. Blaue und violette Töne bringen langsam die Dunkelheit herbei. Die Kinder toben ausgelassen im Wasser.

Ich lausche ihnen mit geschlossenen Augen. Spüre mit allen Sinnen. Das Geräusch von Wasser. Juchzen. Ich schmecke das Chlor. Rieche die Nässe.

Ich nicke ein. Erinnere mich. Versinke in Tagträumen. Spüre, dass meine Schwester neben mir liegt. Ich bin elf Jahre alt, und meine Schwester ist neun. Ich bin liebevoll zu ihr – nicht im sexuellen Sinn. Streichle ihren Rücken. Bin sinnlich und ganz da. Meine Schwester ist schön, die Schönheit in Person. »Aisthesis oder Mimesis« steht auf einem der Papiere meines Vaters.

Mein Vater telefoniert mit Herbert Marcuse. Ich höre nur mit halbem Ohr zu, weil meine Schwester und ich spielen. Fange nur Bruchstücke der Unterhaltung auf. Die Kunst befreit sich durch das Schöne und reißt sich von der Wirklichkeit los. Die Gesellschaft und erstarrte Strukturen werden in Schönheit aufgelöst. Die Kunst erobert die Dimension, in der die Subversion der Erfahrung möglich wird. Ein neuer Leib kommt zum Vorschein. Eine andere Form von Vernunft und Sinnlichkeit ist spürbar.

Meine Schwester und ich fangen an zu malen. Haben die Pinsel meiner Mutter stibitzt. Malen Dinge, die nur wir sehen und im Jetzt wahrnehmen können. Wir malen vollkommen befreit, malen eine ganz andere Welt. Wir sind frei.

Es geht darum, dass Kunst radikal und erotisch ist. Sie ist da, wo die Liebe erstickt ist, der Tod lindert, die Schuld schuldlos ist, der Schuldner zahlungsunfähig, das Glück liederlich und die Vollendung ewig ist.

Am nächsten Morgen tauchen wir erneut in das pulsierende Leben der künstlichen Stadt ein. Die Fassaden funkeln. Der Himmel ist blau. Der nächste Turmbau zu Babel strebt gen Himmel. Las Vegas spricht alle Sprachen, glitzert in allen Farben, verspricht die Erfüllung aller Träume.

Alle Hoffnungsvollen, Verkleideten tanzen den Strip entlang. Da sind die Fantastischen Vier aus der gleichnamigen Comic-Serie, da sind Mozart, Batman, Fred Astaire, Frank Sinatra, Hulk, Schneewittchen. Von Kopf bis Fuß in Weiß und beim Spitzentanz in Ballettschuhen. Tanzen. Singen. Sprechen. Da sind die Schwarzseher. Scientology. Der Wachtturm und Jehova sprechen. Ein einzelner Demokrat hat sich in seine persönliche Speakers' Corner verirrt. Die Tea Party ist auch da.

Wir schlagen den Weg zu unserem Wohnmobil ein. Die Kinder finden auf der Straße eine Möwe – eine goldene Doppelmöwe mit Pommes. Wir sind schlecht gelaunt. Die Kinder sind gut gelaunt. Auf dem Campingplatz machen wir uns an die Essensvorbereitungen.

»Das Leben ist nichts. Die Kunst ist alles« stand auf der Reklametafel eines Geschäfts in einer Seitenstraße des Strips, direkt neben einem Sexshop mit einer knallbunten, aufblasbaren Marilyn-Monroe-Sexpuppe mit rosa Lippen im Schaufenster. Der Besitzer des Ladens ist ein Kunstkritiker, der früher zur Pop-Art-Bewegung gehörte, sich mittlerweile aber in Las Vegas niedergelassen hat und für Touristen Pop-Art-Reproduktionen für fünf Dollar anfertigt.

Das Leben ist nichts. Die Kunst ist alles. Ich lasse mir die Worte auf der Zunge zergehen. Nichts. Das Leben. Die Kunst – lasse mir alles auf der Zunge zergehen.

Der Tod ist alles. Die Kunst ist nichts. Der Tod. Ich denke darüber nach, was wohl geschehen würde, wenn ich sterben würde. Würde das Gefühl von Einsamkeit verschwinden? Würde das Gefühl von Unzulänglichkeit verschwinden?

Ich bin auf der Suche nach mir selbst, um nicht zu verschwinden.

Den Tag vor Heiligabend verbringen wir in Big Bend, Texas' größtem Nationalpark. »Achtung, Puma!« steht auf einem Schild, aber wir bekommen nur ein paar kleinere Reptilien zu Gesicht. Der Nationalpark gleicht mehr einer Wüste als einem Park.

Heiligabend sitzen wir im Dunkeln. Vom Grill duftet es, er strahlt Wärme aus. Laute, durchdringende Geräusche kommen aus dem Gebüsch. Der Himmel ist nachtschwarz, und die Sterne leuchten mit dem Mond um die Wette.

In der Dunkelheit kommt Thanatos auf seinen Schwingen herbeigeflogen. Ich kann ihn sehen. Er lächelt mir flüchtig zu. Düstere Todestriebe. Ist das Leben nur ein langer Umweg zum Tod? Mein Lebenstrieb kehrt zurück, und ich sage meiner Frau, dass ich sie liebe. Leidenschaftlich sehe ich sie an.

Ich sehe dich und mich an, ich spiegle mich in dir. Nase, Ohren, Mund. Augen – Augen. Braune, braun um die Iris herum. Deine sind blau. Der Kopf. Der Bart. Wer bin ich? Wer bist du? Wer sind wir?

Das Ohr möchte – Musik hören. Das Auge möchte – Schönheit sehen. Die Nase möchte – Düfte riechen. Der Mund möchte – sprechen. Über richtig und verkehrt. Über wahr und falsch. Der Körper möchte genießen. Das Gemüt möchte frei sein. Frei. Sind wir gemeinsam frei, oder kann man das nur allein sein? Allein bin ich frei – aber einsam. Und wenn ich einsam bin, bin ich nicht frei.

Der Tod kommt näher. Mein Vater schreibt:

» … als ›Wrack‹ das Leben zu verlängern, hundsgemeine Lage, ›das Individuum stirbt, die Gattung lebt weiter‹ (Marx), mit diesem Satz kann ein Sterbender nicht überleben. Auch ein ›Prinzip Hoffnung‹ stößt auf Schranken.«[54]

Das sind die letzten Sätze, die mein Vater am 29. Juli 1979 in sein Tagebuch schrieb:

»Ho haute mit Th. ab, hatte versprochen, nicht ohne Po zu fahren, war ziemlich sauer und suchte ihn. Später tauchten beide auf, es gab ›Krach‹, er redete sich raus, ›nicht ungeschickt‹, dennoch gab es eine ›Straf‹-Tour mit den Fahrrädern, machte uns beiden bald Freude, fanden einen wunderbaren Neben-Park, hatten ihn vorher nie gesehen und wohnen in Heibergsgade … seit x Jahren …

Gegen 21 Uhr rief der Peter Marcuse an und teilte das Absterben, den Tod von Herbert mit. Nun der vierte Genosse in diesem Jahr (!!), die uns elementar beeinflussende Generation wird immer kleiner. Verlust, Schmerz – schwere Durchgangszeiten. Was dieser deu[tsche] Faschismus und russische Bolschewismus nicht alles angerichtet haben, um Generationen geschichtslos werden zu lassen. Habe mit Ricky [Marcuse] später gesprochen, sie war erleichtert und beschrieb detailliert … die letzten Stunden, die letzten Augenblicke, ihren Schmerz und ihre Entspannung. Soll (und will) sie morgen aufsuchen, machen einen ›kleinen Abschluss‹. Herbert soll ›ruhig‹ und ›nicht in Qual‹ ›eingeschlafen‹ sein. Dennoch, unsere Strömung *ohne ihn* – wer kann es sich ganz denken. Ging uns bei Ernst [Bloch] ähnlich, beide aber werden *unsere* Generation nie verlassen.«[55]

Weihnachten macht mich immer traurig. Es symbolisiert das Ende, das Jahr um Jahr wiederkehrt. Das Verlassen.

Ich lausche Wolf Biermanns Trauerlied, das er zum Tod meines Vaters verfasst hat. Sie waren befreundet und haben sich in Ost-Berlin häufig besucht. Und die Stasi hörte mit – die ganze Zeit. Bis zum Ende.

> »Mein Freund ist tot, und ich bin zu traurig,
> um große Gemälde zu malen
> sanft war er, sanft, ein bisschen zu sanft
> wie alle echten Radikalen.
> Er redete viel, und er hörte zu,
> und er hatte ein offenes Gesicht.
> Er wurde geliebt, er wurde gehasst
> Und das hielt ihn im Gleichgewicht.«[56]

Es ist Heiligabend. Wir halten uns umarmt. Sanft.

Die Akte

Ich sitze reglos im Auto, und meine Augen starren auf die langsame Bewegung der Scheibenwischer. Es regnet. Es ist grau. Es regnet. Der Regen wird stärker, auf der Windschutzscheibe bilden sich allmählich kleine Seen, werden zu Bächen, die das Glas hinunterrinnen. Ich sitze im Auto. Warte. Es regnet immer noch.

Es ist 8:17 Uhr, und die Menschen tragen Anzug, Hemd und Krawatte und sind auf dem Weg zur Arbeit. Ich trage Sweatshirt und Jeans. Bin auf dem Weg in die Stasi-Unterlagen-Behörde, um die Akte meines Vaters einzusehen.

Ich stecke ein paar Münzen in den Parkautomaten, und mich überläuft ein Schauer. Ich gehe die kurze Strecke in die Karl-Liebknecht-Straße zu Fuß. Ich kann den Fernsehturm am Alexanderplatz sehen. Er war der ganze Stolz der DDR. Sein Aufzug transportiert einen in rasender Geschwindigkeit himmelwärts. Als Kind hatte ich immer ein geheimes erotisches Gefühl im Bauch, wenn ich in ihm zur Spitze des Turms hinaufschoss. Stundenlang habe ich mit meinem Onkel Manfred und meiner Tante Heidi in der Schlange gestanden. Damals war die Schlange genauso lang wie heute. Nicht, weil in der Zeit vor dem Mauerfall so viele dort hochfahren wollten, sondern weil es eine Quote gab, die erfüllt werden musste, und somit wurde sie erfüllt. Quotenschlange oder einfach nur Warteschlange habe ich immer gesagt. Aber das tat der Sache keinen Abbruch, ich genoss in Erwartung der Himmelfahrt jede Minute des Wartens. In der DDR war Vorfreude ein Geschenk. Es war ein Gnadengeschenk, das Warten zu lieben. Als ich noch klein war, dachte ich häufig darüber nach, wie es wohl wäre, Liftboy zu sein. Rauf. Runter. Rauf. Runter. Rauf. Tagaus, tagein, mit Tausenden von Menschen, ja, Millionen im Laufe eines Liftboy-Lebens. Ich werde immer wieder daran erinnert, wenn ich das betrübte und faltige Gesicht eines Aufzugmannes anschaue, das sich hinter Härte und deutscher Bürokratie verschanzt. Der Lauf der Zeit und die Schwerkraft haben wohl auch ihren Teil dazu beigetragen. Ich habe diesen Turm jedenfalls geliebt – liebe ihn heute noch. Das Restaurant in der Turmspitze dreht sich, und jedes Mal, wenn ich in Berlin bin, esse ich dort oben zu Mittag, und zum Nachtisch gibt es Torte.

Klick um Klick dreht sich Berlin vor meinen Augen. Eine Minute, sechs Grad. Ich sehe im Süden Hitlers Tempelhofer Flughafen. Sehe im Nordwesten, wie ein Flugzeug Tegel anfliegt. 30 Grad später sehe ich die S-Bahnen in den Bahnhof Friedrichstraße einfahren – mein alter Grenzübergang. Wie viele Male haben wir ihn früher von West nach Ost überquert, und wie viele Male wurden dabei unsere Taschen durchsucht – die Bücher, vor allem die Bücher. »Herr Dutschke, die Bücher können Sie nicht mitnehmen«, höre ich heute noch die Grenzbeamten berlinern.

Die Grenzkontrollen am Bahnhof Friedrichstraße gehören heute zu meinen prägnantesten Kindheitserinnerungen – die auf uns gerichteten Maschinengewehre, während mein Vater die ostdeutschen Grenzpolizisten zu überzeugen versucht, dass wir unbedingt heute noch nach Ost-Berlin müssten. Heute ist der Bahnhof Friedrichstraße, wo mittlerweile Menschen und Züge ungehindert von West nach Ost und von Ost nach West strömen können, für mich das Symbol schlechthin für Freiheit und Offenheit.

1990 habe ich im Wahlkampf für Bündnis 90/Die Grünen Informationsmaterial in den großen Ost-Berliner Hochhaussiedlungen verteilt. 180 Grad Karl-Marx-Allee, Frankfurter Tor, die pompösen Stalinbauten. 360 Grad Berlin in einer Stunde. Ich liebe Berlin von oben. Überlege jedes Mal, ob ich noch eine Runde drehen soll, lasse es aber. Der Gedanke hat etwas Blasphemisches. Zu DDR-Zeiten gab es 360 Grad, nicht mehr und nicht weniger, und dann hinaus zum Aufzug und runter. Und was war das für eine Abfahrt, es war ein pures Glücksgefühl! Ich liebe diesen Turm.

Jetzt sitze ich im Lesesaal der Stasi-Unterlagen-Behörde. Die Tische sind klein, die Stühle grau, der Teppich grau. Der Tisch, an dem ich mich niedergelassen habe, sieht aus wie ein Pult aus den 70ern, erinnert mich an meine Schulzeit in der Ny Munkegade Skole. Ich fühle mich wie bei meiner Abiturprüfung. Ein Angestellter behält uns im Blick – vier Männer mittleren Alters, die Stasiakten studieren. Auf einem Tisch stapeln sich unzählige Mappen, graue und hellblaue. Die Stasiakte meines Vaters befindet sich in schwarzen Ringordnern. Drei an der Zahl wurden mir ausgehändigt, insgesamt etwa 1000 Seiten.

Ich weiß nicht, ob ich auch überwacht wurde. Vielleicht. Ich habe es nicht überprüft. Als ich 1987 im Zug von Berlin nach Hamburg saß, kamen plötzlich sechs Männer in mein Abteil und durchsuchten mein Gepäck. Ich bat sie, mir ihren Ausweis zu zeigen. Sie hielten mir irgendetwas vor die Nase. Unter ihren Jacken steckten Pistolen. Ich habe mich ruhig verhalten und sie machen lassen. Nachdem sie alles durchwühlt hatten, zogen sie wieder ab. Nach der Ankunft des Zuges in Hamburg folgte ich einem der Männer durch die Stadt, bis mir der Gedanke kam, dass es wohl nicht das Klügste sei, das ganz allein auf mich gestellt zu tun. Ich ging zurück zum Bahnhof und nahm den Zug nach Aarhus. Habe dann einfach die Sache auf sich beruhen lassen, wollte mein normales Leben in Dänemark einfach weiterleben. Weit weg. Von Deutschland. Vom Grab.

Ich blättere die Ordner durch. Viele Observationen sind darin dokumentiert, vor allem aus Ost-Berlin und Luckenwalde. Die Berichte aus West-Berlin und Dänemark fehlen. Der Auslandsnachrichtendienst der DDR HVA war für die Überwachung im Ausland zuständig. Er wurde erst ein paar Monate nach dem Mauerfall aufgelöst. Die Unterlagen sind bestimmt verbrannt, geschreddert oder irgendwo von den Sowjets versteckt worden.

Es ist 10:25 Uhr, und ich bin ziemlich k. o. Erschrocken darüber, wie viel Irrsinn, bürokratische Besessenheit und Menschenverachtung aus den Dokumenten spricht. Ein kafkaesker Alptraum. Dasselbe Gefühl hatte ich, als ich 1990 die Akten des westdeutschen Nachrichtendienstes über meinen Vater einsah. Kleine Männer mit Pistolen. Die Schwindler erfanden Bedrohungen und versuchten sie anschließend zu beweisen. So ist es auch heute noch – die mangelnde Transparenz ist die größte Gefahr für die Demokratie.

Das Ministerium für Staatssicherheit beschäftigte 8000 Agenten. Von dem großen Gebäudekomplex in der Normannenstraße aus wurde ein ganzes Volk überwacht. Stasichef Erich Mielke wohnte inmitten seines Reiches – Wohnzimmer, Küche, Schlafzimmer –, umgeben von seinen Getreuen. Weit entfernt von der Welt da draußen, die er überwachen sollte. Die Berichte und Analysen der Stasi sind von einem System diktiert worden, das allem und jedem gegenüber auf der Hut war. Generalverdacht gegen das Leben. Quellenkritik existierte nicht. Zweifel waren nicht erlaubt.

Wenn ich mit meinen Eltern und Polly nach Luckenwalde fahre, wo Rudi aufgewachsen ist, steht uns immer eine längere Reise bevor. Wir nehmen den Bus von Wannsee. Die ganze Familie, beladen mit Geschenken – Schokolade, Orangen und Mandarinen in Dosen. Es sind nicht viele Leute im Bus. Außer uns vor allem Rentner, die ohne viel bürokratischen Aufwand zwischen den beiden Deutschländern hin- und herreisen dürfen. Wir erreichen den Grenzübergang Dreilinden und werden gebeten auszusteigen. Nehmen unser Gepäck mit. Bilden den Kopf der Schlange. Mehrere Grenzbeamte nähern sich uns. Sie bitten uns, die Koffer zu öffnen. Nehmen akribisch den Inhalt unter die Lupe, nehmen alles in die Hand, drehen und wenden es. Fragen, wo wir es gekauft haben. Sehen sich meine Bücher an. Sagen meinem Vater, dass es nicht erlaubt sei, Bücher mit in die DDR zu nehmen. Eine längere Diskussion entbrennt. Wir sind die Letzten, die in dem klinisch kalten Kontrollraum zurückbleiben. Der Busfahrer kommt herein und sagt, dass er schon jetzt seinem Zeitplan hinterherhinke. Die Grenzbeamten fahren in aller Ruhe fort, unsere Socken durchzusehen. Kippen den Koffer um, alles fällt heraus. Wir sammeln die Sachen wieder ein. Der Bus fährt ab. Die Beamten beenden ihre Durchsuchung, und wir warten drei Stunden auf den nächsten Bus.

Ich stolpere über einen Plan zur operativen Aufklärung und Bearbeitung des Dutschke, Rudi. Stasi-Major Hornung bittet darum, dass unverzüglich ein IM-Netz errichtet werde, um sicherzustellen, dass mein Vater bei einem fünftägigen Besuch in Luckenwalde überwacht werde – direkter und peripherer Einsatz. Es soll genauestens verfolgt werden, wann er in die DDR einreist und wohin. Alle Häuser, die er aufsucht, sollen gesichert werden. IMS »Kuntz, Lothar« und GMS »Erzieher« sichern das Haus von Manfred Dutschke, dem Bruder von Rudi. IMS »Werner« sichert die Arbeitsplätze der drei Brüder und kontrolliert die Post von Rudis Vater Alfred Dutschke. KP »Zaramba«, »Thomalla« und »Schiege« sichern die Peripherie. IMV »Jette« und KP »Günther« sollen den direkten IM-Einsatz verantworten. Observationen werden vorgenommen, jeglicher Telefonverkehr wird abgehört. Man fertigt auch eine Skizze von der Straße des Friedens in Luckenwalde an, zeichnet alle Häuser und sogar ein paar benachbarte Straßen ein. Die meisten Häuser sind mit einem Kreuz markiert, was besagt, dass dort inoffizielle Mitarbeiter oder Mitglieder der SED wohnen. Mein Vater heißt »Quelle«, mein Onkel »Ufer« und meine Tante »Forelle«. Objekte.

Um 5:00 Uhr setzt die Überwachung von »Quelle« ein. Um 9:50 Uhr verlässt er mit seiner Familie das Haus von Alfred in der Straße des Friedens und geht zum Spielen mit den Kindern in den Wald in der Nähe des Friedhofs, auf dem seine Mutter begraben ist. Um 10:35 Uhr kehrt die Familie zum Haus zurück. »Quelle« betritt es, um ein paar Sachen zu holen. Um 10:53 fährt »Quelle« mit seiner Familie ins Freibad und hält sich dort zwei Stunden auf. Ich bin fünfeinhalb Jahre alt.

Ich kann mich an diesen Tag noch erinnern, als wäre es gestern gewesen. Mein Vater und ich toben im Wasser herum, balgen uns, schwimmen um die Wette. Es war ein heißer Sommertag. Schon komisch, 40 Jahre später davon in einer Akte zu lesen.

Oberleutnant Lippner verfasst einen Bericht:

»Einschätzung des Objektes ›Quelle‹. Dabei konnte festgestellt werden, dass ›Quelle‹ in seinem Wesen danach strebt, aufzufallen bzw. auf sich aufmerksam zu machen. Das kam darin zum Ausdruck, dass er beim Baden im Schwimmbad Luckenwalde sich so bewegte und herumsprang, dass er nicht zu übersehen war, ebenfalls beim Sprechen seine Lautstärke. Weiterhin wäre zu erwähnen, dass ›Quelle‹ ständig eine Baskenmütze trug, die er selbst beim Baden aufbehielt und nur beim Duschen absetzte, sie aber anschließend sofort wieder aufsetzte. ›Quelle‹ hielt sich ständig im flachen Wasser des Schwimmbassins auf, in dem auch die Kinder badeten. Er scheint sehr kinderlieb zu sein, da er sich viel mit seinen Kindern beschäftigte, mit ihnen spielte und sie ständig in seiner Nähe hatte.«[57]

Ein anderer Bericht erzählt von einem Besuch in der Gaststätte Bergschlösschen:

»Als Dutschkes den Saal betraten, war zu verzeichnen, dass schlagartig an den Tischen ein Geflüster einsetzte. Man unterhielt sich darüber, dass Rudi D. mit seiner Ehefrau den Saal betreten hat. Die meisten der anwesenden Gäste, ca. 400 Personen, waren über das Äußere des Dutschke, Rudi und seiner Ehefrau unangenehm überrascht. Beide hinterließen einen ungepflegten Eindruck. Bekleidung des D.: schwarze Manchesterjacke, schlichte lange Hose, weißes Oberhemd (stark angeschmutzt), ohne Krawatte. Sein Haarschnitt hinterließ einen verwahrlosten Eindruck. Die Haare hingen dem D. zeitweilig weit im Gesicht. Durch das Zurückschlagen des Kopfes, was er ständig tun musste, um überhaupt etwas sehen zu können, ist er äußerst unangenehm aufgefallen. Einen Bart trug er nicht, das Haar hing ihm bis zu den Schultern. Bekleidung der Ehefrau des D.: gestrickte Kniehosen, einfacher Pulli, ohne BH. Sie hinterließ einen schlichten Eindruck.

Stellv. Leiter der KD.«

Auf einen Bericht folgt der nächste. Wir wurden auch observiert, als wir den Zoologischen Garten in Berlin besuchten. Auf einer der Aufnahmen, die mit verdeckter Kamera aufgenommen wurden, esse ich genüsslich mit den Händen ein Grillhähnchen. Ich liebe das Raubtierhaus, das Alfred-Brehm-Haus. In dem Bericht stand auch, dass wir ein Buch über den Tierpark kauften.

Ich sichte weiter die Stasiunterlagen. Stoße auf die Schulnoten meines Vaters. Finde den Brief, den er 1958 an seinen Direktor verfasst hat: »Schon sehr früh sah ich die Schrecken des Krieges ...«

Ich möchte die Zeit zurückdrehen und mich auf die Suche nach meinen Wurzeln begeben. Fahre nach Luckenwalde, um gemeinsam mit meinem Onkel Manfred den Spuren meines Vaters zu folgen. Wir besuchen sein Geburtshaus in Schönefeld, und Manfred erzählt von ihrer Kindheit. Ich höre zu. Mache mir Notizen. Denke. Und finde.

DER ANFANG. DIE ERSTEN JAHRE

In einer kleinen Provinzstadt südlich von Berlin ist Elsbeth Dutschke mit ihrem vierten Kind schwanger. Ihre ersten drei Kinder sind Söhne – Manfred, Günther und Helmut. Elsbeth wünscht sich ein Mädchen, und sie hat sogar geträumt, dass ihr Wunsch diesmal in Erfüllung geht. Die Kleidung für das Kind ist schon gekauft. Das Bettchen steht bereit – ein Gitterbett aus Metall mit einer weichen Matratze.

Elsbeth kümmert sich daheim um alles. Die kleine Landwirtschaft und der Garten ums Haus versorgen die Familie mit Kartoffeln, Karotten und Kohl. Am Ende des Gartens steht ein kleiner Hühnerstall – Hühner und Eier sind im Krieg etwas Seltenes. Der Krieg hat vor einem Jahr begonnen, und Alfred, der Vater der Jungen, kämpft für Hitler in der Wehrmacht. Er ist Infanterist und gehört zu den Versorgungstruppen.

Es war Elsbeths Wunsch, nach Brandenburg zurückzukehren, in die alte Heimat, zur heimischen Scholle unweit von Berlin. Sie hat immer den elterlichen Bauernhof vermisst, als sie Alfred nach Koblenz gefolgt war, wo er, der gelernte Maurer, in den von hoher Arbeitslosigkeit geprägten 30er Jahren eine Stelle als Postbeamter ergattert hatte.

Elsbeth ist Hausfrau. Langweilt sich in der unter Hitler erbauten Arbeitersiedlung in Koblenz. Tausende Hakenkreuz-Fahnen flattern aus den Fenstern der uniformen Wohnblocks. »Die Fahne ist mehr als der Tod!«, singt die Hitlerjugend.

Alfred tritt nicht in die NSDAP ein. Er ist kein Nazi, aber ein glühender Nationalist. Und er hasst die Kommunisten. Für

Deutschland und gegen den Kommunismus ist er bereit, sein Leben zu geben.

1939 gelingt es Elsbeth endlich, ihren Mann davon zu überzeugen, ins heimische Brandenburg zurückzukehren. In Kolzenburg bei Luckenwalde, nahe bei ihrer Familie, kaufen sie ein Haus mit 20 Hektar Land. Es liegt am Ortsrand; nach Osten, Süden und Norden erstrecken sich unendliche Felder – deutscher preußischer Boden, Hitlers Kornkammer. Die Äcker sind braun und kahl, bereit für die Frühjahrssaat. Bald wird der Frost den Boden aus seiner eisigen Umklammerung entlassen, und dann müssen Elsbeths und Alfreds Jungs draußen mit anpacken.

Der Älteste, der zehnjährige Manfred, ist nun, da der Vater im Krieg ist, der Mann im Hause und hat sich um seine vier und sechs Jahre alten Brüder zu kümmern, damit die Geburt von Elsbeths viertem Kind in Ruhe vonstattengehen kann.

Nach vielen Stunden bangen Wartens, die immer wieder von markerschütternden Schreien aus dem ersten Stock unterbrochen werden, tritt die Hebamme aus dem Schlafzimmer der Eltern und sagt: »Kommt hoch und seht euch euer Brüderchen an.« Es ist spätabends am 7. März 1940.

Am nächsten Tag schickt Elsbeth Alfred ein Telegramm an die Front.

»Es ist wieder ein Junge. Name: Rudolf Willy Alfred Dutschke. Hätte gerne ein Mädchen bekommen. Wird aber auch mit vier Jungs gehen. Pass auf dich auf und komm bald für eine Weile nach Hause.«

Ein paar Wochen später trifft die Todesnachricht von Rudolf Dutschke, Alfreds Bruder, aus Frankreich ein. Er befand sich unter den ersten Panzergrenadieren, die nach Paris vorgerückt waren. Rudolf und sein Panzer wurden bis zur Unkenntlichkeit zerschossen. Begraben wurde er nie. Elsbeth weint. Fürchtet, dass Alfred dasselbe Schicksal erleiden könnte.

Alfred kehrt kurzzeitig von der Front zurück und verbringt ein paar Tage mit seinem neugeborenen Sohn. Am 22. Juni 1941 ist er wieder dabei, als die Wehrmacht den großen Vernichtungskrieg gegen die Sowjetunion beginnt. In einer riesigen Front, die sich vom Eismeer bis zum Schwarzen Meer erstreckt, marschieren drei Millionen deutsche Soldaten in Russland ein und machen Städte und Dörfer dem Erdboden gleich. Alfred jubelt.

Der Vater fehlt. Aber ansonsten merken Elsbeth und die Jungs in den ersten Jahren nicht viel vom Krieg. Die kleine Landwirtschaft wirft ab, was sie zum Leben brauchen. 1942 tragen die Bäume im Garten besonders viele Früchte, und Elsbeth backt leckere Obstkuchen.

Die vier Brüder hängen abgöttisch an ihrer Mutter. Sie kümmert sich um alles. Wenn es Probleme in der Schule gibt, geht sie zu den Lehrern und rückt alles wieder gerade. Der Glaube ist ein zentraler Dreh- und Angelpunkt im häuslichen Alltag der Dutschkes. Zu jeder Mahlzeit wird das Tischgebet gesprochen und dem Herrgott gedankt.

Stalingrad bereitet dem Eroberungswahn der Nazis ein Ende – es ist der Anfang vom Ende. Versorgungsnot der deutschen Zivilbevölkerung und totaler Krieg gehen Hand in Hand. Joseph Goebbels putscht im Berliner Sportpalast die Massen auf. Aus dem Radio erschallt seine Stimme:

»Glaubt ihr mit dem Führer und mit uns an den endgültigen, totalen Sieg des deutschen Volkes? … Seid ihr entschlossen, dem Führer in der Erkämpfung des Sieges durch dick und dünn und unter Aufnahme auch der schwersten persönlichen Belastungen zu folgen? … Wollt ihr den totalen Krieg? Wollt ihr ihn, wenn nötig totaler und radikaler, als wir ihn uns heute überhaupt noch vorstellen können?«

Das Radio wird abgeschaltet. In Brandenburg ist nicht viel Kriegsbegeisterung zu holen.

Elsbeth und ihre vier Söhne laufen oft 15 Kilometer weit, um Lebensmittel vom elterlichen Hof in Schönefeld zu holen. Wenn der kleine Rudolf müde wird, setzt Elsbeth ihn auf den Gepäckträger des einzigen Fahrrads, das die Familie besitzt. Auf dem Heimweg muss Rudolf selbst gehen, weil das Rad dann für den Transport der Lebensmittel benötigt wird.

Einmal im Jahr wird in Schönefeld ein Schwein geschlachtet. Oma Anna, Opa August, Onkel Willy, Tante Florian und ein Schlachter zerren das schreiende Schwein über den Hofplatz. Rudolf sieht erschrocken zu, während seinen Brüdern schon das Wasser im Mund zusammenläuft. Das Blut strömt in einen großen Bottich, und wenn sie das nächste Mal zu Besuch kommen, gibt es Blutwurst mit Apfelgrütze.

Das Schwein bringt 150 Kilo auf die Waage. Es auszuschlachten ist eine Arbeit für einen ganzen Tag. Das Fleisch wird in passende Stücke geteilt. Wird in einem Fleischwolf zu Hackfleisch gedreht. Wird in Darm gepresst und zu Würsten verarbeitet.

Im Laufe des Nachmittags wird auch der große Suppenkessel auf den Herd gestellt. Kartoffeln, Lauch und verschiedene Kräuter werden in Schmalz angeschmort, Wasser wird hinzugeschüttet, und bald schwimmen auch schon ein paar Würste im Suppentopf. Die Schweineaugen dümpeln wie kleine Schiffbrüchige auf der Suppe und starren die Jungs leicht aufgequollen an. Es riecht himmlisch, und die vier Brüder umkreisen den Kessel wie Bienen den Honigtopf. Als der Schlachter und Oma Anna nicht hingucken, tauchen sie die Hand in die Suppe und lecken ihre Finger ab. Elsbeth ermahnt sie, sich ordentlich zu benehmen. Währenddessen schmiert Oma Anna ihnen ein paar Butterbrote mit Schmalz und eines mit einer dicken Schicht Hackepeter.

Abwechselnd schieben Manfred und Elsbeth das Fahrrad nach Hause. Rudolf, Helmut und Günther traben stolz nebenher und verteidigen ihre Schätze mit kleinen Holzstöckchen gegen mögliche Russen oder andere Angreifer, die vielleicht auf die Idee kämen, sie ihnen abzunehmen.

Eines Tages erhalten sie Besuch von einem hochrangigen Nazi, der Elsbeth mitteilt, dass sie Anrecht auf einen Kriegsgefangenen habe, der ihr zur Hand gehe, da sie sich als Mutter von vier Söhnen um das deutsche Vaterland verdient gemacht habe. Elsbeth nimmt dankend an.

Bogdan hat dunkle Haut und ist groß, dünn und stark. Er ist Serbe, wurde 1941 von den Deutschen auf dem Balkan gefangen genommen und in das Kriegsgefangenenlager nach Luckenwalde deportiert. Jeden Morgen kommt er von nun an, um Elsbeth im Haus und in der Landwirtschaft zu helfen, immer in derselben Kleidung, einem verschlissenen schwarzweißen Sträflingsanzug. Er macht sich im Garten nützlich, schneidet Hecken, schlägt Brennholz, mäht Rasen, sät Kartoffeln, sticht Spargel, entfernt Unkraut und Schnecken, gräbt den Boden um, repariert den Holzschuppen, streicht ihn. Der Garten hat noch nie besser ausgesehen – Bogdan erledigt alles.

Jeden Tag isst Bogdan mit zu Mittag. Er deckt den Tisch, wäscht ab. Wird unentbehrlich.

Jeden Abend wird Bogdan wieder abgeholt und zurück ins Stammlager III A gebracht. Rudolf und seine Brüder winken ihm hinterher, er winkt zurück. Elsbeth lächelt leise, sodass nur Bodgan es sehen kann. Sie hat ihm heimlich ein paar Eier zugesteckt.

Das Stammlager III A liegt am Rand von Luckenwalde und ist nicht weit vom Adolf-Hitler-Wehrmachtslager entfernt. Es ist von drei hohen Stacheldrahtzäunen umgeben und beherbergt 54 000 Kriegsgefangene, die in kleinen Baracken zusammengepfercht sind. Vor allem Franzosen, aber auch Italiener, Serben, Russen, Amerikaner und zu Beginn auch viele Polen. Die meisten Gefangenen schuften in den Fabriken, nur wenige haben das relative Glück, in privaten Haushalten zu arbeiten.

Im Frühjahr 1944 sind die Nächte klar und kalt. Jeden Abend hört Rudolf die schweren Bomber, die unterwegs nach Berlin sind. Die 8,8-cm-Flak gibt in konstantem Rhythmus Geschosse ab, und gelegentlich wird der Himmel von einem Feuerwerk erhellt, wenn eine der großen Maschinen getroffen wurde und in einem Flammeninferno explodiert. Die Brüder beobachten jeden Abend den Himmel. Blicken nach Berlin. Halten Ausschau nach Messerschmitts und deutschen Nachtjägern. Halten auch nach B-17, B-24 und Lancaster-Bombern Ausschau. Sie sehen fast keine deutschen Jäger. Immer häufiger müssen sie nachts in den Luftschutzkeller rennen. Die Sirenen heulen lange. Heulen kurz. Heulen. Die Jungs stimmen ins Geheul ein. Elsbeth schreit: »Haltet den Mund!« Schweigen. Dunkelheit. Elsbeth beginnt zu beten. »Vater unser, der Du bist im Himmel, geheiligt werde Dein Name, Dein Reich komme, Dein Wille geschehe, wie im Himmel so auch auf Erden. Unser tägliches Brot gib uns heute.«

Elsbeth, Bogdan und die Jungs sitzen am Tisch und essen zu Mittag. Es gibt Kaninchen und Kartoffeln. Plötzlich heulen erneut die Sirenen, und über ihren Köpfen ertönt ein gewaltiger Knall. Ein Jagdbomber wurde getroffen, er wirft seine Bomben ab. Sie fliegen durch die Luft. Die erste trifft den Milchmann und macht sein Geschäft dem Erdboden gleich. Bombe zwei und drei schlagen dichter beim Haus ein. Ein vierter Knall ertönt, doch dieser stammt von einem Flieger, der auf den Feldern außerhalb der Stadt aufschlägt. Eine einzelne Messerschmitt rast über den Himmel.

»Ist in dem Flugzeug da oben Vater?«, fragt Rudolf.

»Nein, Vater ist in Russland, und er wird bestimmt bald nach Hause kommen«, sagt Manfred.

Unweit des Hauses ist eine Messerschmitt von einem Bomber getroffen worden und abgestürzt. Die Flammen schlagen überall aus dem Wrack und lodern in den Himmel. Rudolf zerrt an Manfreds Arm, will mit ihm hingehen und nachsehen, ob das ihr Vater sei. Manfred schüttelt den Kopf. Rudolf zerrt wieder an Manfreds Arm, bis der ihn schließlich doch unwillig begleitet.

Ein Pilot liegt tot neben dem brennenden Flugzeug am Boden. Ein anderer sitzt im Cockpit inmitten der Feuersbrunst und schreit: »Mutter, Mutter, Mutter, Vater, Vater, Vater, ich muss zum Friseur, ich muss zum Friseur. Wo seid ihr denn alle, kommt und helft mir. Soldaten, Soldaten, Soldaten!«

Rudolf und Manfred starren ihn entsetzt an, während seine Stimme im Lodern der Flammen und dem Lärm der nahenden Rettungsfahrzeuge immer schwächer wird.

Rudolf kann seine Augen nicht von dem Mann abwenden; er hat keinerlei Ähnlichkeit mit seinem Vater.

Manfred schreit: »Lauf, zum Teufel!«

Der Rettungswagen ist jetzt ganz nahe, begleitet von ein paar Militärmotorrädern.

Rudolf: »Er sieht nicht wie Vater aus.«

Die Sanitäter rufen: »Halt, stehen bleiben!«

Jetzt ist auch der zweite Mann tot; er sackt hinter der Scheibe des Cockpits zusammen, und die Flammen schließen das ganze Flugzeug ein.

Manfred verpasst Rudolf eine Ohrfeige, zerrt ihn am Arm hinter sich her, und sie laufen, wie sie nur können.

Aus sicherer Entfernung blicken sie sich noch einmal um und sehen, wie die Feuerwehrleute mit dem Feuer kämpfen.

Manfred: »Wir müssen uns jetzt beeilen. Mutter wartet auf uns. Wir haben ihr versprochen, Kartoffeln zu sammeln. Du weißt genau, dass ich die Verantwortung für dich habe, also komm jetzt.«

Rudolf: »Wo ist Vater jetzt?«

Manfred: »Ich habe dir doch gesagt, dass er in Russland ist.«

Rudolf: »Wo in Russland?«

Manfred: »In der Nähe von Stalingrad.«

Rudolf: »Ist er dort Jagdpilot?«

Manfred: »Nein, ich glaube, er ist in der Kavallerie. Er reitet auf einem Pferd und hat eine Lanze und so.«

Rudolf: »Glaubst du, wir kriegen ein Pferd, auf dem wir reiten können, wenn er nach Hause kommt?«

Manfred: »Ja, das glaube ich, aber jetzt komm endlich.«

Rudolf: »Weißt du, wie das Pferd heißen soll?«

Manfred, jetzt gereizt: »Nein, verflucht noch mal!«

Rudolf, lächelnd: »Mutter sagt, man soll nicht fluchen.« Kurze Pause. »Es soll Stalin heißen, nach dem Ort, an dem Vater ist.«

Manfred: »Stalin ist ein Teufel und vergewaltigt kleine deutsche Knaben.«

Rudolf, lächelnd: »Ich hab keine Angst vor dem Teufel und erst recht nicht vor Stalin. Er ist ein Mensch wie jeder andere auch.«

Die Jungs überqueren einen Acker mit ein paar halbverwelkten Kartoffelsträuchern. Manfred gräbt mit den Händen zehn kümmerliche Kartoffeln aus der Erde.

Rudolf dreht sich noch einmal nach dem abgestürzten Flugzeug um. Das Feuer ist mittlerweile gelöscht. Rauch steigt in den Himmel. Sie gehen weiter. Vor ihnen sind die Umrisse einer kleinen Ortschaft zu erkennen. Sie stapfen durch Matsch und Kuhdung. Rudolf bleibt mit einem Fuß stecken und verliert einen Schuh. Er stapft immer weiter, seinem Bruder hinterher. Schließlich fällt Manfred auf, dass Rudolf ein Schuh fehlt. Der andere Schuh ist durchlöchert und schon sehr abgetragen.

Manfred: »Rudolf, wo ist dein Schuh?«

Rudolf, den Tränen nahe: »Ich weiß nicht.«

Manfred: »Wenn wir ihn nicht finden, fängt Mutter wieder an zu weinen, und noch mehr weinen darf sie nicht, das hält sie nicht aus.«

Tränen rinnen Rudolfs Wangen hinab, während er auf das

Matschloch zeigt, in dem sein Schuh verschwunden ist. Manfred kehrt um und begutachtet die Stelle.

»Verflucht, wie das stinkt!«

Er reißt sich zusammen, kniet sich hin und wühlt in dem Matsch. Rudolf steht daneben und weiß nicht, ob er lachen oder weinen soll. Aber dann hockt er sich ebenfalls auf den Boden und sucht nach dem Schuh. Lauthals lachend balgen sie sich im Matsch, während im Hintergrund Rauch von dem Flugzeugwrack aufsteigt.

Als Rudolf und Manfred zu Hause vor ihrer Mutter stehen, können sie sich das Lachen kaum verkneifen. Elsbeth mustert erst ihren Ältesten, dann den Jüngsten und bemerkt, dass ihm ein Schuh fehlt.

Elsbeth: »Wo ist dein Schuh, Rudolf?«

Rudi: »Der ist bei dem brennenden Soldat im Flugzeug. Er hat ihn mehr gebraucht als ich.«

Elsbeth: »Manfred?«

Manfred: »Rudolf hat ihn verloren, aber wir haben versucht, ihn im Matsch wiederzufinden.«

Manfred versucht den Kuhdung von seiner Kleidung abzuwischen. Elsbeth versetzt Manfred eine Ohrfeige, schlägt sich dabei selbst die Hand an, bricht in Tränen aus, wendet sich einen Augenblick ab, sieht die Jungen wieder an.

»Wartet nur, bis euer Vater wieder zu Hause ist!«

Elsbeth zerrt die Kinder zum Zuber am Ende des Gartens, zieht ihnen Kleider und Schuhe aus. Steckt ihre Jungs in den Zuber und schrubbt sie sauber. Das Wasser ist braun.

Elsbeth trägt Manfred auf, ihre verschmutzten Schuhe zu putzen und dann den Garten zu jäten. Am Abend geht Manfred zu Elsbeth und entschuldigt sich. Die Jungen werden ins Bett geschickt. Das Nachtgebet, vier Küsse und ein Küsschen extra für Rudolf, dann heißt es Gute Nacht. Das Licht wird ausgeknipst. Gutenachtgeschichten und Bücher gibt es nicht. Nur die Bibel im Kopf.

Es ist früh am Morgen. Elsbeth sitzt mit ihrem Jüngsten im Wohnzimmer, einem spartanischen Raum mit einem Kreuz und einem Bild mit dem gekreuzigten Jesus an der Wand. Sie haben Bibelstunde. Elsbeths Augen sind geschlossen, während sie Rudolf zuhört.

»Abraham zeugte Isaak. Isaak zeugte Jakob. Jakob zeugte Juda und seine Brüder. Juda zeugte Perez und Serach von der Thamar. Perez zeugte Hezron. Hezron zeugte Ram. Ram zeugte Amminadab. Amminadab zeugte Nachschon. Nachschon zeugte Salma. Salma zeugte Boas von der Rahab. Boas zeugte Obed von der Ruth. Obed zeugte Jesse. Jesse zeugte den König David. David zeugte Salomo von dem Weib des Uria.«

Rudolf hält inne. Die Mutter öffnet die Augen, sieht ihren Sohn fragend an.

Rudolf fährt fort:

»Salomo zeugte Rehabeam. Rehabeam zeugte Abia. Abia zeugte Asa. Asa zeugte Josaphat. Josaphat zeugte Joram. Joram zeugte Usia. Usia zeugte Jotam. Jotam zeugte Ahas. Ahas zeugte Hiskia. Hiskia zeugte Manasse. Manasse zeugte Amon. Amon zeugte Josia …«

Rudolf unterbricht sich ein weiteres Mal: »Warum kannst du mir nicht einfach die schönen Geschichten von David und Goliath vorlesen? ›Da trat aus den Reihen der Philister ein Riese heraus mit Namen Goliath aus Gath, sechs Ellen und eine Handbreit groß. Der hatte einen eisernen Helm auf seinem Haupt und einen Schuppenpanzer an, und das Gewicht seines Panzers war 5000 Lot Erz.‹«

Elsbeth weist ihren Sohn streng zurecht: »Hör auf, erst sagst du weiter Jesu Stammbaum auf. Gottes Wort ist heilig und darf nicht zu kindischen Kriegsschwärmereien herabgesetzt werden!

Rudolf spricht leise weiter:

»Josia zeugte Jojachin und seine Brüder um die Zeit der Babylonischen Gefangenschaft. Nach der Babylonischen Gefangenschaft zeugte Jojachin Sealthiel. Sealthiel zeugte Serubabel. Serubabel zeugte Abiud. Abiud zeugte Eliakim. Eliakim zeugte Asor. Asor zeugte Zadok. Zadok zeugte Achim. Achim zeugte Eliud. Eliud zeugte Eleasar. Eleasar zeugte Matthan. Matthan zeugte Jakob. Jakob zeugte Joseph, den Mann der Maria, von welcher ist geboren Jesus, der da heißt Christus.«

Im Frühjahr 1945 riecht es nach Tod. Auf der Straße nach Schönefeld liegen tote Soldaten in Wehrmachtsuniform. Fliegen kreisen schon über ihnen. Manfred hebt einen Zettel vom Boden auf und liest seinen Brüdern vor: »Der Kampf geht weiter. Der Feind hat nicht gewonnen. Die Wende kommt. Deutscher sein heißt Kämpfer sein. Lieber tot als Sklave.«

Rudolf sieht zu Manfred hoch. »Ist Bogdan nicht ein Sklave?« Rudolf steckt den Zettel in die Hosentasche und zeigt ihn zu Hause Bogdan. Bogdan lächelt.

Eines Tages erscheint Bogdan nicht in gestreifter Sträflingskleidung, sondern in einem deutschen Offiziersanzug ohne Orden. Der Krieg ist zu Ende, sagt er. Elsbeth nickt still. Das Radio hat in den letzten Tagen geschwiegen.

Dutzende von befreiten Kriegsgefangenen ziehen an ihrem Haus vorbei. Die Jungs stehen am Fenster und betrachten neugierig die ausgemergelten Männer. Ein paar von ihnen laufen aufs Grundstück und entwenden das Fahrrad. Elsbeth schreit ihnen hinterher und verriegelt die Tür.

Bogdan zieht für ein paar Tage bei ihnen ein. Er beschützt sie. Elsbeth treibt etwas Stoff auf und näht ihm eine Reisetasche. Sie füllt sie mit Würsten, Brot und Kuchen, und als er geht, stehen sie in der Tür und winken ihm hinterher. Rudolf weint und hält Elsbeths Hand.

Der Boden im Garten ist ausgelaugt. Gibt nicht mehr genügend her, um die Familie zu ernähren. Elsbeth und Rudolf suchen Wald und Felder nach Essbarem ab. Ein Wagen mit russischen Soldaten hält neben ihnen auf der Straße. Elsbeth hat Angst, und Rudolf schreit:

»Ihr dürft meine Mutter nicht vergewaltigen, haut ab, geht weg, geht weg, fahrt nach Hause in euer Land und kommt nie, nie wieder!«

Die russischen Soldaten lächeln, heben ein neues rotes Damenfahrrad mit Kindersitz aus dem Wagen und stellen es vor Elsbeth auf die Straße. Rudolf bekommt eine rote Fahne. Mit ihr winkt er den Russen hinterher, als sie mit ihrem Wagen davonfahren. Mit dem neuen Fahrrad radeln Elsbeth und Rudolf über die Wiesen. Rudolf schwenkt fröhlich die rote Fahne und ruft: »Es lebe Deutschland.«

Am Stammlager III A werden zehn tote Russen in offenen Holzkisten als Helden der Befreiung zur Schau gestellt. Die vier Brüder gehen hin und betrachten fasziniert die Leichen. Der russische Wachmann winkt sie heran und schenkt ihnen ein bisschen Butter. Auf dem Heimweg werden sie von anderen russischen Soldaten angehalten, die ihnen die Butter wieder abnehmen.

Rudolf spielt im Garten. Ein abgemagerter, verwahrlost aussehender fremder Mann nähert sich dem Grundstück. Rudolf läuft ins Haus und ruft seine Mutter.

Elsbeth kommt herbei, sieht den Fremden, läuft weinend auf ihn zu und umarmt ihn. Rudolf tritt nach dem Mann, will ihn verjagen. Der Mann gibt Rudolf einen Klaps auf den Po. Rudolf sieht zu ihm hoch.

»Bist du mein Vater?«, fragt er.

Der Mann lächelt und nickt.

»Und du bist Rudi.«

Der Vater trägt wieder Post aus, redet nicht vom Krieg. In der Schule ist Rudis Lieblingsfach Geschichte. Er wird zu den russischen Revolutionskriegen abgehört – kennt alle Einzelheiten

auswendig, korrigiert den Lehrer manchmal bei den Jahres-
zahlen.

Einmal versucht er einem Mädchen aus seiner Klasse mit
einer Schere den Pferdeschwanz abzuschneiden. Der Lehrer
stürmt auf Rudi zu, entreißt ihm die Schere und zerrt ihn zum
Katheder. Er bekommt Schläge mit dem Rohrstock und wird
aus dem Klassenzimmer geschickt.

Deutsche Demokratische Republik

Im Jahr 1953 ist Rudi Jugendtrainer einer Fußballmannschaft.
Russische Panzer rollen am Fußballplatz vorbei durch den Ort.
In Berlin wird gekämpft, heißt es. Die Russen schießen, und es
soll Tote geben. Rudi unterbricht das Training. Die Jungen reden aufgeregt durcheinander. Was da wohl los ist, in Berlin?
Und über die deutsche Teilung reden sie und wo es besser ist, im
Osten oder im Westen. Ein älterer FDJ-Führer verbietet ihnen
das Wort, droht mit Rauswurf aus der Schule und dem sozialis-
tischen Arbeiter- und Bauernstaat. »Lang lebe die DDR!«

Die russischen Soldaten auf der Straße tragen volle Kampf-
montur. Mit starren Gesichtern kommandieren sie die deutschen Soldaten herum. Schüsse sind zu hören. Rudolf und die
anderen Jungs laufen weg.

Zu Hause will Rudi mit seinen Eltern über die Sache sprechen. Sie weichen ihm aus. Er läuft in sein Zimmer, um Radio
zu hören. Zuerst den RIAS aus West-Berlin, dann DDR-Radio.
Er erhält keine befriedigende Antwort. Es hört sich an, als
würde über zwei verschiedene Ereignisse berichtet. Vor dem
Schlafengehen betet er: »Vater unser im Himmel, lass nie wieder Krieg sein.«

In der Schule nehmen sie gerade Marx und Lenin durch. Rudi
möchte lieber Fußball spielen und Leichtathletik machen.
Bei den DDR-Meisterschaften gewinnt er die Bronzemedaille

im Zehnkampf. Er träumt davon, einmal die Olympischen Spiele zu gewinnen. Und Sportkommentator will er später werden. Übt schon mal mit dem Mikrofon vor dem heimischen Radio.

Anfang 1958 werden die Schüler zu einer Versammlung in die Aula des Gymnasiums einberufen. Vor der gesamten Lehrer- und Schülerschaft stellt der Direktor Rudi zur Rede. Warum er sich als Einziger seines Jahrgangs weigert, in die Nationale Volksarmee einzutreten. Allen ist schließlich bekannt, dass die NVA den Frieden verteidigt, für den Sozialismus und gegen den Faschismus und Imperialismus kämpft.

Durch die Aula, die aus allen Nähten platzt, geht ein geräuschvolles Murmeln. Der Direktor zitiert Rudi nach vorne. Er soll sich verteidigen.

Rudi läuft auf die Bühne, ergreift das Mikrofon, das der Direktor ihm hinhält, und beginnt zu reden. Erklärt, warum er den dreijährigen Wehrdienst ablehnt. Rudi spricht über den verhängnisvollen Militarismus. Über die Lehren aus der Geschichte. Nie mehr soll eine deutsche Mutter ihren toten Sohn beweinen müssen. Er spricht über die Freiheit, die immer die Freiheit der Andersdenkenden ist. Ist ein hervorragender Redner. Als er geendet hat, brechen die Schüler spontan in Applaus aus, pfeifen und johlen.

Am 4. Februar 1958 sitzt Rudi in einem leeren Klassenzimmer und schreibt. Er soll eine »Darstellung seiner Entwicklung« verfassen. Für den Direktor. Für die Partei.

»Am 7. 3. 1940 wurde ich, Rudi Dutschke, als Sohn des Postangestellten Alfred Dutschke und der Hausfrau Elsbeth Dutschke in Schönefeld bei Luckenwalde geboren. So sah ich schon sehr früh die Schrecken des Krieges. Ich hörte, dass mein Onkel bei Maikop durch einen Volltreffer in seinem Panzer ums

Leben gekommen war. Die Benachrichtigung darüber sagte aus: ›Gefallen für Führer und Reich‹. Was uns dieser Führer und dieses Reich gebracht haben, sehen wir erst heute, da an eine Einheit Deutschlands noch nicht wieder zu denken ist. Es soll nicht noch einmal heißen ›gefallen‹. Meine Mutter hat uns vier Söhne nicht für den Krieg geboren. Wir hassen den Krieg und wollen den Frieden. Von 1946 bis 1952 besuchte ich die Arndtschule. Danach wurde ich zur Grundschule umgeschult, wo ich auch die Grundschule mit dem Prädikat ›Gut‹ abschloss. Schon während meiner Grundschulzeit, ich war einer der besten Schülerweitspringer der Republik, hatte ich großes Interesse für den Sport. Im Jahre 1954 begann ich mit dem Besuch der Gerhart-Hauptmann-Oberschule. Wie es so allgemein üblich war, trat auch ich in die FDJ ein, ohne die richtige Überzeugung zu haben. Obwohl ich nun schon seit 4 Jahren an Wahleinsätzen, Versammlungen und Sportveranstaltungen der FDJ teilnehme, habe ich noch keinen richtigen Kontakt zur FDJ bekommen. Das liegt wahrhaftig nicht an meiner Gesinnung. Ich sehe den Hauptgrund darin, dass sich niemand von der FDJ mit mir in sachlicher Diskussion politisch auseinandergesetzt hat. Jetzt ist es nicht mehr nötig, weil ich durch gute Arbeit im Fach Geschichte und Gegenwartskunde zu einem überzeugten Anhänger des Fortschritts wurde. Wenn ich auch an Gott glaube und auch nicht zur Volksarmee gehe, so glaube ich dennoch ein guter Sozialist zu sein. Ich glaube auch zu wissen, was ich dem Staat, der mir den Besuch der Oberschule ohne finanzielle Opfer ermöglichte, schuldig bin. Ich werde in der Produktion so arbeiten, dass ich mithelfe, unseren Staat zu stärken und zu festigen. Wie ich schon vorher erwähnte, hatte ich schon während der Grundschulzeit für den Sport großes Interesse. Dieses Interesse hat sich so entwickelt, dass ich beschlossen habe, Sportjournalist zu werden.

Rudi Dutschke«[58]

Der Direktor und ein Parteifunktionär fertigen eine offizielle Beurteilung von Rudis Persönlichkeit an. Sie korrigieren seine Noten von »ausgezeichnet« zu »ausreichend«. Der Direktor schreibt, dass Rudolf egoistisch, pazifistisch und in seiner politischen Haltung sehr wankelmütig sei.

Der Pädagogische Rat der Gerhart-Hauptmann-Oberschule hält Rudolf für ein Studium für nicht geeignet. Die Mutter liest den Brief und weint. Er solle es sich noch mal überlegen. Was sind schon drei Jahre in einem ganzen Leben?

»Alles«, antwortet Rudi. »Ich werde niemals in die NVA eintreten und auf andere Deutsche schießen. Ich werde wohl nach West-Berlin ziehen müssen, um zu studieren. Sie werden mich hier nie im Leben Sportjournalist werden lassen, wenn ich nicht vorher in der Armee war.«

Alfred fleht seinen Sohn an: »Rudi, bleib hier, deiner Mutter zuliebe!«

Er könne ja Kaufmann werden, steht in dem Brief der Schule.

Rudi beginnt eine Lehre als Industriekaufmann. Am 9. Dezember 1960 schreibt er während einer Klassenarbeit einen Aufsatz. Freiheit und Ordnung ist das Thema:

»In der absoluten Hingabe an die Wahrheit liegt mehr oder weniger der einzige Grund unseres Lebens. Die Wahrheit muss im Mittelpunkt unseres Daseins stehen. Nur durch das ununterbrochene Streben nach der Wahrheit können wir Freiheit und Ordnung erreichen. Die Wahrheit ist meiner Ansicht nach die gerechteste Ordnung überhaupt. Die absolute Wahrheit, die absolute Freiheit, die absolute Ordnung können wir nicht erreichen. Alles ist auf dem Wege.

›Bin ich frei, so will ich nicht, weil ich so will, sondern weil ich mich vom Rechten überzeugt habe‹ (Jaspers). Wenn wir versuchen, die eigene Willkür zu überwinden, so sind wir auf dem Wege zur Freiheit. Sobald jedoch eine Macht beginnt, die

Freiheit einzuschränken, geht sie verloren … Nehmen wir das Beispiel meiner Heimat. Die Legitimität einer Ordnung beginnt mit dem Wahrwerden der schriftlich fixierten Gesetze. In der Verfassung der sogenannten DDR ist das Recht auf Glaubensfreiheit fest verankert. Die Praxis des Regimes sieht aber so aus, dass die Glaubensfreiheit sehr weit eingeschränkt ist.

Kann ich als überzeugter Christ eine Ordnung der Unfreiheit anerkennen? Die Kirche ist der Ansicht, dass die Ordnung von Gott ist. Hier stehe ich als Christ in großer Gewissensnot. Shakespeare sagt vom Menschen: ›Welch ein Meisterstück ist der Mensch! Wie edel durch Vernunft, wie unbegrenzt in seinen Fähigkeiten.‹ ›Nichts ist großartiger als der Mensch‹, sagt Sophokles. Diese Worte vom Menschentum klingen großartig, sind sie aber berechtigt? Seit Jahrhunderten sind die Menschen auf der Suche nach Freiheit, Ordnung und Wahrheit. Warum haben wir nicht schon längst einen Weltstaat? Warum schweben wir zwischen Krieg und Frieden? Warum versuchen wir, das All zu erforschen, wo doch auf der Erde noch zwei Drittel der Menschen hungern. Ich weiß, all die aufgeworfenen Fragen sind realpolitisch zu betrachten. Ich weiß auch, dass durch die politische Spaltung der Welt die Begriffe der Freiheit und der Ordnung eine grundverschiedene Interpretierung erfahren.

Der Osten sagt: ›Freiheit ist Einsicht in die Notwendigkeit.‹ Der Westen sagt vielleicht: ›Freiheit ist Freiheit des Andersdenkenden.‹

Beides zusammen ergäbe mein Idealbild der Freiheit. Freiheit ist und bleibt unteilbar.

Jeder Mensch muss in dieser Welt seinen Stein beitragen im Bewusstsein, am Bau der Welt mitzuwirken. Ich bin der festen Überzeugung, dass wir in der Lage sind, eine Menschenrepublik, in der allgemeine Gewissensfreiheit herrscht, zu schaffen.«[59]

Als Rudi von seiner Arbeit aus dem Lebensmittelgeschäft nach Hause kommt, läuft ihm seine Mutter schon aufgelöst entgegen.

»Du musst heute Abend noch in den Westen ausreisen, sonst wirst du niemals studieren können!«

»Ich bin bald wieder da«, sagt Rudi zum Abschied aufmunternd. »Ihr irrt euch bestimmt mit eurer Vermutung. Bald werde ich wieder mit euch zusammen Pflaumen pflücken, damit du deinen köstlichen Pflaumenkuchen backen kannst, Mutter.«

Elsbeth weint. Der Vater und die Brüder stehen ernst und schweigend daneben. Winkend und lächelnd fährt Rudi davon.

Mitten durch Berlin wird eine Mauer gebaut. Rudi hält aufgeregt den Hörer in der Hand und versucht seine Familie in Luckenwalde zu erreichen. Ständig ertönt das Besetztzeichen. Rudi meldet sich im Notaufnahmelager Marienfelde und lässt sich als politischer Flüchtling registrieren.

Die Titelseiten der Berliner *BZ* dominiert die Meldung von der Teilung Berlins. Im Sportressort ist auf der rechten Seite ein Artikel mit »Sportjournalist R. D.« gezeichnet.

Am Tag danach wirft Rudi mit ein paar Gleichgesinnten Flugblätter über die Mauer. »Ein Deutschland« steht darauf. Die Blätter schweben langsam auf der östlichen Seite zu Boden, wo sie von Grenzsoldaten aufgelesen werden.

Rudi schreibt sich an der Freien Universität in West-Berlin ein. Er besucht Vorlesungen in Geschichte, Soziologie, Philosophie und Ethnologie.

In seinem kleinen Studentenzimmer in einem Lichterfelder Reihenhaus stapeln sich Bücher von Freud, Platon und Max Weber. Zum Jahreswechsel schreibt er einen Brief an seinen

Freund Bernd jenseits der Mauer und berichtet ihm von seinem neuen Leben. Er verurteilt den 13. August, der die Freunde getrennt hat. Und dass er wieder mit dem Ringen angefangen hat, schreibt er.

Im Café am Steinplatz vernebelt Zigarettenrauch die Luft, im Hintergrund läuft Jazz-Musik. Studenten sitzen in Gruppen beisammen und diskutieren über Politik. Rudi liest an einem Tisch etwas abseits ein Buch von Lenin. Neben ihm sitzt Bernd Rabehl und liest Camus. Rudi hat ihn im vergangenen Jahr an der Freien Universität kennengelernt. Er studiert auch Soziologie und ist aus der DDR geflohen. Bernd wendet sich seinem Freund zu und fragt: »Warum liest du Lenin? Den liest doch heutzutage niemand mehr, und erst recht nicht hier im Westen!«

»Ich habe ihn in der DDR nie gelesen, und jetzt habe ich die Gelegenheit, herauszufinden, was er tatsächlich gemeint hat und was unter Marxismus und Leninismus wirklich zu verstehen ist.«

Ein paar Studenten, die ihren Wortwechsel gehört haben, gesellen sich zu ihnen, und es entspinnt sich eine lautstarke Diskussion über Kommunismus kontra Existentialismus.

Am 18. Februar schreibt Rudi in sein Tagebuch:

»Marx analysiert phantastisch u[nd] eindeutig, doch heute geht seine Analyse, für Westeuropa gesehen, ins Leere – für Teile Italiens, für Spanien u[nd] Portugal, für Lateinamerika und für viele Gebiete Asiens gilt meiner Ansicht nach fast noch jeder Satz der marxschen Analyse der Industrieländer des 19. Jahrhunderts ...

... der Arbeiter Westeuropas ... hat heute mehr zu verlieren als seine Ketten.«[60]

Rudi lehnt sich zurück. Er holt die Bibel hervor. Blättert darin. Es ist lange her, denkt er, dass er in der Kirche war. Gut, dass das seine Mutter nicht weiß.

Rudi ist allein. Den Kontakt zur Familie im anderen Teil Deutschlands hält er über seine Mutter. Sie schreiben sich häufig. Die Stasi liest mit.

Im März 1965 schreibt die Mutter:

»Sag mal Rudi, bist Du nicht mehr Antialkoholiker, weil Du schreibst, Ihr hättet Deinen Geburtstag bei einer Flasche Rotwein gefeiert? Oder war das nur eine Ausnahme, dann will ich sie gelten lassen. Bleibe gesund und Gott befohlen.«[61]

Im Juli 1965 schickt Elsbeth ihrem Sohn Rudi einen Brief, weil er vergessen hat, sich für ein Paket mit Werken von Marx und Engels zu bedanken:

»Rudi, hast Du vergessen, was Mutti Dir, als Du klein warst, gelernt hat: Ist die Gabe noch so klein. Dankbar musst Du immer sein.«

Im August mahnt die Mutter:

»Ihr lebt Euch ja als Brüder im geteilten Deutschland ganz auseinander, wenn Ihr nicht wenigstens die briefliche Verbindung hochhaltet. Es kommt im Laufe der Zeit noch so weit, dass wir dieselbe Sprache sprechen, aber uns nicht mehr verstehen, und das wäre das Schlimmste, was geschehen könnte.«

»Rudi ist im Fernsehen«, ruft Eva Elsbeth herbei. Sie sehen einander an. Elsbeth verlässt mit strenger Miene das Zimmer.

Später schreibt sie einen Brief an ihren Sohn:

»Muss Euch einige Zeilen schreiben aufgrund einer Sendung, wo Du lieber Rudi leider wieder einmal scheinbar führend beteiligt warst. Denn Du warst hauptsächlich zu sehen mit wüsten Haaren, und Gretchens Pullover hattest Du an, sagte Eva. Hast Du keinen eigenen? Dann kaufe Dir einen oder einen anständigen Anzug, wenn Geld zum Verreisen da ist, muss auch welches für anständige Garderobe da sein. Das ist das Mindeste für einen gebildeten Mitteleuropäer, für den Du dich noch hoffentlich hältst. Ja, Rudi, Günter und wir alle haben nur mit dem Kopf geschüttelt über den Tumult den Ihr auf dem Gelände der FU angestellt habt. Brandt in seiner Rede stören, der so viel für Berlin getan hat, dem Du in den vergangenen Jahren mit verdankst, dass Du in Ruhe konntest studieren, ist doch ein starkes Stück. Für einen Dummer-Jungen-Streich bist Du doch zu alt, Du machst noch so lange, bis sie Dich einsperren wie den Teufel. Bist Du ganz vom Bösen besessen, hast Du kein Verantwortungsgefühl mehr für Deine Frau und für Dein kommendes Kind? Vater lässt Dir sagen, ob Du so enden willst wie alle Anarchisten, dann hättest Du keine 6 Jahre studieren brauchen.

Du müsstest wirklich jetzt andere Sorgen haben, wenn Gretchen durch die Aufregungen, gewollt von dir oder ungewollt, eine Frühgeburt oder Fehlgeburt erleidet, hat sie das Dir zu verdanken, und das Kind vielleicht noch nicht lebensfähig ist. Wenn das Kind da ist, und sie stillt es, jede Aufregung der Mutter überträgt sich dann auf das Kind und es gedeiht nicht. Willst du und kannst Du das verantworten? Rudi, überlege einmal logisch, wenn du so weitermachst, ist Deine Zukunft und die Deiner Familie in Gefahr. Wer beschäftigt Dich jemals, wenn du so berüchtigt bist, womit willst Du für Dich und Deine Familie Euer Brot verdienen? Es ist bei uns schon so, wenn sie hören ›Dutschke‹, sagen sie gleich, ach der berüchtigte Name, das haben wir nur Deinem politischen Kram zu verdanken. Ob Du es glaubst oder nicht, alle müssen wir einmal unser Tun und Handeln verantworten, nicht nur hier auf Erden.

Jede Träne, die ich um Dich weinen muss, wirst Du einmal von Deinen Kindern vergolten bekommen, wenn sie, so Gott will, groß werden und dann auch nicht hören, was Vater und Mutter ihnen sagt. Brauchst nicht zu denken, das ist lange hin, wie schnell vergehen die Jahre, wir haben es an uns erfahren. Bleibt beide gesund, und verschone uns künftig mit solchen Handlungen, die wir im Fernsehen sehen können, darüber freuen wir uns nicht. Seid vielmals von allen geküsst. Mutti.«

Das ist der letzte Brief, den Rudi von seiner Mutter erhält. Auch er schreibt nicht mehr an sie. Einen Monat später stirbt sie. In der Stasiakte ist vermerkt, dass Rudi am 14. 11. zur Beerdigung nach Luckenwalde kam. Und zwei Tage später wieder in Berlin ist. Nicht vermerkt ist, dass Rudi als Republikflüchtling das erste Mal wieder in der DDR war. Dass er Angst hatte, er könnte festgehalten und an der Ausreise gehindert werden. Und dass Rudi und Gretchen in einer großen schwarzen offiziellen Limousine über einen besonderen Grenzübergang für Funktionäre kamen.

Die Staatssicherheit ist sich im Unklaren darüber, wie sie sich Rudi gegenüber verhalten soll. »Vertreter des ›linken Flügels‹ des SDS, Dutschke, Rudi, stammt aus der VR Polen«, heißt es in einem der ersten Berichte von 1966.

Die Verwirrung ist groß, die Stasi weiß nicht, ob er Freund oder Feind ist – Anarchist, Maoist, ob er für oder gegen die DDR ist.

»Es ist aber auch so, dass nicht immer genau gesagt werden kann, wer zu welcher Gruppe gehört«, notiert ein Offizier.

»D. vertritt eine anarchistische Konzeption«, heißt es in einer späteren Stasinotiz. »Soweit uns bekannt – durch Auswertung der Westpresse –, hat D. bisher noch keine maoistische Linie bezogen bzw. unterstützt.«

IM »Helga« schreibt im Januar 1968:

»Über einen Dutschke, der zurzeit in West-Berlin eine politische Rolle spielt, wird ebenfalls gesprochen. Die Arbeitskollegen sagen, dass man über Dutschke häufiger etwas im Radio (West, Rias, usw.) hören würde. Als er hier zur Beerdigung seiner Mutter war, sollen angeblich Ami-Fahrzeuge mit da gewesen sein. Seine Frau sei angeblich eine Amerikanerin.«

Ein Unterleutnant schreibt am 14. März 1968:

»Dutschke erlernte im VEB Beschläge den Beruf des Industriekaufmanns. Im VEB Beschläge war D. wegen seines ruhigen und taktvollen Benehmens, man kann sagen, auffallend guten Benehmens, bei den Belegschaftsmitgliedern sehr beliebt.«

IM »Hermann« in Luckenwalde kommt zwei Tage später zu folgender Einschätzung:

»Seine jetzigen Aktionen in WD und WB werden nicht für voll genommen. Es wird geglaubt, dass er nur von sich reden machen will, sich in den Mittelpunkt stellen will, auf sich aufmerksam machen will, aber sein Ziel doch unklar ist und der ›Mode‹, der Protestwelle der jungen Menschen entspricht.«

Am 25. April 1968 beschließt die Stasi einen umfassenden »Plan zur operativen Aufklärung und Bearbeitung des Dutschke, Rudolf«. 14 Tage nach dem Attentat. Sie nehmen gleichzeitig auch Josef Bachmann unter die Lupe.

Der letzte Eintrag der Staatssicherheit: »Wir bitten Sie, die Fahndungsnummer 195001 zu löschen, da das Fahndungsobjekt Dutschke, Rudi verstorben ist.

Kienberg, Generalmajor«

Die Stasiakte meines Vaters endet mit einem beigefügten Dokument vom 5. 2. 1980, von der Dienststelle Luckenwalde ordentlich auf Schreibmaschine getippt:

»Von der Familie Dutschke wurde folgende gedruckte Danksagung versandt:

›Für die herzliche und aufrichtige Anteilnahme zum Tode

197

meines lieben Mannes, unseres lieben Vaters, meines lieben Sohnes, unseres Bruders, Schwagers, Neffen, Cousins und Onkels

Dr. Phil.
Rudi Dutschke
*7. 3. 1940 †24. 12. 1979

sowie das ehrende Geleit und die ehrliche Würdigung sagen
wir allen Freunden und Bekannten unseren herzlichen Dank.
Besonderer Dank gilt den Familien Gollwitzer und Völler.

In stiller Trauer
Ehefrau Gretchen Dutschke
und die Kinder Hosea Che und Polly Nicole
Vater Alfred Dutschke, Familie Manfred Dutschke, Familie
Günther Dutschke, Familie Helmut Dutschke
Aarhus, Berlin-West, Luckenwalde, Potsdam-Babelsberg im
Januar 1980‹«

Fast zehn Jahre später fällt die Mauer.

Auf der ich am Silvesterabend 1990 stehe. Alleine.

30 Jahre sind seit Rudis Tod vergangen. Jedes Mal, wenn ich in
Berlin bin, besuche ich sein Grab – allein, mit meiner Familie
oder in Begleitung von Freunden. Wenn ich es in seltenen Fällen einmal unterlasse, habe ich ein schlechtes Gewissen. Natürlich weiß ich, dass er nicht mehr da ist. Trotzdem übernimmt das Unterbewusstsein die Regie, wenn ich dort stehe.
Es fängt schon an, bevor ich mich auf den Weg mache, und
wird immer stärker, bis ich zuletzt mit ihm dort bin.

Mein Vater liegt im Krankenhaus. Unter Narkose. Meine Mutter liegt neben ihm. Ich ebenfalls. Der Mann, der meinen Vater niedergeschossen hat, liegt im selben Krankenhaus. In der Narkose. Die Ärzte operieren beide. Vor beider Zimmer sind Polizisten als Wache postiert.

Er ist jung – jünger als mein Vater. Hat keine Kinder, ist allein. Ist ein Verbrecher. Wurde schon mehrfach wegen Einbruchs gefasst. Ist eher unpolitisch, wie die Zeitungen schreiben. Vielmehr ein Sozialfall mit Minderwertigkeitsgefühlen, vielleicht leicht verwirrt. Nach rechts orientiert, aber nicht ausgeprägt. Ein einfacher Mann mit einer Pistole. Zufällig. Beeinflusst. Sitzt eineinhalb Jahre im Gefängnis. Ist deprimiert. Begeht Selbstmord. Zieht sich eine Plastiktüte über den Kopf – seine Augen treten hervor – und erstickt sich selbst.

Die Wahrheit sieht anders aus. Die Stasi lebt immer noch – zumindest tun es ihre Archive. Und sie sprechen aus dem Grab. Von den Regalen. Sehen von den vielen feinsäuberlich angelegten Ordnern zu mir her, in denen alles festgehalten ist.

Es ist schon komisch, wenn die Geschichte plötzlich eine Wendung nimmt. Die Geschichte schreiben immer die Sieger. Heute sind es die Verlierer, die sie neu schreiben. Und wenn sich dadurch auch die eigene Geschichte ändert und es der eigene Vater war, der von Neonazis niedergeschossen wurde, was vom Staat, der Polizei und dem Verfassungsschutz in einem demokratischen Land vertuscht wurde, ist das erschreckend. Und macht mich wütend.

Josef Bachmann war kein einfacher Mann, der von der Springer-Presse beeinflusst war. Er war ein militanter Neonazi aus Peine. Bachmann hatte erstmals Kontakt zu den Neonazis, als er 17 war. Ein stiller, ernster Junge, der aus der DDR nach Westdeutschland gekommen war und die Roten und die Studentenbewegung hasste. In seinem Zimmer hing ein selbstgemaltes Hitlerporträt und *Mein Kampf* stand im Bücherregal. Er war begeisterter Schütze und besaß mehrere Waffen. Auch eine Gaspistole, die er selbst scharf machte, indem er ihren Lauf aufbohrte. Mit 17 Jahren bricht er ein Auto auf, wird verhaftet und erhält eine Gefängnisstrafe.

Bachmann traf sich mit illegalen Waffenhändlern. Gelangte so an Pistolen und Munition. Die Zelle, zu der er gehörte, zog ihre braunen Neonazi-Uniformen an und verübte Anschläge an der Grenze zwischen den beiden Deutschlands.

Nach dem Attentat auf meinen Vater sagte Bachmann aus: »So habe ich eines Abends aus meinem 38er Trommelrevolver, den ich damals besaß, eine Trommel in Richtung Osten leer geschossen in der Hoffnung, dass sich die Grenzsoldaten näherten. Dann hätte ich weitergeschossen.«[62]

Ein anderes Mal riss er den Stacheldrahtzaun an der Grenze ein und versuchte dann, mit Steinwürfen die Minen im Todesstreifen zur Explosion zu bringen.

Die Neonazis aus Peine hatten auch geplant, den Staatschef der DDR, Walter Ulbricht, mit einem Karabiner, Schweizer Modell, 12 mm zu töten. Jahrelang trafen sie sich jeden Sonntag auf dem Schießplatz Am Sundern, um mit Revolvern, Maschinenpistolen, Schnellfeuergewehren zu feuern. Neonazis, Rechte, Waffennarren, aber auch Polizisten. Bachmann war häufig dort.

In der Stasiakte von Bachmann steht, dass die Peiner Polizisten die unangemeldeten Schießübungen tolerierten, weil sie selbst mit illegalen Waffen schossen und Munition von den Neonazis erhielten.

Bachmann behauptete bei der Gerichtsverhandlung, er habe das Attentat auf meinen Vater nicht als Mitglied einer rechtsextremen Organisation begangen, sondern die Tat ohne Hintermänner eigenständig geplant und durchgeführt. Später stellte sich heraus, dass die Ermittler ihn einfach nicht nach seinen Verbindungen zur Neonazi-Szene gefragt hatten.

Die Stasi wusste, dass Bachmann rechtsradikal war. Auch die westdeutschen Ermittlungsbehörden und die Polizei wussten das. Doch man unterließ es, sich dafür zu interessieren. Die scharfgemachte Gaspistole, mit der mein Vater niedergeschossen worden war, ein Revolver Arminius HW1, Kaliber 9 mm, hatte Bachmann 1961 von einem Neonazi gekauft. Das erzählte er auch der Polizei, die die Spur aber nicht konsequent weiterverfolgte. Das Gleiche gilt auch für Hinweise von Zeugen zu Bachmanns rechtsradikalem Hintergrund.

Passte es gut ins Bild, dass ein verwirrter Einzeltäter so eine Tat beging? Sympathisierten Polizisten mit den Rechtsextremen? Nahmen politisch Verantwortliche es billigend in Kauf, dass diese Vermutung die Studentenproteste noch weiter aufheizen würde? Dass die Studenten von einem geplanten Attentat und einer Verbindung der Polizei zur Neonazi-Szene sprechen würden?

Die ganze Angelegenheit wurde vom Verfassungsschutz als »geheime Verschlusssache« abgelegt und unter den Teppich gekehrt.

Später begingen Neonazis noch weitere Morde – Morde, die vielleicht hätten verhindert werden können. Deutschland, deine Mörder.

Die Polizei, der Verfassungsschutz, der Staat tun es nicht. Neonazis, rechte Polizisten und ein Doppelagent spielten eine Rolle bei dem Attentat auf Rudi. Ein Attentat, das die Republik veränderte, blieb unaufgeklärt. Sollte vielleicht nicht aufgeklärt werden. Die Wahrheit wird niemals erzählt.

Ich sitze mit *Spiegel*-Reporter Hans Halter in seinem Haus in Dahlem-Dorf. Hans ist ein alter Freund von Rudi und mir. Er und seine Familie waren immer für uns da. 1990, als ich an der Freien Universität studierte, habe ich zum ersten Mal mit ihm die Akten durchgesehen. Damals besetzten wir zusammen mit anderen Studenten die Universität. Wir sind in seinem offenen Mercedes in die Habelschwerdter Allee gefahren. Er hatte seine Mao-Mütze auf dem Kopf. Wir erzählten den anderen Studenten, dass Hans im 44. Semester sei. Nach drei Stunden hatten wir genug vom Protestieren und fuhren zurück zum Abendessen mit Weißwein.

Inzwischen steht mehr in der Akte als damals. Hans hat ein Buch über das Versagen der deutschen Geheimdienste geschrieben, *Krieg der Gaukler*. Seine düstere Schlussfolgerung: Die Geheimdienste wissen über den einzelnen Bürger viel zu viel, über den Gang der Dinge aber nichts Wesentliches, weil sich der eben nicht prognostizieren lässt. Heute wissen sie so viel, dass sie nichts mehr wissen. Snowden hat uns gezeigt, wie die NSA versucht, alle Informationen in der Welt zu sammeln. Wie die Chinesen. Chaos. Und jetzt will Snowden nach Russland. Welche Ironie. Der Krieg der Gaukler wird nie aufhören.

Mein Vater erinnert sich folgendermaßen an das Attentat:

»An diesem 11. 4. 1968 befand ich mich circa 50 Meter entfernt vom SDS-Zentrum auf dem Berliner Kurfürstendamm. Weitere 20 Meter hinter dem SDS-Zentrum befand sich die Apotheke, von der ich für unseren gerade dreimonatigen Sohn Medizin zu besorgen hatte. Die Mittagspause der Apotheke war noch nicht beendet. Circa zehn Minuten hatte ich zu warten. Auf dem Fahrrad sitzend, mit einem Bein auf der Straße und dem anderen auf dem Gehweg, hin und her schauend – schließlich war die ganze Hetzzeit nicht vergessen und nicht ganz weg – versuchte ich die Zeit zu verbringen. Nach einigen Minuten sah ich, wie ein Auto auf dem Mittelstreifen des Ku'damms einparkte, fast genau dem SDS-Zentrum gegenüber. Ein Mann stieg aus, ging nicht über die Straße, sondern setzte sich auf dem Mittelstreifen in meine Richtung in Bewegung. Ohne etwas zu ahnen, sah ich, wie er immer näher kam. Was in ihm vor sich ging, weiß ich nicht, ich empfand keinerlei

Bedrohung. Dann stand er nur noch sechs bis sieben Meter vor mir auf dem Mittelweg der Straße. Nachdem die letzte Autowelle an ihm und mir vorübergefahren war, ging Bachmann nun über die Straße, dicht an mir und meinem Fahrrad vorbei auf den Gehweg. Kaum hatte er diesen erreicht, wandte er sich direkt an mich und fragte, vielleicht zwei Meter entfernt: ›Sind Sie Rudi Dutschke?‹

Ich zögerte nicht und sagte ›Ja‹.

Und in einem sekundenhaften, blitzartigen Augenblick riss er seine Pistole aus der Jackentasche und schießt. Da war keine andere Frage, kein Nachdenken, kein Zögern.«[63]

Im Polizeiprotokoll steht:

Rudi:	Was nun kam, weiß ich nicht. Ich habe es nicht wahrgenommen, dass ich weitere Schussverletzungen erhielt. Mein Erinnerungsvermögen setzt wieder kurz ein, als ich auf einer Bank saß und Passanten sich um mich kümmerten … Außer Vater und Mutter konnte ich nichts sagen; ich wollte weitersprechen, es kamen aber nur diese beiden Worte aus mir heraus. Ich hatte ein ständiges Sausen im Ohr, dann hörte und sah ich überhaupt nichts mehr.
Bachmann:	Dann habe ich den Revolver gezogen und schoss auf seine Brust. Dutschke kam dann auf mich zu, ohne etwas zu sagen. Als er ungefähr einen Meter von mir entfernt war, habe ich ein zweites Mal, und zwar wieder auf seine Brust, geschossen. Nach diesem zweiten Schuss fiel Dutschke zu Boden, und ich habe einen dritten Schuss gezielt auf seinen Kopf abgegeben. Er sollte sterben.
Richter:	Also, Sie gehen auf Dutschke zu.
Bachmann:	Ich ging über die Straße und bin auf ihn zugegangen und hab gefragt, ob er Rudi Dutschke ist.
Richter:	Wie stand er da?

Bachmann: Das Fahrrad war auf der Straße, und Dutschke stand auf dem Bürgersteig. Ich bin um Dutschke herumgegangen.

Richter: So, dass Sie auch auf dem Bürgersteig waren?

Bachmann: Ja.

Richter: Sie kannten ihn?

Bachmann: Man kennt ihn von Bildern. Dann sagte ich, du dreckiges Kommunistenschwein. Dutschke kam auf mich zu, und ich zog den Revolver und schoss den ersten Schuss.

Richter: Warum?

Bachmann: Warum? Ich dachte, ich weiß auch nicht, mein überhitztes …

Richter: Sie standen vor ihm, aus welcher Entfernung schossen Sie?

Bachmann: $1\frac{1}{2}$ Meter.

Richter: Und warum schossen Sie?

Bachmann: Ich war so im Hass, ich hatte so eine Wut.«[64]

Ich stehe am Grab. Wut brandet durch meinen Körper. Meine Gefühle übernehmen die Herrschaft und verdrängen jede Vernunft. Ich spüre, wie es in meinen Adern brodelt. Ich bin wütend. Wütend. Ich bin wütend. Wütend darüber, verlassen worden zu sein. Allein zu sein. Einsam.

Mein Vater hat gesagt, Revolution vor Familie. Mein Gesicht rötet sich. Mein Puls jagt. Ich schreie. Niemand hört mich. Der Schmerz wütet in mir. Es schmerzt immer noch, verlassen worden zu sein. In der Liebe macht Leidenschaft Sinn, aber am Grab, mit dem Tod vor Augen? Ich habe es nicht in der Hand. Fahnde nach der Kälte, der Starre, der Apathie – Gefühlszustände, die mir so wohlvertraut sind. Fahnde nach meinem Panzer. Die Apathie ist der Raum, der mir Frieden schenkt. Ich bin wütend. Ich lasse es mir nicht anmerken.

Meine Mutter hat mich verlassen. Oder ich blieb in Dänemark. Mein Vater hat mich verlassen. Oder er wurde ermordet. Ich bin schon viele Jahre allein – seit dem Tod meines Vaters. Meine Mutter ist depressiv, ist das schon seit seinem Tod. Die Tränen sind stets bereit zum Ausbruch, wenn sie nicht schläft – der ewige Schlaf. Sie hat immer nur im Bett gelegen. So erinnere ich das jedenfalls.

Ich bin nicht länger ihr Sohn – ich bin ihr großer Bruder. Ich bin ein Mann, der Mann. Ein zu früh geborener Mann. Ein Vater. Ich nehme Verantwortung auf mich, übernehme Verantwortung für andere und für mich. Und für meine Familie.

Wenn man liebt, ist der Hass absolut. Nur wenn man liebt,

ist der Hass absolut. Nur dann kann man richtig hassen, sonst ist es nur Wut.

Wut. Du musst die Wut rauslassen, damit sie dich nicht auffrisst, rufe ich mir selbst zu. Du musst deine Wut unter Kontrolle kriegen. Mein Gesicht rötet sich. Mein Puls jagt. Mein Herz pocht. Ich schreie. Stampfe vor Wut auf. Etwas wallt in mir auf, will heraus und entlädt sich. Ich hasse dich. Ich liebe dich. Ich hasse dich. Komm zurück. Vater.

AARHUS, JUNI 2012

Ich bin einsam. Ich stehe allein. Ich bin allein. Wenn ich denke, bin ich allein. Die Einsamkeit sitzt tief in mir. Mein Vater war während seiner epileptischen Anfälle einsam. Mein Vater war während seiner Panikattacken allein. Mein Vater war mit seinen Medikamenten einsam und allein. Ich erinnere mich noch an den Geruch der Einsamkeit – kann sie immer noch riechen.

In meinem Alltag bin ich von vielen Menschen umgeben. Ich sollte nicht einsam sein, aber sie sitzt tief in mir drin. Das Alleinzurückbleiben. Mein Vater ist allein. Allein und kalt. Knochenkalt.

Ich spüre die Einsamkeit, wenn sie mir die Luft abdrückt. Es ist ein nahezu klaustrophobisches Gefühl. Ich atme an der Einsamkeit vorbei – ein. Aus. Ein. Die Einsamkeit ist in jedem Atemzug präsent. Es tut nicht weh, aber es ist, als würden meine Zellen vor jedem einzelnen Atemzug ständig den Erstickungstod erleiden. Ich bin einsam. Ich kann spüren, dass ich atme. Die Atmung der Einsamkeit. Ich vergesse meine Einsamkeit, wenn ich mich in Gesellschaft befinde. Ich bin die Einsamkeit nicht leid. Sie ist mein – mein treuer Begleiter. Sie ist die Seele, die meinen Leib umhüllt.

Ich kehre von einer fünftägigen Ausschussreise aus Wien zurück. Die Tage waren lang. Tage, in denen ich mich von morgens bis abends in Gesellschaft befand. Lächeln. Zuhören. Lächeln. Ein Beamter in seiner lächelnden Verpackung. Jeden Abend, nach den Vorträgen über die Altenpflege in Österreich, sind wir ausgegangen.

Einen Tag nach meiner Rückkehr feiert meine Tochter eine Party. Ich bin müde. 15 junge Menschen feiern bis vier Uhr nachts. Mein Schlaf ist unruhig.

Wir feiern mit Freunden Sankt Hans, das dänische Mitsommerfest. Trinken Wein. Ich habe Angst, dass mein Podagra-Zeh sich wieder von seiner schlechten Seite zeigt. Dass ich wieder Schmerzen bekommen könnte, als ob tausend kleine Nadeln in mein Gelenk stechen würden.

Wir kommen zu spät zum offiziellen Gesang am Feuer. Wie jedes Jahr. Wir sind mit versammelter Mannschaft zum Meer aufgebrochen, der feuchte Rauch von den 15 Feuern, die entlang dem Strand entzündet wurden, schlägt uns ins Gesicht. Wir genießen die Wärme des Feuers. Der Sommer ist kalt. Feucht. Nicht feuchter als sonst, aber kalt.

Wir Männer stimmen ein paar Lieder an. Meine Frau und eine Freundin sind peinlich berührt. Wir grölen nur noch lauter. Meine Tochter schämt sich für mich. Haut ab. Mein Sohn zieht mit einem Freund los. Wir kehren in unser großes Haus zurück, das auf einer Landzunge zwischen dem Meer und einem kleinen Fluss liegt, diskutieren über Materialismus. Und wie es wohl wäre, auf den ganzen materiellen Wohlstand zu verzichten.

Wir geraten in einen klassischen Mann-Frau-Disput. Solche Diskussionen führen meine Frau und ich wie alle anderen Paare, die wir kennen. Viele von ihnen haben sich getrennt, haben zu viel diskutiert, allein um des Rechthabens willen. Ja und nein. Nein und ja. Die Diskussion war über die Frage entbrannt, wann unsere Kinder ihren Führerschein machen sollten.

Später am Abend räumen wir auf. Gehen zu Bett. Es ist zwei

Uhr nachts. Wir sind müde. Satt. Haben zu viel in diesem Leben. Wir sind des Lebens satt. Sind vom Leben gesättigt.

Wir liegen nebeneinander. Draußen ist es dunkel, so wie es zu Mittsommer eben dunkel ist. Am Horizont liegt das Licht im letzten Schlummer, aber die Vögel stimmen noch nicht ihren Gesang an.

Im Zimmer ist es still. Wir sind uns unschlüssig. Liegen dicht beieinander und sind doch meilenweit voneinander entfernt. Ich lasse mich tiefer ins Bett sinken. Das Bett zieht mich hinab. Ich bin einsam.

Ich liege im Dunkeln. Mittlerweile ist es drei Uhr nachts. Ich beschließe zu schlafen.

Ich wache auf. Der Tag geht, und es ist drei Uhr nachmittags. Ich taue den Gefrierschrank ab. Line hat Rhabarberkompott gekocht. Sie hat Halsschmerzen und legt sich ins Bett. Ich will ins Fitnessstudio. Ein Sport, den man allein macht. Allein. Zum Glück gibt es abends Fußball im Fernsehen – das Viertelfinale zwischen Italien und England.

Meine Frau schläft. Mein Sohn macht Computerspiele. Meine Tochter liest. Draußen regnet sich alles grün. Unser Garten, der zur Au hin abfällt, ist grün. Grün. Der Gefrierschrank tropft immer noch. Aus dem Fitnessstudio wird nichts.

Ich war gerade in Berlin und Wien. Ich bin in jeder Hauptstadt einsam.

In Dänemark gibt es zwei Winter. Einen weißen und einen grünen. Der grüne Winter ist in diesem Jahr besonders grün. Es regnet. Regnet auf unser Haus hinab, in unseren Fluss. Sein Wasserstand ist in diesem Jahr besonders hoch. Der Juni wartete mit kaltem, böigem Regen auf. Wir haben den kältesten Sommer seit Jahren.

Gestern war ein sonniger Tag. Wir sind nachmittags gemeinsam an den Strand gegangen – meine Schwester, ihr Mann und ihre drei Kinder. Die Kinder sind ins Wasser gelaufen, waren fröhlich. Ich habe nur die Zehen eingetaucht. Normalerweise schwimme ich fast das ganze Jahr hindurch, jedenfalls bis zu den Herbstferien. Weihnachten habe ich immer ein eiskaltes Bad im Meer genommen. In den vergangenen zwei Jahren allerdings nicht mehr; mir ist beim letzten Mal beinah das Herz stehengeblieben, bevor es in bedrohlichem Tempo zu jagen begonnen hat. Also war Schluss mit dem Weihnachtsbad am Todestag meines Vaters.

Abends kommen Line und ich uns entgegen, weil wir wissen, dass wir uns in den nächsten drei Tagen nicht sehen werden.

Am Montagmorgen fühle ich mich wie gerädert, habe in unserem neuen Bett furchtbar geschlafen. Ich trotte zum Rathaus. Dort ist nicht viel los, die Ferien haben angefangen. Ich drucke ein paar Seiten aus, fälle ein paar Entscheidungen und fahre wieder nach Hause.

Ich erhalte einen Anruf von Bürgermeister Jacob Bundsgaard. Dorthe Laustsen, meine politische Chefin, meine Freundin, hatte einen Verkehrsunfall – sie ist schwer verletzt. Sie ist auf dem Horsensvej frontal mit einem Müllwagen zusammengestoßen. Ich bin verwirrt, durcheinander. Ich zweifle. Dieser Zweifel ist nichts Schönes, er schmerzt. Spüre es im Bauch, in der Seele, es schmerzt bis ins Mark.

Ich gehe an den Strand. Der Wind ist heute lau. Ich rufe einen ihrer Parteifreunde an.

»Weißt du schon etwas Neues von Dorthe?«

»Nein, nur, dass sie schwer verletzt ist. Ihr Mann ebenfalls.«

Ich lege auf und rufe meinen Freund Thune an, den Pressechef des Rathauses. Es ist seltsam. Eigentlich hätten wir über das EM-Finale geredet. Hätten über die Italienreise geredet, die er mit seiner Familie gemacht hat. Stattdessen versuchen wir herauszufinden, wie es Dorthe geht. Wir reden auch darüber, was Dorthes Unfall im Rathaus für Konsequenzen haben wird. Thune schaut in die Onlineausgabe von *Horsens Folkeblad*. Das Auto hat einen Totalschaden, es sieht übel aus. Die Seite, auf der Dorthe gesessen hat, ist völlig eingedrückt. Im Internet steht, dass sie aus dem Auto geschnitten werden musste. Der Tod zeigt erneut sein Gesicht. Ich bin deprimiert.

Dorthe ist stark. Ihr Händedruck kräftig. Sie ist eine waschechte Nordjütin, hat Hände, die anpacken können. Dorthe besitzt einen phantastischen Garten mit akkuraten Rasenkanten, kein Grashalm steht über. Blumen, Früchte und Gemüse gedeihen prächtig darin. Sie hat auch ein Treibhaus voller Tomaten. Sie bringt immer Ableger mit zur Arbeit und verteilt sie an die Kollegen. In diesem Jahr waren es Tiger-Tomaten, Choko cherry-Tomaten, Black-Russian-Tomaten. Jede Pflanze, die sie in ihrem Garten sorgsam gezogen, vermehrt, gehegt und gepflegt hat, hat sie mit einem blau-orangefarbenen Namensschildchen versehen. Dorthe nimmt es mit ihrem Garten sehr genau.

Und sie gebraucht immer ihre Hände. Sie hat schöne Hände, es sind die Hände einer älteren Frau. Hände, die viele Menschen berührt und an so manchem Schicksal gerührt haben. In diesen Händen ist Leben. Sie sind warm, empfindsam, zärtlich. Unzählige Kinder hat Dorthe mit ihren Händen berührt. Hat Tränen weggewischt, Asphalt aus Wunden entfernt, Windeln gewechselt. Sie haben Kindern Winterkleidung angezogen, wenn sie raus in den weißen Winter wollten. Und im Sommer Shorts. Dorthes Hände. Die Hände einer Gestalterin. Zärtliche Hände. Dorthe ist gewissermaßen meine dänische Ersatzmutter. Meine richtige Mutter lebt in Berlin.

Dann ist Dienstag. Dienstag. Dorthes Verletzungen sind lebensgefährlich, aber ihr Zustand ist stabil. In der Nacht wurde sie mehrfach operiert. Aus ihr droht eine Invalidin zu werden.

Am Freitag ist Dorthe weiter auf dem Wege der Besserung,

aber noch nicht außer Lebensgefahr. Sie liegt nach einer komplizierten, aber erfolgreichen Operation an der Wirbelsäule auf der Neurologie. Man ist sich unschlüssig darüber, ob sie wirklich schon aus dem künstlichen Koma geholt werden soll. Sie kann nach wie vor die Arme bewegen, aber die Chance ist verschwindend gering, dass sie jemals wieder ihre Beine wird bewegen können. Die Computertomographie zeigt keine Kopfverletzungen. Dorthe ist zäh. Gestern schrieb ich der Familie, dass vielleicht gerade ein kleines Wunder geschieht. Vielleicht geht es in Erfüllung. Wir werden sehen.

Meine Träume sind schwarzweiß, und ich begegne meinem Vater in ihnen. Dorthe. Claus. Lines Vater. Begegne Ulla, Lines Großmutter. Beide sind eingeäschert worden und erhielten eine Seebestattung. Line möchte ebenfalls eine Seebestattung. Ich möchte in Berlin begraben werden. Ich möchte im Meer bestattet werden. Ich weine im Traum.

Die sieben Steine, die ich vom Grab meines Vaters mitgenommen habe, liegen zu Hause. Ich nehme sie mit hinunter ans Meer. Werfe einen nach dem anderen hinein. Lasse sie springen. Ein weiter Wurf. Ein kurzer Wurf. Ein sanfter Wurf. Ein vorsichtiger Wurf. Das Geräusch, als sie die Wasseroberfläche durchschlagen, ist magisch. Fast wie beim Platzen einer Fruchtwasserblase. Ich halte den letzten Stein in der Hand. Drehe und wende ihn, mustere ihn – ein letztes Mal. Werfe ihn hinaus und lasse los. Wache am nächsten Morgen ausgeglichen auf. Es ist Montag.

BÜROKRAT FÜR DAS SCHÖNE – DER LANGE MARSCH

Ich liebe meinen Arbeitsplatz, das Rathaus in Aarhus. Morgens trinke ich immer als Erstes eine frischgebrühte Tasse Kaffee aus unserem Jura-Automaten, einen Latte. Dann mache ich meine Runde und unterhalte mich mit den Mitarbeitern. Das

Rathaus wurde von den Architekten Arne Jacobsen und Erik Møller entworfen und 1941 eingeweiht. Im Keller zieren Malereien von Negerfrauen die Wände. Dort befindet sich auch ein Schießstand, auf dem im Zweiten Weltkrieg Freiheitskämpfer geübt haben. Der Rathausturm ist 60 Meter hoch, und die Turmuhr weist einen Durchmesser von sieben Metern auf. Mein Büro liegt im vierten Stock, es ist ein Großraumbüro, und wir arbeiten zu siebt darin. Es zeigt zur Wandelhalle hinaus. Ihr Fußboden besteht aus 7000 Jahren alter Mooreiche aus der Gegend von Silkeborg, 60 000 Parkettstäben im Fischgrätmuster. Ich lehne mich über das Geländer und werde vom 14 Meter unter mir gelegenen Boden absorbiert. Häufig halten wir kleine Sitzungen auf der Galerie ab. Mein Büro, die Galerien, die Säulen und Treppen schenken mir Ruhe. Das Innere des Rathauses besteht vor allem aus Holz und Messing, was ihm einen warmen, goldenen Ton verleiht. Ich fühle mich in diesem Gebäude wohl. Die Messingaschenbecher, die hier und da aufgestellt sind, werden inzwischen nicht mehr benutzt.

Das Rathaus ist aus Beton erbaut, und die Außenwände sind mit norwegischen Marmorplatten aus Porsgrunn verkleidet – der Marmor ist voller Leben und trägt Spuren von uralten, vergangenen Zeiten in sich. Morgens, bevor ich das Rathaus betrete, trete ich dicht an die Platten heran und befeuchte sie etwas mit Speichel. Wie von Zauberhand wird eine Flut von organischen Strukturen vor meinen Augen zum Leben erweckt. Der Stein stammt aus einem 425 Millionen Jahre alten Korallenriff aus dem Untersilur. Vor 125 Millionen Jahren hat er sich unter großer Hitze zu Marmor entwickelt – ein organisches Chaos aus Halysiten, Helioliten und Teile von Seelilien in grauen, weißen, schwarzen und gelblichen Nuancen. Sie alle haben um die spärliche Nahrung gerungen, sich zu Sternen, Punkten, Knospen, Kreisen und Kolonien formiert und gepaart. Weibchen sucht Männchen. Das Männchen gibt sich Mühe. Mühe. Ich erfreue mich an der Auferstehung des Lebens – Tod und der

Wiederauferstehung über eine Zeitspanne von einer halben Milliarde Jahren hinweg.

Das Rathaus ist ein helles, freundliches und offenes Gebäude. Unzählige Fenster und Glasfronten versorgen die öffentliche Verwaltung mit Licht und Luft. Von symbolischer Bedeutung ist die hohe Halle des Rathauses – das pompöseste Element des ganzen Gebäudes –, die 800 Menschen Platz bietet. Ein Ort der Begegnung von Volk und Volksvertretern, auch wenn selten mehr als 50 Menschen hier zusammenkommen. Bis auf eine kleine Schar von Bürgern, die sich für die öffentlichen Anhörungen interessiert, statten heutzutage vor allem Pressevertreter dem Rathaus einen Besuch ab.

Vor ein paar Jahren kam das *Ekstra bladet*, eine dänische Boulevardzeitung wie die deutsche *Bild*, für ein Interview mit mir ins Rathaus. Der Journalist und ich saßen uns in dem verglasten Sitzungsraum gegenüber und tranken einen Latte Macchiato. Ich trug ein Polo-Shirt und eine leichte Sommerhose. Der Journalist lächelte mich an und fragte:

»Sie sind heute ein hochrangiger Beamter, wie konnte es bei Ihrer Familiengeschichte dazu kommen?«

»Ich liebe meine Arbeit«, antwortete ich. »Ich betrachte es als besondere Ehre, der Demokratie und ihren Vertretern zu dienen. Mein Vater hätte wohl gesagt, dass ich den langen Marsch durch die Institutionen unternommen habe, mit dem Risiko, auf dem Weg zu straucheln. Aber ich glaube doch, dass ich meinen Idealen immer treu geblieben bin; ich habe immer noch eine bessere Welt zum Ziel. Dafür kämpfe ich jedoch im kleinen Aarhus und innerhalb des Pflege- und Gesundheitssektors. Ich glaube nicht, dass sich mein Vater meinetwegen im Grab umdreht.«[65]

Der Journalist fuhr fort: »Sie verstehen sich selbst als Bürokrat, können Sie das näher erläutern?«

»Ich bin ein Bürokrat. Bin dafür angestellt, den jeweiligen

amtierenden Volksvertretern bei der Umsetzung ihrer Politik zu helfen. Das ist Demokratie – und das ist schön. Ein Bürokrat für das Schöne zu sein ist nicht das Schlechteste. Aber dann geht es als Bürokrat heute nicht zuletzt auch darum, das Bestehende herauszufordern, die Leute zum Aufwachen zu bewegen. Im üblichen Sinn versteht man unter einem Bürokraten ja jemanden, der geltende Regeln befolgt, der loyal ist, auch wenn die Regeln nicht perfekt sind, und über mangelnde Demokratie und Verschwendung von Ressourcen den Mund zuhält.«

Der Journalist wunderte sich darüber, dass ich mich beruflich für das Rathaus und nicht für die Politik oder den Journalismus entschieden habe. Ich entgegnete ihm, dass das schöne Marmorgebäude alles biete – Politik, Journalismus, Dramen, Katastrophen und schließlich die ungemeine Herausforderung, eine riesige Organisation von 7000 Mitarbeitern zu leiten. Ich arbeite mit Menschen, das hat Sinn. Und es gibt nichts Erfüllenderes, als anderen zu helfen.

Eine Sache habe ich in den Jahren als Verwaltungsdirektor gelernt – nahe an den Beschlüssen zu sein. Dass Macht korrumpiert und noch mehr Macht noch mehr korrumpiert – und daher Offenheit vonnöten ist. Bedauerlicherweise herrscht in vielen öffentlichen Einrichtungen – vom privaten Sektor ganz zu schweigen – eine Tradition der geschlossenen Türen und eine Null-Fehler-Kultur. Offenheit und Transparenz sind böhmische Dörfer. Ich glaube, dass Offenheit und Dialogbereitschaft eine Weiterentwicklung ermöglichen und neue Ideen hervorbringen. Wir brauchen Kreativität und Innovation im öffentlichen Sektor. Wir brauchen Raum für Debatten, Kritik und neue Denkweisen.

Wir nippten weiter an unserem Kaffee. Die Turmuhr des Rathauses schlug drei Uhr. Der Journalist bedankte sich für das Gespräch, und ich blieb zurück und dachte darüber nach, ob mein langer Marsch durch die Institutionen ins Stocken geraten war. Ins Stocken. Einen Tag später entschieden Dorthe und ich, die ganze Verwaltung zu einer »kontrollfreien Zone« zu machen. Mit jeder Form von sinnloser Bürokratie aufzuräumen – weg mit überflüssigen Diagrammen, Erfassungen, Protokollen, Papieren. Sinnlose, bürokratische Kontrolle raus, Vertrauen rein.

Wenig später stattete mir ein Journalist der *Süddeutschen Zeitung* einen Besuch ab. Er war darauf gestoßen, dass Rudi Dutschkes Sohn Verwaltungsdirektor in Aarhus ist und sich für eine »kontrollfreie Zone« einsetzt. Ein guter Freund hatte mir erzählt, der Journalist sei ein scharfer Hund, ein von den 68ern geprägter Linker, der nicht davor zurückschrecke auszuteilen.

Ich lernte ihn jedoch als einen zuvorkommenden, lächelnden Mann kennen, der ein rotes Halstuch umgebunden hatte und mich herzlich begrüßte. Er trug ebenfalls eine helle Hose und ein kurzärmeliges Hemd. Ich war an jenem Tag richtig gutgelaunt. Er auch. Wir tranken ein paar Bier zusammen, während wir uns durch das Interview redeten. In den nachfolgenden Tagen wartete ich gespannt darauf, wie sein Porträt über mich ausfallen würde.

Als ich den Artikel dann in der Hand hielt, fühlte ich mich in meiner Politik der kleinen Schritte, nah an den Menschen und ihren Nöten, verstanden. Ja, auch ich möchte, wie mein Vater, die Welt verändern, aber mein »Marsch durch die Institutionen« ist nicht revolutionär, sondern evolutionär.[66]

Ich soll in Aarhus einen Lehrgang zum Management im Fall von Katastrophen und Terroranschlägen machen. Dazu muss ich eine »Sicherheitsprüfung« über mich ergehen lassen, die nur der dänische Inlandsgeheimdienst PET durchführt. Einspruch ausgeschlossen. Nur geschlossene Türen und mangelnde Rechtssicherheit. Ich bin prinzipiell dagegen. Habe schon viel zu häufig erlebt, wie die Geheimdienste arbeiten. Habe mit eigenen Augen die Akten des Bundesnachrichtendienstes und der Stasi gesehen. In Deutschland werden gerade wieder einige Ungeheuerlichkeiten aus dem Umkreis des Verfassungsschutzes publik. In Dänemark sieht es nicht viel besser aus. Aber hier geht es nicht um mich und meine Einstellung, es geht um die Bürger der Stadt und ihr Wohl und Weh in einer Krise. Also gebe ich meine Einwilligung zur Durchführung einer Sicherheitsüberprüfung.

Die Bürger müssen ihr Leben mitbestimmen können, weshalb eine der Leitlinien der Gemeinde Aarhus auch lautet: »Alle Macht den Bürgern.« Heute ist gesetzlich verankert, dass alle Entscheidungen gemeinsam mit den Bürgern gefällt werden müssen. Aber der Beamte ist immer noch der eigentliche Machthaber. Dem wollen wir den Kampf ansagen – wir wollen ein Zusammenspiel mit den Bürgern. Wenn wir sie nicht einbeziehen, grenzen wir sie aus und lassen sie im Dunkeln.

Es ist eine Kulturrevolution in unseren Köpfen nötig. Wir wollen Kritik, weil wir glauben, dass Kritik und Offenheit uns weiterbringen. Dass wir das Ziel »Alle Macht den Bürgern« und das Ende des langen Marsches erleben werden, so viel wage ich mir gar nicht zu erhoffen. Was bleibt, ist das Bestreben, dass Menschen und Institutionen in einer demokratischen Gesellschaft immer in Bewegung bleiben, sich weiterentwickeln und den Einfluss der Bürger auf die Gesellschaft und ihr Leben bewahren und weiter ausbauen. Der aufrechte Gang.

Meine Reise. Meine Sichtweise. Meine Hoffnung.

Mein Vater schreibt an einem Gedicht, seinem letzten. Für die *Süddeutsche Zeitung*. Sie haben ihn gebeten, einen Text über seine Wünsche zu verfassen.

»Gestatten Sie mir bitte zu träumen

Wir sind die deutschen Soldaten
Und haben die Taschen voller Tomaten
Die wünschen wir nicht allein zu genießen,
Wollen die DDR-Kameraden ja nicht verdrießen

Mein Kollege Hon. Und ich
Eure Schmiede,
Werden die Waffen auflösen,
Um uns alle zu erlösen

An Arbeit wird es dann nicht mangeln,
Denn das Neue wird heißen:
Selbsttätigkeit und Gammeln.

Solch ein Gewimmel möchte ich sehen
Was wird da nicht alles geschehen,
vergehen und neu entstehen?

Würde schließlich das Ausland nicht voller Entzücken rufen:
Solch ein Deutschland will ich sehen, ein Land, wo dann mit
Sicherheit keine Kriege mehr entstehen.«[67]

Er lächelt, grinst. Wir trällern zu viert sein Gedicht – im Chor.
Lachen und freuen uns darauf, im nächsten Jahr wieder nach
Deutschland zu ziehen. Nach Bremen. Rudi will bei den Grünen mitmachen. Wieder ganz in die Politik einsteigen. Auch
parlamentarisch. Wir weinen vor Freude.

»Der lange Marsch durch die Institutionen« – bin ich ein Narr,
dass ich an den Wandel glaube?
    Ich. Ein eindimensionaler Mensch. Verdinglicht, bürokra-
tisiert, Rädchen einer völlig technologisierten Welt. Ich. Die

Freiheit, die ich jeden Tag bei der Ausübung meines Berufes verliere. Ich. Ein Entfremdeter. Ich. Eine instrumentalisierte Rationalität. Ich. Verkörperung einer konsumorientierten Lebensform. Ich. Zufrieden. Die Zufriedenheit greift um sich. Dänemark ist glücklich.

Die Dänen sind eines der glücklichsten Völker der Welt. Wir sind das glückliche Bewusstsein, das beherrscht und befriedigt wird. Und der Bürokrat ist der Allerglücklichste. Die Technokraten benutzen die Technologie nicht, um den Menschen zu befreien, sondern um ihn und seine Art, zu denken, zu sprechen und zu handeln, zu beherrschen, so dass die Gegensätze zwischen Gut und Böse, Recht und Unrecht aufgehoben und beim Menschen künstlich Bedürfnisse geschaffen werden, die die Marktmaschinerie ankurbeln.

Marcuse ist in Berlin beerdigt. Unweit meines Vaters.

Mohammed, tot oder lebendig. Osama, tot oder lebendig. Tot. Ganz tot. Erschossen. Unbewaffnet. Weggepustet. Auf dem Meer. Obama. Osama. Tot. In den Ozean verstreut. Jede Woche erhält Obama Listen von »walking deads«, Männern, die zum Abschuss freigegeben sind, so gut wie tot, getötet von jungen Soldaten mit einem Joystick. Company Hero 2. Fliegende, unbemannte Drohnen. Predator. Warten, zielen, treffen. Obama und der ovale Tod. Tötungslisten. Bodycount. Einmal pro Woche geht vom Oval Office der Tod aus. Todesstrafe aus der Luft, ohne Gerichtsverfahren, augenblicklich vollstreckt. ObamaWayne.

Die Bürokratie funktioniert. Die Technokratie funktioniert. Funktioniert, wie sie es immer tat. Schnell, effektiv, wie eine Maschine. Juden am laufenden Band, Muslime, Menschen. Von der Bürokratie hingerichtet. Im Namen der Demokratie, im Namen einer Mehrheit. Sie sterben jeden Tag.

Jeden Tag sterben die Verdammten dieser Erde. Sie sterben

unter Schmerzen. Unter Schmerzen sterben sie. Sie sterben unter Schmerzen. Niemand hört sie. Sie sterben. Sterben unter Schmerzen. Die Verdammten. Sie sterben jeden Tag. Jeden Abend. Jede Nacht. Jeden Tag sterben die Verdammten. Mohammed stirbt, Jesus stirbt, Buddha stirbt, Abraham stirbt. Sie sterben jeden Tag. Unter Schmerzen. Allein. Sie sterben unter Schmerzen.

Die Säuglinge sterben jeden Tag mit schwacher Stimme. Ausgetrocknet röcheln sie sich in den Tod. Sie sterben unter Schmerzen. Die Gesichter der Kinder werden von ihren großen Augen dominiert. Sie lächeln. Ihre Arme sind dünn, ihre Bäuche geschwollen – aufgebläht. Sie lächeln auf eine tote Weise. Sie lächeln, wenn sie Essen bekommen. Wenn sie noch lächeln können. Das sind nicht viele. Die meisten lächeln, während sie sterben, während Infektionen in ihnen wüten und ihre Immunabwehr zunehmend sinkt. Lächeln mit dem Tod um die Wette. Nahrung ist ein Menschenrecht, so die Vereinten Nationen.

Wenn der Blutzuckerspiegel fällt und das Hungerhormon Ghrelin im Hypothalamus anschlägt, wird dem Zwischenhirn Hunger gemeldet. Der Körper wird nicht mehr ausreichend mit Energie versorgt. Er geht im eigenen Gewebe auf Beutezug. Zuerst wird das Fett abgebaut – jegliches Fett. Danach das Muskelgewebe. Der Puls verlangsamt sich, der Blutdruck sinkt. Die Haut verändert ihre Farbe. Sterben tut man langsam.

Ich hab's satt.

SATT

Ich habe mit meinem Vater in Deutschland ein paar inhaftierte RAF-Terroristen besucht. Sie haben gehungert. Sich zu Tode gehungert. Die Verdammten dieser Erde. Die Verdammten.

In Dänemark halten wir alte Menschen in einem eisernen, einem gierigen Griff. Woche für Woche wiegen wir sie, berechnen ihren BMI, geben ihnen proteinhaltige Getränke. Schmieren ihnen Butterbrote. Wir nötigen sie. Erhalten sie am Leben, auch wenn ihr BMI unter 15 liegt. Sie wollen sterben – sie dürfen nicht.

Wir überfüttern alte Menschen von 100 Jahren, die das Leben in voller Länge erlebt haben und sich nichts als Frieden wünschen. Wir wollen den Tod nicht. Krampfhaft bekämpfen wir unsere eigene Sterblichkeit. Und erhalten die so gut wie Toten am Leben.

Ich hab's satt. 100 000 Tote in Afghanistan. Wir kämpfen für Demokratie. Im Irak sterben sie immer noch. In Libyen. 50 mehr. In Ägypten. 25 mehr. Wir kämpfen für Demokratie. In Syrien. Dort sterben 100 jeden Tag.

Wir haben auch in Südamerika für die Demokratie gekämpft, als wir Allende erschossen haben. Wir kämpfen für Demokratie. Eine Drohnendemokratie. Das bahnbrechend Neue in der Demokratie. Null Gerichtsverfahren. Eine Fernlenkrakete im Nacken. Ich hab's satt. Habe die Demokratie satt. Hab's satt, dass wir immer recht haben müssen.

Hab's satt.

Ich hab's satt, während ich im Supermarkt darüber nachdenke, ob ich Biomilch von Thiese oder die Fettarme von Arla oder Dickmilch aus Island mit Himbeeren und Nüssen nehmen soll. Erwäge Nahrung aus der Steinzeit. Ich sitze am Frühstückstisch und schaufle mein nordisches Essen in kleinen, feinzubereiteten Portionen in mich hinein. Meine Tochter hat eine Mango geschält und in mundgerechte Stücke geschnitten. Ihr Saft quetscht sich durch meine Zahnzwischenräume, tropft mein Kinn hinunter und leuchtet in der Morgensonne auf, die sich im Bach spiegelt, der durch unseren Garten verläuft. Ich hab's satt. Schlucke mit jedem Löffel biodynamischem Frühstück die Morgennachrichten. Hab's satt.

Ich schlinge das Essen in mich hinein. Muss an meine Kindheit in Luckenwalde denken. Es gab Erdbeerkuchen, Pflaumenkuchen, Streuselkuchen, Mohnkuchen. Ich aß acht Stück. Erbrach mich. Und aß noch zwei mehr. Ich fresse ungezügelt – und die Göttin der Völlerei lächelt.

Wir essen. Überfressen uns. Ich kaue und schlucke. Halte die Ellenbogen dicht an den Körper. Mein Tischset darf nicht herunterfallen. Esse ordentlich – und viel.

Noma. Nordisk Mad. Fichtenholz. Das beste Restaurant der Welt in Kopenhagen. Schwarze jütische Ameisen. Noma. Ameisen, als Tunke für Zweige aus Malz, die zwischen diversen Blumen und Pflanzen und frittiertem Moos in eine Vase gesteckt wurden. Essbare Blumen, Blütenstaub. Eine intensiv nach bitterem Honig schmeckende Paste, die über die Teller gewischt wurde. Noma. Mehrere Gänge. Den ersten gerade eben begonnen. Kau. Platz. Knack – knusprige Speckschwarten mit schwarzem Johannisbeergelee. Lebende Fjordgarnelen, in braune Butter getaucht, sie blinzeln mir zu. Ich lecke mir die von Fett triefenden Finger ab. Für meinen Vater sah das Verhältnis zum Essen so aus, dass es überstanden werden musste. Frikadellen mit brauner Soße aus der Dose. Vier Minuten später – aufgegessen, die Teller abwaschen. Wir essen immer noch, mittlerweile ist die zweite Stunde angebrochen. Gang Nummer zehn wird serviert. Essen. Gedünstete grüne Erbsen, Püree von fermentierten Erbsen. Zehnarmiger Tintenfisch in einer Eichen-Bouillon mit geräucherter Zwergmaräne und Seegras. Dänemark ist ein Land mit zahlreichen Gewässern und Bauernhöfen.

Austern aus dem Limfjord mit einer Schicht Buttermilch, milchsäuregegärten, ungereiften Stachelbeeren und eingelegten Meerzwiebelkapern. Delikat. Kaviar aus Finnland, auf einem gebackenen Apfel angerichtet. Molkenkäse, Rhabarberwürfel und roter Waldsauerklee. Geräucherte Markkaramellen, mit Schokolade überzogene Kartoffelchips und Windbeutel mit Molkefüllung. Luxus. Alles aus dem Norden. Das Nordische. Feinschmeckerei. Düfte. Sinne. Ein Streben nach dem sublimen Genuss. Genuss – schamlos.

Ich möchte fasten. Hungern. Sterben. Nein, nicht sterben, nur fasten. Fasten.

Es kümmert mich nicht, dass ich wie ein Schwein fresse. Leib und Seele haben nichts miteinander gemein. Wir müssen uns selbst mäßigen, wenn unsere Landschaft nicht untergehen soll. Heutzutage leben und sterben eine Milliarde Menschen in extremer Armut.

Sie sind die Verdammten der Erde. Heute sterben 24 000 an Hunger, 1000 pro Stunde. Eine Milliarde Menschen leiden Hunger. Das sind 100 Millionen mehr als vor drei Jahren. Alle fünf Minuten stirbt ein Kind unter fünf Jahren.

Schmerzt es mich? Nein. Tue ich etwas dagegen? Wenig. Ich bezahle mit Freuden meine Steuern. Ich spende Geld für wohltätige Zwecke und an »Ärzte ohne Grenzen«. Aber radikal betrachtet – nein. So richtig – nein. Ich habe genug mit mir selbst zu tun. Noma hat auch genug mit sich selbst zu tun. Dort wird Essen für Reiche gekocht, nicht für die Verdammten. Sie kochen das Essen der Zukunft, behaupten sie. So steht es auf ihrer Homepage.

Für Gourmets sieht die Zukunft rosig aus. Wir lieben die Gier und huldigen ihr. Wir müssen handeln. Deshalb Ablass tun. Er besänftigt und gibt den Manieren des Menschen den letzten Schliff. Wir jagen unserem persönlichen Gewinn hinterher. Dem Ego, dem Ich. Mein Nutzen steht an erster Stelle, meine Bedürfnisse – meine Lust.

Weihnachten endet regelmäßig in einer Flut von Geschenken. In diesem Jahr liegen mehr unter unserem Weihnachtsbaum als in einem ganzen afrikanischen Dorf. Und das, obwohl wir beschlossen hatten, dass die Erwachsenen sich nichts schenken. Unser Haus ist vollgestopft mit Geschenken aus den letzten Jahren. Wir bereichern uns selbst und nützen allen. »Avaritia« steht auf meinem Bildschirmschoner. Verschwendungssüchtig esse ich die karamellisierten Kartoffeln, die von gestern übrig geblieben sind. Schmeiße den Rest weg.

Ich begehre meine Frau. Will sie besitzen. Vergesse die Liebe, das Einfache, das Triviale. Will sie jetzt haben.

Heutzutage leben und sterben eine Milliarde Menschen in extremer Armut. Sie sind die Verdammten der Erde. 100 Millionen Kinder gehen nicht zur Schule.

Mir ist es wurscht. Ich verlange begierig nach meiner Frau.

Gehen mir manchmal Gedanken durch den Kopf, dass ein einfaches Leben ein glücklicheres Leben wäre? Maß halten, Einfachheit, weniger Zeit mit der Arbeit verbringen, mehr Zeit mit der Familie – vielleicht. Andererseits regen mich diese Allerweltssoaps über das »einfache Leben« auf – über den Bauern, der alles von Grund auf selbst anbaut und der nur das isst, was der Acker hergibt. Die Nahrung vom Acker direkt auf den Tisch. Zurück in die Vorzeit, ein Leben im Einklang mit der Natur. Meine Mutter war in den USA in den 80er Jahren Mitglied der Grünen. Sie hatten die Idealvorstellung von einem Leben in der Prärie in großen Tipis. Ich bin ein Anhänger von Metropolis, dem Fortschritt. Ich verlange nach dem Fortschritt, dem Neuen. Wir haben durch unseren Handel, unseren Konsum und unsere Gier 400 Millionen Menschen vor Hunger, Elend und Armut gerettet; wir sind der neue Messias. Unsere Gier hat Leben gerettet, viele Leben. Wir – die neuen Götter.

Um vier Meter, stand auf dem Titelblatt einer Zeitung. Um vier Meter steigt der Meeresspiegel. Wir wohnen am Meer. Aber erst in 100 Jahren soll er um vier Meter gestiegen sein.

Wir befinden uns auf einer gemeinsamen Reise durch das Leben. Ich sehe dich. Höre, was du sagst. Du möchtest, dass ich mich selbst finde. Meine Vergangenheit bewältige. Die Zeit ist unser Begleiter. »Warum muss deine Vergangenheit dich so vereinnahmen?«, sagst du. Ich leugne es nicht, schreibe gerade an einem Buch über die Vergangenheit. Wir gehen am Strand südlich von Aarhus spazieren, wo unser Sommerhaus liegt.

Ich bin vor kurzem von einer dienstlichen Reise aus England zurückgekommen, wo der Wohlfahrtsstaat zu einer Big Society umgekrempelt wird. Der Staat stellt die Beihilfen für die Schwachen, die Obdachlosen, die psychisch Kranken ein. Die Ehrenamtlichen, die Freiwilligen sollen sich stattdessen darum kümmern. Ich erzähle meiner Frau davon. Sie möchte, dass ich mich der Zukunft zuwende.

»Wie soll unsere gemeinsame Zukunft aussehen? Soll es eine Zukunft sein, in der dein Vater immer allgegenwärtig ist?«

Ich sage, dass er in meinem Leben nicht allgegenwärtig sei.

»Deine Mutter hat ein Buch über ihn geschrieben, dein Bruder hat ein Buch über ihn geschrieben, und jetzt schreibst auch du ein Buch über ihn. Nun lass ihn und den Schmerz endlich an dich heran. Und nutze das Schreiben dazu. Söhne dich endlich aus mit deinem Vater und deiner Vergangenheit.«

Wir erforschen die Zukunft durch unsere Erinnerungen. Aber an was erinnern wir uns? Und handelt es sich bei dieser Erinnerung nicht nur um eine Reihe von Nacherzählungen? Meine Familie lebt im Schatten einer Nacherzählung. Der Schatten – er lässt uns nicht los. Hält uns gefangen. Du hältst uns gefangen. Die Vergangenheit. Ich hänge weiter meinen Tagträumen nach. Male mir eine befreite Zukunft aus. Weitsicht, Tagträume – sie begleiten uns ständig. Und ich träume von einer Zeit ohne dich. Wann immer ich mich in Deutschland aufhalte, muss ich mich mit dir auseinandersetzen – immer. Bin ich überhaupt ich? Oder bin ich nur durch dich ich? Sogar dieses Buch trägt den Titel *Rudi und ich*. Für immer folgt, verfolgt dein Schatten mich. Bis ans Ende der Welt.

Viele erheben Anspruch auf dich.

Du bist ein Heiliger, ein Held. Ein Messias. Geboren und gestorben wie Jesus. Bist Ostern mit einer Pistole gekreuzigt worden. Mit drei Kugeln. Gehängt. Gequält und gepeinigt.

Wiederauferstanden. Elf Jahre später wieder gestorben. Am Heiligabend.

Fotos zeigen dich in Licht getaucht, als ob du einen Heiligenschein hättest.

Du bist ein Terrorist, ein Mörder. Der Vater der RAF. Der Urvater von Mord, Folter und Terror. Bist der Teufel in Person. Das ultimative Böse. Bist tot. Tot. Tot.

45 Jahre, nachdem du niedergeschossen wurdest, und 34 Jahre nach deinem Tod.

Du füllst meine Seele aus, füllst zu viel aus. Mein Herz wärmt sich an deinem Tod, wärmt sich, wenn ich von dir schreibe. Du hast mich verlassen, hast mich zurückgelassen. Ich habe deine Fußspuren gesucht. Und ich habe mich verirrt. Ich muss einen neuen Weg auftun, muss neue Fußspuren, meine eigenen Fußspuren setzen.

Wild springen die Hirsche über das hügelige Feld vor unserem Sommerhaus. Wir stehen dicht beieinander hinter der Scheibe und verhalten uns ganz ruhig, damit wir sie nicht verjagen. Sie bleiben stehen und sehen uns an. Dann ertönt ein Geräusch. Elegant, wild und frei setzen sie mit Leichtigkeit über die Hecke und verschwinden im Wald, während die Sonne ihre letzten Strahlen aussendet und sich allmählich eine pechschwarze Dunkelheit über die Hügellandschaft senkt. Wie kann ich zu dem instinktgesteuerten Tier in mir zurückfinden? Wie kann ich den Schmerz loslassen, meine Selbstkontrolle ablegen? Meinen Panzer abstreifen? Und die Schönheit und den Schmerz annehmen. Ohne Schmerz keine Freude. Keine Freude ohne Schmerz.

Immer und immer wieder werde ich an dich erinnert.

An dich. Dich. Dich.

Eine ewige Wiederkehr.

Ich schaue hinab ins glitzernde Meerwasser, sehe mein eigenes Spiegelbild nicht. Sehe nur dich. Ich bin gefangen. Gefangen. Kann dich nicht loslassen. Die Vergangenheit ist meine Erinnerung. Die Ewigkeit. Die Vergangenheit bleibt bestehen. Hört niemals auf. Wie kann ich deinem Schatten entfliehen, wenn ich es nicht will?

»Lass zu, dass es weh tut«, sagt meine Frau, als ich wieder aus meinen Tagträumen erwache.

Es weh tun lassen. Schmerz. Liebe – Liebe tut weh. Liebe ist Schmerz. Liebe.

Ich stehe am Grab. Mein Körper ist sich nicht bewusst, dass ich dort stehe. Mein Körper ist stark, wenn ich mir nicht bewusst mache, dass er da ist. Einfach nur dastehe. Ich spüre ihn nicht. Meine Seele ist schwach. Sie kann ich spüren. Mein Körper ist einfach nur da.

Ich sehe an mir hinunter. Bewege ein Bein. Tue es unbewusst. Nur wenn ich mit etwas Neuem konfrontiert werde, spüre ich meinen Körper. Wenn ich krank bin. Froh. Lust empfinde. Lust. Trauer.

Trauer.

Ich spüre meinen Körper, wenn ich schmutzig bin. So wie jetzt. Ich habe mich seit Heiligabend nicht mehr gewaschen. Wenn ich mich wasche, spüre ich meinen Körper. Ich habe mich nicht gewaschen. Stehe da, wie ich bin. Will den Geruch nicht loswerden, der Geruch soll bleiben – der Geruch meines Vaters. Der Geruch.

Wenn ich die Selbstkontrolle ablege, spüre ich meinen Körper. Nur wenn ich mit etwas Neuem, Andersartigem, anderem konfrontiert werde, nur dann bin ich mir meines Körpers bewusst. Wenn ich mich unter Kontrolle habe, spüre ich ihn nicht. Mein Leib ist nur eine Hülle. Darin befindet sich ein Uhrwerk, das genau das tut, was es soll – mit chirurgischer Präzision. Tick. Tack. Ich merke es nicht. Es bewegt sich in meinem Inneren. Äußerlich bin ich ruhig.

Ich sehe in das Loch hinunter. Langsam schwebt die Seele aufwärts und zieht an meinen Augen vorbei. Weiße Wolken. Unsichtbar für die meisten.

Ich kaue. Spüre meine Zähne. Fahre mir durch die Haare, spüre meinen Kopf. Nervenbahnen brauchen Kontakt. Ich tupfe die Haut rings um mein Auge ab, sie ist empfindsam. Aber nur, wenn ich sie berühre, ist sie empfindsam. Sonst existiert sie einfach nur, ist eine Hülle.

Ich stehe dort und habe alles unter Kontrolle.

Mein Gehirn nimmt alles um mich herum wahr. Sinneseindrücke füllen meinen Kopf. Informationen über alles in meiner Umwelt – die Menschen, die Gerüche, die Kälte, die Erde. Eine ältere Dame umarmt mich kurz. Zuerst fühlt es sich warm an, danach furchtbar kalt, eiskalt. Mit rauher Stimme flüstert mir ein Mann tröstende Worte ins Ohr. Das trichterförmige Trommelfell wird in Schwingungen versetzt, leitet den Schall an das erste Gehörknöchelchen weiter, ans nächste und übernächste. Wie ein Stempel drückt er gegen das Innenohr. Ein Geräusch. Ich lausche, höre nichts. Meine Haarzellen geben ein Signal an die auditiven Nervenzellen weiter, das das Gehirn erreicht. Ich höre seine Mitleidsbekundungen. Glaube ich. Die Flüssigkeit im Ohr ist zähflüssig, nahezu unbeweglich. Nervenimpulse überfluten das Ohr. Ich bin ein hörender Tauber. Ich versuche den Mann räumlich auszumachen, nach Menschentyp und dem Klang der Stimme einzuordnen. Sehe ihm in die Augen. Lächle. Bedanke mich.

Ich nehme alles wahr, so dass ich im jeweiligen Moment blitzschnell handeln kann. Auf alles reagieren kann, das mir vertraut ist. Diese Situation ist mir nicht vertraut. Ich bin wie gelähmt. Chaos. Kann nicht reagieren. Bin apathisch.

Ich empfinde Furcht, den Impuls zu fliehen – Flucht. Ich kann nicht fliehen. Meine Hand klammert sich an die Hand meiner Mutter. Fest. Ohne dass ich es merke. Ich kann nicht fliehen. Befinde mich nicht in der afrikanischen Savanne, stehe keinem Löwen gegenüber. Bin biologisch so entwickelt, dass ich Furcht, Hass, Wut, glühenden Zorn, Abscheu, Widerwillen, Angst verspüren kann – Angst. Ich habe Angst und kann doch nicht fliehen. Bin in der Vergangenheit gefangen. Habe meine Zukunft eingebüßt.

Habe meinen ganzen Gefühlsreichtum eingebüßt. Freude, Glück, Gelassenheit, Schönheit und Liebe. Habe sie eingebüßt. Eingebüßt. Ich sehe nichts Buntes mehr, nur noch die braune Erde.

Der Frühling lässt in diesem Jahr auf sich warten. Aber in Kürze werden sich die Pflanzen und Blumen unbeirrbar durch die Humusschicht austreiben. Üppig. Überfluss. Aus Gräue, Kargheit, Hunger, Überleben werden Explosion, Wucher, Schmuck, Farben, Lebensfreude, Vogelgesang, Summen. Eine natürliche Auslese, ausgelöst vom Licht.

Du hast mich erwählt. An einem Abend, in einer Nacht. Dort hast du mich erwählt. Du wolltest mich und hast mich erwählt. Hast dich für mein verletztes Ich entschieden. Bist zu mir gekommen und hast mich gewollt. Mich geküsst. Und ich habe dich geküsst.

Du bist in der fremden Nacht zu mir gekommen. Dort hast du mich erwählt.

Du hast mir geholfen, mich zu öffnen, und ich habe dir geholfen, dich zu öffnen. In dir habe ich mich geöffnet, wir haben uns einander geöffnet. Vereint.

GALAPAGOS

Die Wanderalbatrosse leben auf den äußersten Galapagosinseln. Die Spannweite ihrer Flügel beträgt zweieinhalb Meter. Sie fliegen um die Welt. Finden zueinander. Sterben miteinander. Ihre Schnäbel liebkosen den Partner. Enge. Nähe. Zwei Albatrosse. Wir waren noch jung, als wir von Ecuador aus die Galapagosinseln besuchten, 20 und 18 Jahre alt.

Ich weiß noch, wie wir unseren ersten Meeresleguan sahen. Er scheidet Salz aus den Augen aus.

Ich weiß noch, wie wir unsere erste Meeresschildkröte sahen, wie sie am Strand ein Ei legte. Ein Ei nach dem anderen.

Ich weiß noch, wie wir unsere erste Landschildkröte sahen, im Nebel auf dem Berg. Sie fauchte uns an.

Ich weiß noch, wie wir uns am Strand geliebt haben.

Ich hole die Tagebuchaufzeichnungen hervor, die ich auf den Galapagosinseln gemacht habe. Schaue mir die Fotos von den Darwin-Finken an und freue mich. Betrachte ihre Schnäbel, die Nahrung darin. Sie sind natürlich angepasst. Natürliche Selektion. Über eine lange Zeitspanne hinweg.

Gott ist tot. Ich lächle. Wir sind Menschen. Menschenaffen. Affen. Wir sind Kuscheltiere, Tiere. Geboren, um uns zu entwickeln. Leben – das Bewegliche. Gott – das Unbewegliche.

Ich erzähle dir hingerissen, dass wir aus drei Milliarden Basenpaaren, verteilt auf 23 Chromosomen, bestehen – A, T, C und G. Der DNA. Die zu 99,9 Prozent identisch mit der unserer Eltern ist. Ich erzähle dir von den unendlichen Variationsmöglichkeiten, die sich aus der Vereinigung der DNA deiner Mutter und der deines Vaters ergeben haben. Aus der du dann in deiner Einzigartigkeit hervorgegangen bist. Erzähle, dass dein Erbgut zu 98,8 Prozent identisch mit dem des Schimpansen, unseres nächsten lebenden Verwandten, ist.

Der Mensch begann seinen aufrechten Gang vor vier Millionen Jahren, als sich seine Entwicklung von der des Schimpansen trennte. Vor sechs Millionen Jahren war der Mensch noch ein Gorilla. Etwas vom Schimpansen und vom Gorilla tragen wir also auch heute noch in uns. Unter einer Art versteht man, dass ihre Gene sich nicht mit denen einer anderen kreuzen.

Alles hat sich in Afrika zugetragen. Vor 1,5 Millionen Jahren gab es den Homo erectus. Er war groß und aufgerichtet. Benutzte als Erster Feuer und Werkzeuge. Auf der Stufe der Jäger- und Sammlergesellschaft starb er aus. Vor 100 000 Jahren lebten nur noch 1000 Menschen, wir waren auf dem besten Wege auszusterben. Wir verließen Afrika. Den neuesten Erkenntnissen der Genforschung zufolge geschah dies auf Bestreben der Frau. Und sie kolonisierte die Welt. Der Mann folgte.

Vor 20 000 Jahren starb in Europa der Neandertaler aus. Auch in uns steckt noch etwas vom Neandertaler. Der Denisova-Mensch trennte sich von den Neandertalern ab, wanderte Richtung Osten. Die Haut passt sich den Lichtverhältnissen an. Dicht am Äquator ist sie dunkel, im Norden hell. Das ist in einer bestimmten Umwelt von Vorteil, in einer anderen von Nachteil. Selektion. Der Mensch breitet sich in andere Gebiete aus, die Hautfarben differenzieren sich. Das Erbgut. Schädel. Formen. Arten entwickeln sich. Fossilien. Rassen existieren nicht. Ich wünschte, ich wäre Biologe.

Wir befinden uns auf einer Reise durch Südamerika. Fliegen nach Galapagos. Unendlich weit dehnt sich der Stille Ozean unter uns aus. 1000 Kilometer westlich vor Ecuador, dicht am Äquator, liegen die 19 Inseln vulkanischen Ursprungs. *Galapago* bedeutet »Wulstsattel« und bezieht sich auf die Galapagosschildkröten, die auf dem Archipel leben. Die Inseln des Archipels sind zwischen einer und drei Millionen Jahre alt. Wir wohnen auf der Isla Santa Cruz, dort wohnt man, wenn man sich als Tourist auf Galapagos aufhält. Ich wünschte, ich wäre Biologe. Galapagos ist Biologie, Evolution pur. Wir werden einen Monat hier sein.

Die Pfauen sind im Hof eingezäunt und veranstalten vor unserem Zimmer ein Höllenspektakel. Wir liegen nackt im Bett. Es ist fünf Uhr morgens. Mit einem halben Meter langen Schwanzfedern, bedeckt von Hunderten blauen, grünen, braunen und goldenen Augen, die auf ein wogendes Meer silbergrau-metallischer Federn starren, stolzieren die Pfauen umher. Wir stehen auf. Galapagos. Ich freue mich. Wir reisen auf Darwins Spuren. »Der Anblick der Feder eines Pfauenschwanzes weckt in mir Übelkeit«, schrieb Darwin 1860.

Die Pfauen schreien um die Wette und führen vor unserem Fenster Balztänze auf. Wir lächeln uns an. Der Blumennektar duftet wundervoll, während sich die Bienen an den Rändern der Blütenstände reiben. Leben breitet sich aus, wächst. Bringt üppige Körper hervor. Die Natur ist einfallsreich, chaotisch, schlau. Bringt alles in unendlichen Variationen hervor. Alles Leben vergnügt sich spielerisch miteinander, balzt. Liebe. Paarung. Auch wir tun es. An Land, im Wasser, in der Luft.

Die Pfauen stolzieren umher und produzieren sich vor den Weibchen mit ihren einfarbigen braunen Federkleidern, die mit dem umgebenden Wald verschmelzen. Der Fuchs liegt gierig auf der Lauer. Der Pfau klappt seinen gigantischen Fächer zusammen und flitzt davon. Ich staune, staune über die großen Schleppen. Darwin hat geweint.

Es ist ein großer Kraftakt, ein Ei und eine Samenzelle zu produzieren, sie zu vereinigen und das so gezeugte Lebewesen bis zur Geburt auszutragen. Das gilt für Pfauen wie für Menschen – der Geschlechtsakt, die Schwangerschaft. Das Weibchen tut viel mehr. Investiert viel mehr als das Männchen. Fortpflanzung. Das Männchen konkurriert um die Gunst des Weibchens. Das gilt für die Pfauen, weshalb sie sich auch so herausputzen, große schöne Schleppen haben. Und das gilt für uns Menschen, wenn auch weniger. Ich weiß, dass ich dich will. Habe Rivalen ausgestochen. So wie du. Wir haben einander erwählt.

Das größte Pfauenmännchen mit dem größten Schwanz schleppt einen enormen Nachteil mit sich herum. Beim Balzen macht es zwar mehr her, ist dafür aber auch eine leichtere Beute für den Tiger. Ist benachteiligt, aber auch attraktiv und stark. Leistet etwas Schweres, hat es nicht leicht. Geht als Sieger hervor, trotz Widerständen über Generationen hinweg. Stellt sich mutig zur Schau, auch wenn es am einfachsten wäre, sich zu verstecken. Die Natur. Selektion. Wir stellen uns dem anderen jeden Tag zur Schau. Strengen uns an – deshalb sind wir auch gemeinsam auf Reisen.

Darwin schreibt in seinem Hauptwerk *Die Entstehung der Arten*, dass bei der Paarung von Artgenossen Abweichungen, Variationen entstehen, durch die es auf lange Sicht zu Entwicklungsfortschritten kommt. Es existieren also Abweichungen, existieren kleine Unterschiede, Andersartigkeiten zwischen den einzelnen Tieren einer Art. Ob es nun Finken, Schildkröten, Albatrosse, Schleie, Löwen, Giraffen oder Menschen sind. Nichts ist völlig identisch, alles weist kleine Ungleichmäßigkeiten auf, wenn auch nur minimale. Und im Laufe der Zeit wird aus minimal ein bisschen mehr und schließlich viel mehr.

Bis zum entscheidenden Unterschied. Manche sind größer als andere. Haben längere Hälse. Größere Zähne, Augen. Größere Flossen. Panzer, die kräftiger sind. Stärkere Muskeln. Längere Flügel, Schnäbel – Schnäbel in unendlichen Variationen, über einen langen Zeitraum hinweg betrachtet. Wer sich am besten an seine Umwelt anpasst, siegt im Kampf ums Überleben.

14 Finken. 14 Schnäbel.

Kräftige Schnäbel – Schnäbel, um Nüsse zu knacken. Spitze Schnäbel – um Insekten aus Ritzen zu fischen. Finken mit Schnäbeln, die an Kaktusblüten angepasst sind, und wiederum andere Finken, die Blumenknospen und Insekten fressen. Eine kleine Variation in der Form des Schnabels bei einem einzelnen Vogel führt im Laufe von Generationen zu verschiedenen Arten, die an ihre jeweilige Futternische angepasst sind. Sie konkurrieren nicht mehr um dieselbe Nahrung. Leben Seite an Seite.

Alle Finken stammen von ein und demselben Urahn ab, der vom südamerikanischen Festland auf die Inseln hinausflog.

Im Kampf ums Überleben kommen die zum Zuge, die die richtige Genvariante haben und gut an ihre Umwelt angepasst sind. Die meisten haben Nachkommen – Umwelt, Reproduktion, Variation und Selektion. Wenn die Natur sich verändert, entstehen neue Arten. Das Klima wird trocken, zur Wüste. Nahrung. Parasiten. Raubtiere. Nur die Stärksten überleben.

14 Formen des Überlebens.

Die am besten Angepassten.

Mitten im Stillen Ozean.

Die Sieger.

Wir durchstreifen die Insel. Auf einem Lavahang entdecken wir einen Finken in einem morschen Baum mit dornigen Zweigen und wenig Blättern, der auf einem Hauch Humus wächst. Machen Fotos. Mich überläuft ein Schauer, ich bin ganz bei mir.

Wir sind zusammen. Streben zueinander. Gegenseitig. Unendlich. Umfangen uns. Umarmen uns. Berühren. Uns. Wir leben. Ich sehe dich. Du bist schön. Ich umwerbe dich. Sex. Wir lieben uns am Strand. Du bist schön. Du willst mich.

Wir sehen uns an. Du sagst, Sexualität sei dir ein Rätsel. Ich antworte. Unzählige Organismen pflanzen sich ungeschlechtlich fort. Bakterien teilen sich immer wieder. Schnecken auch. Insekten sind zu beidem imstande – geschlechtliche und ungeschlechtliche Fortpflanzung. Krebse, Eidechsen und Fische. Unzählige Nachkommen ohne geschlechtliche Fortpflanzung. Fortpflanzung ohne Tod. Dieselben Gene leben über Generationen weiter. »Des Rätsels Antwort schuldig geblieben«, grinst du. Ich versuche es anders.

Wir pflanzen uns fort, deshalb können wir sterben. Ohne sexuelle Fortpflanzung keine Durchmischung der Gene, kein neues Leben. Nur dasselbe Leben, das immer wiederkehrt – immer wieder. Sex verhindert die ewige Wiederkehr des Gleichen. Erschafft etwas Neues. Sex. Leben. Tod.

Ich streife während des Akts eine Hälfte von mir ab. Sex reduziert mich – nur eine Hälfte von mir lebt beim Sex weiter. Mischt sich. Die Hälfte. Mischt sich. Die Hälfte. Mischt sich. Neue genetische Variationen entstehen. Sexuelle Selektion. Neue Möglichkeiten, neue Stärken, neue Kräfte. Ich werde zu etwas anderem, das in naher Zukunft vielleicht, vielleicht auch nicht besser für das Fortbestehen der Art angepasst ist. Geschlechtliche Fortpflanzung führt zu neuen Variationen innerhalb des Stammes, der Herde, im Bestand, der Population. Jede

Generation hat ihre eigene Durchmischung von Genen. Ist bereit für die Herausforderungen, die auf sie warten. Du lächelst.

Die natürliche Selektion entsteht dadurch, dass die Natur entscheidet, ob man lebt, überlebt. Der am besten Angepasste lebt weiter. Was die sexuelle Selektion betrifft, entscheidet das Geschlecht, das am meisten Arbeit darauf verwendet, seine Nachkommen aufzuziehen, ob man existieren wird. Das Geschlecht, die Frau, die Muschi. Sie ist wertvoll – zu wertvoll, um sie zu kopieren. Der große Schwanz. Der humorvolle Mann. Der schreibende Mann. Der Intellektuelle. Der Sportler. Der Boxer. Der Bodybuilder. Der Benachteiligte. Tut etwas, obwohl es schwer, nicht leicht ist. Er kann es sich nicht leisten, zu faulenzen, bequem wie eine Hauskatze auf dem Sofa zu liegen. Das Weibchen wählt sich seinen Partner aus. Die Frau gabelt den Mann auf. Macht es sich selbst nicht leicht. Will es allein machen. Kann es. Du kannst es. Strengst dich an. Gibst dir Mühe. Wir geben uns Mühe. Wir tun mehr, zeigen uns gegenseitig unser Vertrauen. 6000 Kilometer von unserem Stamm, unserer Familie entfernt. Wir teilen alles miteinander. Haben gemeinsam für diese Reise gespart. Du gibst mir, ich gebe dir.

Ich liebe dich, sage ich. Du sagst dasselbe. Ich liebe dich, sage ich erneut. Du lächelst. Die Pfauen sind davongestoben, mit zitternden Schwänzen und im Sonnenlicht glänzenden Augen. Wir kehren dem kleinen Dorf den Rücken, umrunden die Klippen, die die Bucht abschirmen, und lassen die Zivilisation hinter uns. Im Licht schimmern deine Zähne strahlend weiß, als du nackt am Strand sitzt, auf dem die Meeresschildkröten langsam entlangkriechen, um ihre Eier einen halben Meter tief in feinsäuberlich angelegten Nestern zu vergraben, während sie langsam salzige Tränen weinen. Die Stunden vergehen. Die Sonne verschwindet hinter dem Horizont, während die Schildkröten zurückkriechen, nachdem sie ihre Nester zugedeckt haben. Sie verlassen ihre Nachkommen.

Wir sind wir. Haben ein gemeinsames Überleben im Sinn. Sind sozial in eine Gemeinschaft hineingeboren. Die Frucht aus der Begegnung zweier Menschen. Wir haben dieselben Gene, und trotzdem sind wir so verschieden. Ich liebe alles, was verschieden ist. Es macht dich zu der, die du bist, und grenzt mich von dir ab – dein Körper, dein Kopf, deine Augen. Dein Gehirn und deine Gedanken, die Normen, Werte und Einstellungen, die du mit mir teilst.

Wir sind einander gegenüber altruistisch, zärtlich. Unendlich zärtlich. Du berührst meinen Mund, ich berühre deinen. Die Nervenimpulse überschwemmen uns und fließen ineinander. Unsere Nervenbahnen kreuzen sich und flechten sich in unseren gemeinsamen Körper hinein. Wir sind und haben einander, ohne etwas als Gegenleistung dafür zu verlangen.

Grenzenlose Freiheit in unserem Nest, während das Gesetz der Notwendigkeit und des elementaren Überlebens auf Standby gestellt ist. Geist. Sinn. Seele. Eros umarmt uns. Schönheit.

Haie liegen auf der Lauer, schießen durch die Brandung. Flinke und elegante Pinguine weichen den Gefahren aus und landen auf dem Strand. Lachsfarbene Flamingos und Fische mit bunten Flossen – sie alle sehen uns an. Pfeilschnell wie Falken tauchen sie hinab, durchstoßen die Wasseroberfläche, schießen 15 Meter in die Tiefe und fangen Beutetiere, die glaubten, in Sicherheit zu sein. Der Falke wartet in majestätischer Pose darauf, dass sich ein Fink aus dem Baum zu ihm verirrt. Die Eule sitzt auf einem Pfahl und späht in die Ferne. Die Finken zwitschern. Der Reiher ist ein ruhiger Vogel. Er erbeutet.

Wir sind jetzt einen Monat auf Galapagos gewesen. Ich schreibe Tagebuch. Habe wirklich das Gefühl, hier zu mir selbst zu finden, Dinge zu verstehen, an denen ich vorher achtlos vorbeigegangen bin. Erlebe und genieße, wie ich es schon lange nicht mehr getan habe. Bin glücklich. Weshalb, werde ich niemals sagen können, aber die hellen Schatten und die dunklen Täler sind miteinander verschmolzen.

In unseren Köpfen herrscht kreatives Chaos. Wir malen Liebeserklärungen in den Sand, den ganzen Strand voll. Immer dichter und dichter geraten sie in Reichweite der Fangarme der Wellen, die wispern: »Ich bin du, und du bist ich.« Wir schreiben die Worte mit den Zehen, den Händen, mit dem Kopf in den Sand. Mit großen Stöcken. Mehr und mehr. Unendliche Worte. Schreiben kleine Geschichten. Halten uns an den Händen und erzählen uns gegenseitig Geschichten von fremden Ländern mit exotischen Menschen.

Rennen von Lust überwältigt den Strand entlang, werfen uns in die Wellen und rollen uns in dem feinkörnigen Sand umher, pusten ihn langsam vom Körper des anderen; geschmeidige Körper, die von Kopf bis Fuß ein Schauer überläuft, ein Schauer, der unsere Haare elektrisch auflädt. Wir essen nicht. Unsere Gehirne nähren sich.

Ich strenge mich an und erschaffe etwas Neues. Ein kluger Mann hat einmal gesagt, die sexuelle Selektion favorisiere Innovationen, nur weil sie sexy seien, lange bevor sie im Kampf ums Überleben einen Zweck erfüllten – Geist. Geistreichtum. Variation. Zerbrechlich, ungleich. Symmetrisch. Wir flechten uns ineinander und werden eins.

Wir Menschen überleben nicht – wir verführen einander. Und Verliebtheit erschafft etwas. Erschafft. In einem flüchtigen Augenblick, wenn man die Entwicklung der Tiere zugrunde legt – vom Affen hin zum Menschen, von Feuer hin zu Moral und Kunst. Von Sicherheit hin zu Risiko und Erfindungen.

Wir liegen am Strand, es ist dunkel. Am Himmel tanzen die Sterne. Ich schaue dicht neben sie und erkenne sie ganz klar. Im

Mondschein halte ich nach deiner Silhouette Ausschau, die mystisch im Mondschein und im Dunst, der vom Boden aufsteigt, tanzt. Neugierig hole ich dich ein, erforsche dich vom Kopf bis zu den Zehenspitzen.

Als ich am nächsten Morgen aufwache und aus unserem kleinen Zelt hinausschaue, bist du ganz weit entfernt am Strand. Du schlägst ein Rad nach dem anderen, weil du es kannst. Es gelingt dir mühelos. Ich tue es dir nach. Plump. Falle um. Strenge mich an, kann es nicht. Überschlage mich. Du lachst. Warm und schön. Es darf nicht leicht sein, muss kostbar sein und einem etwas abverlangen, um dir zu imponieren. Du hast die Welt gesehen und willst mehr sehen. Du hast mich gesehen und willst mehr sehen. Wir sind die nächste Generation, radikal anders als vorherige Generationen. In unserer ganzen Jugend sind wir die Geistreichen.

In Begleitung kleiner Seelöwen schwimmen wir vom Strand weg. Sie sausen um uns herum. Wir hören das Seelöwenmännchen brüllen. Schwimmen wieder zurück ans Ufer, legen uns in die Sonne und werden wieder warm. Wir geben und erwarten nichts – und doch ist eine Hoffnung mit dem Geschenk verbunden. Die Hoffnung, dass das Geschenk erwidert wird. Nicht zu einem bestimmten Zeitpunkt – nur irgendwann einmal und womöglich von jemand ganz anderem. Das Geschenk hat seine eigene Bewandtnis und schenkt Freude. Ist persönlich und wird mit einem Lächeln überreicht, hinter dem sich freudige Erwartungen, aber auch bange Ahnungen verstecken, weil du das Geschenk nicht leiden könntest. Richtige Geschenke machen Freude. Geschenke zu verschenken, die nicht schon einmal geschenkt wurden, ist kein Leichtes. Es verlangt einem etwas ab. Wir sind einzigartig und losgelöst voneinander. Mit Geschenken binden wir uns aneinander. Geldgeschenke dagegen sind keine Geschenke, sie sind seelenlose Tauschmittel. Damit binden wir uns nicht an den anderen. Sie knistern einen kurzen Moment in der Hand und stinken. Und trotzdem verschenke ich Geld. In uns allen steckt ein Geizhals. Aber vielleicht steckt auch nur Gewohnheit, Bequemlichkeit oder Trägheit dahinter. Der Fetischcharakter des Geldes übermannt mich, und ich verliere mich darin. Rücksichtslos. Unsentimental. Gefühllos. Nur Geld. Kühl, kalt, anonym. Die unsichtbare Hand. Wir werden durch den Markt zusammengehalten.

Wir singen uns gegenseitig etwas vor, teilen Gedichte miteinander. Finden neue Herangehensweisen, um zu verstehen. Erfinden unsere eigene Sprache. Wir wollen einander haben, uns besitzen, uns von anderen abschirmen. Die Sprache ist einzigartig, weil sie auf Gegenseitigkeit beruht, weil wir sie mit vielen gemein haben. Wir sind Dänen, die Dänisch sprechen. Jeden Tag verschenken wir Wortgeschenke. Öffnen uns dem anderen, erzählen, laden ein. Wir verstecken nichts voreinander, reden über alles – über unsere ehemaligen Partner, die wenigen, die es gegeben hat. Du hattest mehr als ich. Ich bin eifersüchtig. Sehe Gespenster und habe Angst, dich zu verlieren.

Du sieht mich an, reißt den Mund auf. In meinem Inneren explodiert etwas. Schinde Eindruck, sei offen! Verberge nichts, verführe. Ich küsse dich zu heftig, du schiebst mich weg. Willst etwas anderes. Mein Gehirn ist in wildem Aufruhr. Nicht richtig. Kein Ergebnis. Mir fällt keine Lösung ein, die ich aus meinem Erinnerungshut ziehen könnte. Du bist komplex. Heißblütig. Hast blonde Haare, ein strahlendes Lächeln und einen schönen braungebrannten Körper. Jetzt ist der Moment, an dem es gilt, kreativ zu sein. Verflucht, nun sag schon! Teile es mit.

Im Alltag bin ich fröhlich. Im Alltag, wenn ich nicht weiß, dass ich fröhlich bin. Da bin ich fröhlich. Glücklich. Ich bin glücklich, wenn ich dich ansehe und du mich nicht ansiehst, dann bin ich glücklich. Der Moment, in dem man das Wort Glück äußert, ist nicht der Moment, in dem Glück entsteht. Glück entsteht, wenn man loslässt. Wenn ich denke, habe ich mich unter Kontrolle. Kontrolle und Fröhlichsein gehen nicht miteinander einher. Erst muss ich aufhören zu denken.

Wir müssen weiter, sage ich. Weiter.

»Wohin?«, fragst du. Forderst mich heraus.

»Nach Brasilien«, antworte ich.

»Jetzt?«

»Ja, jetzt.« Wir müssen uns den größten Regenwald der Erde ansehen. Ich weiß genau, wie. Beeindruckt siehst du mich an. Und dir gefällt, was ich sage. Wir lieben uns die ganze Nacht.

Wir segeln vier Tage über den Stillen Ozean. Das Schiff wird sanft von den Wellen gewiegt. Es ist ein Küstenmotorschiff voller Kühe, Schweine, altem Schrott, und dann sind da noch wir und eine ganze Kolonie Dänen. Die Tage vergehen mit Stratego und Fischfang.

Umgeben vom dunklen Meer und dem dunklen Himmelszelt, schaue ich zu den Sternen. Sie blinken, bewegen sich, entfernen sich von mir. Das rote Licht der Sterne streift den Rand meiner Iris. Rot. Das blaue Licht nimmt ab. Entfernt sich immer mehr. Kalt. Ein großer Knall – alle Masse, alle Energie. An einem Punkt, in einer Sekunde. Protonen und Neutronen entstehen. 180 Sekunden – Wasserstoff. Dehnt sich aus, kühlt sich ab. Nebulae bilden sich, Nebel fällt zusammen. Kalt. Sterne entstehen, verglühen und explodieren. Supernova auf Nova. Die Grundelemente entstehen – die ersten fünf beim Big Bang. Die nächsten 21 in den ersten großen Sternen. Und die letzten 66 Grundstoffe in den Supernovas. Dehnen sich aus, immer weiter. 100 Milliarden Sterne, die Milchstraße, 100 Milliarden Galaxien. Unendlich funkeln sie mir zu. Vor 4,5 Milliarden Jahren. Nebula. Eine Explosion folgt auf die nächste. Die Sonne – Dichte, Hitze. Leuchtet. Die Erde formiert sich. Kantig. Heiß und weich. Die Schwerkraft presst sie zu runder Form. In ihrem Inneren sind Nickel und Eisen, ein ganz harter Kern. Flüssig. Wieder hart. Eine Erdkruste bildet sich. Die Erde wird von Himmelskörpern getroffen, entzweigesprengt. Der Mond wird aus der Erde geboren – vereint und doch getrennt, tanzen sie umeinander. Milliarden von Jahren ohne Sauerstoff. Sauerstoff – das Leben explodiert. Die Erde. Eisen. Sauerstoff. Silizium. Magnesium. Schwer. Bewegungen auf dem Gipfel. Pangaea – 20 Kontinentalplatten verschmelzen miteinander. Fließen auf dem Gipfel umher. Küstenlinien, die sich ineinanderfügen. Fossilien. Eiszeiten. Uralte Bergketten. Ozeane. Vulkane. Erdbeben. Entstehen, werden zerstört, erstehen von Neuem. Wir alle sind aus Sternen entstanden, setzen uns aus Sternenstaub zusammen.

Du und ich. Wir machen die Welt weiter. Im Liebesspiel liebkosen wir einander, gieren nacheinander, erforschen, lieben und erlösen uns. Für uns. 27 Jahre haben wir zusammengehalten. Ich sehe dich an und sehe all das, was ich gesehen habe, und noch mehr. Jedes Fältchen an deiner Augenpartie ist im Laufe unseres Beisammenseins entstanden.

Ich freue mich – freue mich. Freue mich über unsere gemeinsame Reise durch das Leben. Jeden Tag üben wir uns darin, gemeinsam zu sein. Wenn wir wütend sind, engen wir uns selbst ein. Ziehen uns in uns selbst zurück. Unsere Taten reduzieren sich mit derselben Geschwindigkeit, mit der sich der Abstand zwischen der Gazelle und dem sie jagenden Geparden verkürzt. Furcht. Flucht. Ich fliehe vor dir und sehe nur noch mich. Betreibe Nabelschau. Das Negative kann einen mit so einem Tempo überrollen, dass ich immer wieder davon überrumpelt werde. Plötzlich stehen wir still, schweigend, stehen uns passiv-aggressiv gegenüber. Finden keinen Weg, keine Worte, keine Berührung. Der andere macht alles verkehrt, alles. Wem gelingt es, die negativen Gefühle zu überwinden und wieder jene keimende Saat hervorzuholen, jenes kleine Licht, das uns wieder zurück auf den Weg hilft? Das kann ein Aufblitzen im Auge sein, ein Lächeln oder ein Lachen, eine Berührung, dass wir uns wiederfinden. Manchmal vergehen Tage, in denen es immer schwerer wird, den Schritt zur Versöhnung zu tun. Nicht selten sorgt so eine Zeit dafür, dass es wieder weitergeht. Etwas Praktisches im Alltag, ein Treffen, die Kinder, Familie oder andere Beziehungen helfen uns wieder auf die Spur zurück. Spuren und Hoffnung – die Hoffnung auf eine Zukunft. Wir üben uns wieder darin, fröhlich zu sein und einen Weg zum Herzen des anderen zu finden. Ohne Verlust keine Freude. Ohne Entbehrung keine Liebe. Ich vermisse dich, wenn du nicht da bist. Und das ist schön.

Du kommst nach Hause von deiner Arbeit beim Dänischen Filminstitut. Mein Körper reagiert mit dem pawlowschen Speichelreflex. Ich weiß, dass du im Zug sitzt, und mein Körper brennt. Ich weiß, dass du kommst, aber ich erwarte mehr. Ich weiß, was mich erwartet, aber es schenkt mir kein Glück, nur Geborgenheit. Erst wenn du mir etwas anderes gibst, rast das Dopamin durch mein Gehirn, und ich freue mich – Chaos. Freiheit. Freude. Du machst mich froh, wenn du mich plötzlich küsst. Selbst noch nach Tausenden von Küssen überrascht mich dein Kuss auf meinem Mund. Dein sanfter Kuss in meinem Nacken. Oder dein auf mein Ohr gehauchter Kuss. Ein Abenteuer, das unmöglich und doch so einfach zu leben ist. Die Selbstkontrolle aufzugeben und Glück zu empfinden.

Im nächsten Moment sind wir schon wieder dabei, To-do-Listen zu erstellen, einzukaufen, das Auto zu waschen und für unsere Kinder die besten Lebensbedingungen zu schaffen. Kontrolle. Hast du deine Hausaufgaben gemacht? Bist du ins Bett gegangen? Hast du eine Runde gejoggt? Hör mit dem Computerspiel auf! Kontrolle. Kindererziehung und Glück –

und doch ist da so viel Glück. Ich sehe meinen Sohn an und freue mich. Er sieht es nicht, aber ich freue mich. Ich sehe ihn Schlagzeug spielen und freue mich. Er spielt mehr. Ich freue mich. In derselben Sekunde wünschte ich, dass er mehr Hausaufgaben machen würde. Kontrolle. Freue mich nicht. Wie kann beides gelingen?

Je mehr ich über dich bestimme, desto weniger Freude strahlt mir von dir entgegen – das Dilemma der Liebe.

Freude währt nur kurz, und das ist gut. Ansonsten gibt es nur Sein und Tun. Kreiere unerwartete Glücksmomente – ich weiß das. Es ist schwer. Es kostet Kraft. Mut. Das Unerwartete – es verlangt, dass ich mit meinen Routinen breche. Meinem Verhalten. Wer im Alltag, im unerwarteten Alltag, Glück findet, ist glücklich.

Wir kitzeln uns und lachen. »Kitzel dich selbst«, sagst du. Aber das Kitzeln will sich nicht einstellen – kuschle ich mit dir, ist mein Körper lebendig.

Ich liebe den Laut, den du von dir gibst, wenn du dich im Bett umdrehst. Du lässt es knarren, lasse es knarren. Wir lassen es knarren. In unserem Bett.

Ich liebe deinen Mund, dein Lächeln, dein Lachen. Wenn du lachst, machst du mich froh – dann bin ich froh.

Ich liebe deine Augen, wenn sie mich ansehen. Mich sehen. Spreize mich, wenn du mich ansiehst.

Ich liebe es, wenn du mich berührst. Es prickelt. Meine Haut, mein Panzer, meine Hülle erzittert und schmilzt dahin. Mein Körper ist elektrisiert. Wir stoßen zusammen. Werden voneinander angezogen. Es prickelt.

Ich liebe alles, was du für mich, für uns tust. Du bist aufmerksam und liebevoll. Dein Körper ist warm. In der Nacht glüht er und erwärmt unser Zimmer. Du gibst und gibst. Ich nehme.

Ich freue mich über alles, was du mir gibst. Jeden Morgen

sorgst du für uns. Du gibst und machst dir Sorgen. Und wenn wir dir nicht genug zurückgeben, bist du traurig. Dein Herz schlägt dann nur mit halber Kraft. Und du suchst nach Antworten.

Ich sehe dich an, und deine Augen strahlen. Ich inhaliere deinen Duft, den Duft deines Körpers. Ich koste von dir, und mein Mund verzieht sich zu einem Lächeln. Ich höre dir zu, und meine Ohren singen. Wir haben alle denkbaren Worte miteinander geteilt. Und wir werden sie wieder miteinander teilen.

Herz an Herz umarmen wir uns. Sie schlagen im selben Rhythmus. Im Gleichtakt. Kräftig.

Ich lächle.

Wir stehen gerade erst am Anfang.

Rudi und ich – Fallen und schweres Aufstehen

Ich lese die Worte meines Vaters:

»Dem Leser möge es erspart bleiben, eine Situation zu erleben, in der sich herausstellt: Nicht mehr lesen, die Alltagssprache nur äußerst eingeschränkt handhaben zu können, die eigenen Erfahrungen, die eigene Begriffswelt und vieles mehr in einem langen, schmerzhaften Prozess voller Fort- und Rückschritte zurückgewinnen zu müssen.

Wie kann man da noch ›Sozialist‹ oder ›Marxist‹ sein, oder wie kann man es wieder werden? Eins trieb mich zweifellos am meisten: die Lust zu leben und wieder arbeits- und kampffähig zu werden – ohne die Langwierigkeit und Kompliziertheit der Sache wirklich zu durchschauen.

Mein Gehirn war schwer angeschossen, der restliche Körper ›leichter‹. Aber weder das eine noch das andere war zerstört. Darum allein konnte der in die Tiefe versunkene, aber nicht wirklich beseitigte Inhalt meiner Geschichts-, Lebens-, Kampf- und Denkerfahrung wieder durch tägliche Arbeit hochgeholt und prozesshaft rekonstruiert, neu gefestigt und schließlich weiterentwickelt werden. Neben der Solidarität meiner Frau und der pädagogischen und finanziellen Hilfe enger Freunde und Bekannter wurde mein eigenes Interesse und Bedürfnis stark durch ein Verhältnis gefördert, das die Sprache als Vermittlung der menschlichen Beziehung noch nicht entwickelt hatte.

Es war dies die Beziehung zu unserem Sohn Hosea-Che.

Ich sah ihn jeden Tag, spielte mit ihm, sobald ich beim Lesetraining Pause machte. In letzter Konsequenz konnte ihm niemand seinen Lernprozess in Richtung der ersten Stufen des aufrechten Gangs abnehmen. Eines wurde mir am Werden meines Sohnes grundlegend klar: Mein Weg kann da nicht anders sein. Niemals stellte sich für mich die Frage des Selbstmords, um mich der verflucht schwierigen Situation nicht mehr stellen zu wollen.

Die Lust zum Leben und zur Arbeit, die Verantwortung mir selbst, dem Sohn, der Lebensgefährtin, Genossinnen und Genossen gegenüber spielten dabei eine Rolle, doch auch die christliche Erbschaft und die Beziehung zu echten Christen wie Helmut und Brigitte Gollwitzer. Schließlich gab es auch noch das Prinzip Hoffnung. Das Prinzip Hoffnung kennt einen Ausweg für jede Situation.«[68]

Wir sind gemeinsam gereist. Haben Hoffnung miteinander geteilt. Neue Wege haben sich vor uns aufgetan. Wir waren der andere. Sind zusammen gestorben, zweimal. Einen zweifachen Tod. Der Tod ist unbarmherzig. Dreimal sind wir uns wiederbegegnet. Ich war dabei, als wir uns vom Tod ins Leben zurückgekämpft haben. Aber der Tod hat uns nie losgelassen.

Der Tod kam, unmittelbar bevor wir es schafften, den Sprung ganz zurück in unser Leben zu tun. An Ostern nieder-

geschossen. An Weihnachten gestorben. Wiedergeboren. Für
elf Jahre wiederauferstanden und irgendwie auch wieder nicht.
Geboren, um zu sterben.

Ich reise nun ohne dich weiter.

Ich stehe am Grab meines Vaters. Es ist Sommer, die Luft ist
lau. Eine Reise ist zu Ende. Eine neue beginnt. Ich habe mich
auf die Suche nach mir selbst gemacht. Habe versucht, mich
selbst zu finden – meine Seele. Habe Sonnen- und Schattensei-
ten beleuchtet, das Gute und Böse. Und das Verhalten, das ich
Menschen gegenüber an den Tag gelegt habe, denen ich in meinem Leben begegnet bin. Warum ich bin, wie ich bin. Ich bin.
Ich lächle. Du bist auch da. Lächelst auch. Lächelst mir zu. Wir
sind gemeinsam hier.

Ich glaube, dass seltsame Dinge geschehen können. Nicht
im religiösen Sinn, sondern zwischen den Menschen. Ich glaube, ich kann dazu beitragen, eine Wirklichkeit zu erschaffen,
von der ich ein Teil bin – von der wir ein Teil sind. Gemeinsam
können wir freigebig sein und einander helfen. Allein auf die
Suche zu gehen kann nötig sein, aber allein zu bleiben, ist nicht
gut. Ich ruhe in mir, aber das ist ein mittelprächtiges, kein be-
rauschendes Gefühl. Die Freude, berührt und verführt zu
werden, macht uns bei der Vereinigung zu Fleisch und Blut.

Ich erwarte Vertrauen, uneingeschränktes Vertrauen. Hingabe und Treue. In guten und in schlechten Tagen. Dass wir an der
Beziehung festhalten, die wir eingegangen sind. Ich weiß, dass
man sich auf mich verlassen kann. Ich bin immer aufrichtig, lache gerne, werde aber durch spitzfindigen Humor verunsichert
und fasse ihn häufig als einen persönlichen Angriff auf.

Ich handle. Handle so, wie es mein innerer Kompass mir
vorgibt. Ich bin niemand, der für Klatsch und Tratsch über andere zu haben ist. Ich bin niemand, der bei anderen nach Feh-
lern sucht. Ich finde Ironie nicht sonderlich ansprechend. Ich

fühle mich von dem angezogen, was moralisch gerecht ist. Falls es das überhaupt gibt. Von der Wahrheit. Falls es sie überhaupt gibt.

Ich handle nicht, um jemand anderen zu begünstigen, sondern um zu einem Ergebnis zu gelangen. Ich versuche mich anderen gegenüber anständig zu benehmen.

Und ich setze mein Vertrauen in die Hoffnung. Hoffnung schafft Wirklichkeit. Hoffnung handelt von Verantwortung, davon, dass man durch seine Hoffnung das Leben schafft, das man gerne leben und erleben möchte.

Wenn mich Furcht packt, versuche ich zu handeln. Wenn ich einsam bin, stehe ich das tapfer allein durch. Ich handle ausgehend von dem, woran ich glaube, auch wenn das bei anderen auf Widerstand stößt. Andere offen zu kritisieren zieht Konsequenzen nach sich. Hat man erst einmal den Mut verloren, ist alles verloren.

Ich betrete die Kirche. Das Kreuz mit Jesus hängt hintenan. Stehe vor dem Spiegel. Sehe mich an. In der Mitte meines Lebens. Gehe hinaus.

Ich stehe am Grab meines Vaters.

Dort liegen keine Steine mehr. Ich habe mich selbst gefunden. Die Trauer hält mich nach wie vor fest. Aber die Trauer befreit mich auch, macht mich stark und frei. Frei, um zu leben. Befreit mich von meinem Vater. Die Lebensphilosophie meines Vaters lässt sich mit folgendem Satz zusammenfassen, an dem er sein ganzes Leben hindurch festzuhalten versucht hat:

»Sich selbst zu verändern, glaubwürdig zu werden, Menschen zu überzeugen und den verschiedensten Formen von Ausbeutung und Terror entgegenzuwirken, das mag in manchen Augenblicken ungeheuer schwer erscheinen. Und dennoch gibt es dazu keine Alternative.«[69]

Nur wenn wir an uns selbst festhalten, können wir uns finden. Um die Liebe am Leben zu erhalten, muss ständig daran gearbeitet werden. Es muss ein tiefes Gefühl für jemanden oder etwas geben. Und einen bewussten Willen, der der Liebe immer wieder aufs Neue Nahrung gibt.

Ich stehe am Grab. Du stehst am Grab. Wir lächeln. Du lächelst. Atmest tief ein. Holst tief Luft. Atmest tief in die Lungen ein. Ich tue es dir nach. Bilder entstehen vor meinem inneren Auge. Du füllst sie aus. Ich sehe dich an. Deine Löwenmähne. Dein Gesicht. Deine Augen. Sehe dich an. Ich kann in dir lesen. Du siehst mich an. Ich möchte dein Haar berühren. Es berühren. Dich auf die Stirn küssen. Auf den Mund und in den Nacken. Leicht an deinem Ohrläppchen knabbern. Du hauchst mir leidenschaftlich ins Ohr. Knabberst an meinem Ohrläppchen. Wir stehen am Grab und liebkosen einander. Riechen nach einander. Du nach mir, ich nach dir. Wir atmen nicht länger. Sind ganz still. Dann lächelst du. Ich lächle. Wieder. Immer und ewig lächeln wir einander zu. Du atmest wieder ein. Ich berühre dein Herz, es schlägt heftig. Du berührst meins. Es schlägt heftig. Wir spüren den Herzschlag des anderen. Schlag um Schlag. Lächeln. Lächeln einander zu, während wir die Schläge spüren. Unsere Herzen schlagen und schlagen. Ich atme ein. Lächle. Du lächelst.

Ich bin neu. Du bist neu. Wir sind neu.

Ich verlasse den Friedhof. Aufrecht. Gereinigt. Geheilt. Die Vögel zwitschern in der milden österlichen Frühjahrsluft. In Berlin.

Ich bin neu geboren.

Dank

Dieses Buch wäre nicht entstanden ohne die Hilfe von vielen: meine Kinder Kalinka und Alexander und meine Frau Line, weil ich ohne euch nicht ich wäre. Unsere Reise geht weiter. Ich freue mich. Meine Mutter Gretchen, meine Schwester Polly und mein Bruder Marek, weil wir auch ohne Rudi eine Familie geworden und geblieben sind. Danke auch an meine Onkel Helmut und Manfred und die Luckenkiener, die immer da waren. Und an die Halters für ihre Unterstützung und ihr großes Herz.

Die Idee für dieses Buch hatte ich schon länger, aber sie wurde erst umgesetzt, als Julika. J. mich danach fragte. Danke an Uta R. und Nina H. Und an Pablo Henrik Llambias – ich liebe die Berge, die wir zusammen bezwingen. Danke auch an Jürgen Miermeister und Ulrich Chaussy für ihre Bücher über Rudi.

Ich habe für dieses Buch aus vielen Quellen geschöpft, aus Biographien, Briefen, Akten. Um noch mehr zu erfahren, lesen Sie die Autobiographie meiner Mutter *Wir hatten ein barbarisches, schönes Leben* und Rudis Tagebücher *Jeder hat sein Leben ganz zu leben*. Ich danke auch dem *Spiegel* für seinen langen Marsch gegen die Institutionen.

Dieses Buch sind meine persönlichen Gedanken und Erinnerungen, meine Wahrheit – nur meine. Ich als Baby. Ich als Kind. Ich als Erwachsener. Sollte ich aus Versehen jemanden verletzt haben, dann möchte ich mich dafür schon im Vorhinein entschuldigen.

Anmerkungen

1 Rudi Dutschke, *Geschichte ist machbar*, Berlin 1991, S. 104.
2 Ibid.
3 Ibid., S. 76.
4 »Heiterkeit in die Revolution bringen. Aus dem Protokoll einer Diskussion mit Ernst Bloch und Rudi Dutschke in Bad Boll«, *Der Spiegel*, 10/1968, www.spiegel.de/spiegel/print/d-46135790.html
5 Rudi Dutschke, *Geschichte ist machbar*, Berlin 1991, S. 120.
6 www.spiegel.de/spiegel/print/d-46106616.html
7 Diese Worte sprach Rudi Dutschke am 3. Dezember 1967 im ARD Fernsehinterview mit Günter Gaus.
8 www.spiegel.de/spiegel/print/d-46106616.html
9 Die Schilderung auf dieser und der folgenden Seite ist inspiriert durch Ulrich Chaussy: *Die drei Leben des Rudi Dutschke*, Darmstadt 1983.
10 *Deutsche Nationalzeitung*, 22. März 1968.
11 Gollwitzers Trauerrede siehe unter www.lebenshaus-alb.de/magazin/006088.html
12 *Mein langer Marsch. Reden, Schriften und Tagebücher aus zwanzig Jahren*, hrsg. von Gretchen Dutschke-Klotz u. a., Reinbek 1980, S. 264.
13 *Briefe an Rudi Dutschke*, Voltaire flugschrift, 1968, S. 12.
14 Ibid., S. 82.
15 Ibid., S. 34.
16 Ibid., S. 44.
17 Ibid., S. 43.
18 Abgedruckt in Ulrich Chaussy, *Die drei Leben des Rudi Dutschke*, Darmstadt 1983, S. 263.

19 *Briefe an Rudi Dutschke*, Voltaire flugschrift, 1968, aus dem Vorwort von Rudi Dutschke.

20 Ibid.

21 Rudi Dutschke, *Jeder hat sein Leben ganz zu leben. Die Tagebücher* 1963–1979, hrsg. von Gretchen Dutschke, Köln 2003, S. 71 f.

22 Ibid., S. 73.

23 *Mein langer Marsch*, S. 130.

24 Ibid., S. 132.

25 Ibid., S. 134.

26 Das Buch von Karl Korsch mit den bislang unveröffentlichten Eintragungen befindet sich im Besitz des Autors.

27 Ibid.

28 Ibid.

29 Zitiert in *Die drei Leben des Rudi Dutschke*, S. 300.

30 *Jeder hat sein Leben ganz zu leben*, S. 121 f.

31 Ibid., S. 128 f.

32 Ibid., S. 129 f.

33 Ibid., S. 130 f.

34 Ibid., S. 131.

35 Ibid., S. 132.

36 Ibid., S. 135.

37 Ibid., S. 138.

38 Ibid., S. 142 f.

39 Ibid., S. 149 f.

40 Zitiert nach Gretchen Dutschke-Klotz, *Rudi Dutschke. Wir hatten ein barbarisches, schönes Leben. Eine Biographie*, Köln 1996, S. 429.

41 Siehe unter http://de.evangelischer-widerstand.de/html/view. php?type=dokument&id=286

42 www.taz.de/1/archiv/print-archiv/printressorts/digi-artikel/ ?ressort=lf&dig=2005%2F01%2F22%2Fa0315&cHash=59c0 abd5d4

43 *Mein langer Marsch*, S. 120.

44 Dietrich Bonhoeffer, Werke, Bd. 8, Gütersloh 1998, S. 30 f.

45 *Jeder hat sein Leben ganz zu leben*, S. 163 f.

46 Ernst Bloch, *Das Prinzip Hoffnung*, Frankfurt/M. 1985, S. 1618.

47 Ernst Bloch, *Spuren*, Berlin 1930, S. 13.

48 *Das Prinzip Hoffnung*, S. 1628.

49 Ernst Bloch, *Geist der Utopie*, Berlin 1923, S. 445.

50 *Jeder hat sein Leben ganz zu leben*, S. 196.

51 Ibid, S. 223.

52 Ibid., S. 228.

53 Herbert Marcuse, *Die Permanenz der Kunst*, Frankfurt/M. 1977, S. 201 f.

54 *Jeder hat sein Leben ganz zu leben*, S. 349.

55 Ibid., S. 352 f.

56 *Mein langer Marsch*, S. 243.

57 Die Berichte finden sich in der Stasiakte von Rudi Dutschke.

58 Der Text befindet sich in der Stasiakte von Rudi Dutschke.

59 *Mein langer Marsch*, S. 37.

60 *Jeder hat sein Leben ganz zu leben*, S. 11.

61 Die zitierten Briefe Elsbeths an ihren Sohn befinden sich in der Stasiakte von Rudi Dutschke.

62 Zitiert in www.spiegel.de/spiegel/print/d-68073953.html

63 Zitiert in *Die drei Leben des Rudi Dutschke*, S. 10.

64 Ibid.

65 *Ekstra Bladet*, 11. Mai 2009.

66 »Sanft wie der Revolutionär. Geboren 1968, gebettet auf Dynamit – wie der Sohn des Studentenführers in Dänemark seinen eigenen Weg durch die Institutionen gefunden hat«, von Willi Winkler, *Süddeutsche Zeitung*, 17. Mai 2010, www.sueddeutsche.de/politik/besuch-bei-hosea-dutschke-sanft-wieder-revolutionaer-1.204138

67 Abgedruckt in *Die drei Leben des Rudi Dutschke*, S. 338.

68 Rudi Dutschke: *Aufrecht gehen. Eine fragmentarische Autobiographie*, hrsg. von Ulf Wolter, Berlin 1981.

69 *Mein langer* Marsch, S. 272.

Wollen Sie
mehr von den
Ullstein Buchverlagen
lesen?

Erhalten Sie jetzt regelmäßig
den Ullstein-Newsletter
mit spannenden Leseempfehlungen,
aktuellen Infos zu Autoren und
exklusiven Gewinnspielen.

www.ullstein-buchverlage.de/newsletter

Tristram Hunt

Friedrich Engels
Der Mann, der den Marxismus erfand

Aus dem Englischen von
Klaus-Dieter Schmidt.
Mit zahlreichen Abbildungen.
Taschenbuch.
www.list-taschenbuch.de

Wer Marx sagt, muss auch Engels sagen. Der Marxismus ist ohne Engels nicht zu denken. Dennoch stand er meist im Schatten des Freundes. In seiner großen Biographie zeigt ihn Tristram Hunt als eigenständigen Denker, dessen Werk demjenigen von Marx nicht nachstand, dessen Leben aber weitaus aufregender verlief.

»Geistreich, scharfsinnig und human – ein Meisterwerk.«
Christopher Clark

List

Ruth Hoffmann

Stasi-Kinder

Aufwachsen im
Überwachungsstaat

Mit zahlreichen Abbildungen.
Taschenbuch.
Auch als E-Book erhältlich.
www.list-taschenbuch.de

Dass der Staatssicherheitsdienst der DDR die Menschen in Ostdeutschland umfassend observierte, kontrollierte und schikanierte, ist bekannt. Weitgehend unbekannt ist, in welchem Maße das Klima aus Misstrauen und Angst auch die eigenen Familien der Stasi-Mitarbeiter betraf. Auf der Grundlage zahlreicher Quellen zeigt die Journalistin Ruth Hoffmann erstmals, wie sich die beklemmende Atmosphäre der Totalüberwachung auf den Familienalltag der Stasi-»Hauptamtlichen«, vor allem auf die betroffenen Kinder ausgewirkt hat.

Kerstin Decker
Mein Herz – Niemandem
Das Leben der Else Lasker-Schüler

ISBN 978-3-548-60997-3

Gottfried Benn hielt sie für die größte Lyrikerin, die Deutschland je hatte, Karl Kraus bekannte, für eines ihrer Gedichte den ganzen Heine herzugeben. Else Lasker-Schüler zählt zu den bedeutendsten deutschen Dichterinnen. Ihre expressionistische Lyrik steht am Beginn der literarischen Moderne, der sie im Kreis der Berliner Bohème des anbrechenden 20. Jahrhunderts eng verbunden ist. Bravourös gelingt es Kerstin Decker, die eigenwillige deutsch-jüdische Poetin und mit ihr jene künstlerische Blütezeit zum Leben zu erwecken.

»Eine fulminante Biographie«

Deutschlandradio Kultur

»Eine aus großer Anteilnahme heraus geschriebene Lebensgeschichte.«

Süddeutsche Zeitung

www.list-taschenbuch.de

L424